墨香财经学术文库

营销沟通与文案创意

Marketing Communication and Copywriting Creativity

赵寰　著

东北财经大学出版社　大连
Dongbei University of Finance & Economics Press

图书在版编目（CIP）数据

营销沟通与文案创意 / 赵寰著. —大连 : 东北财经大学出版社，2025.5. —

(墨香财经学术文库). —ISBN 978-7-5654-5593-3

Ⅰ. F713.56

中国国家版本馆CIP数据核字第2025M7T524号

营销沟通与文案创意

YINGXIAO GOUTONG YU WENAN CHUANGYI

东北财经大学出版社出版发行

大连市黑石礁尖山街217号　邮政编码　116025

网　　址：http://www.dufep.cn

读者信箱：dufep@dufe.edu.cn

大连图腾彩色印刷有限公司印刷

幅面尺寸：170mm×240mm　字数：201千字　印张：16.75　插页：1

2025年5月第1版　　2025年5月第1次印刷

责任编辑：时　博　刘东威　赵宏洋　　责任校对：那　欣

封面设计：原　皓　　版式设计：原　皓

书号：ISBN 978-7-5654-5593-3　　定价：86.00元

教学支持　售后服务　联系电话：（0411）84710309

如有印装质量问题，请联系营销部：（0411）84710711

本书获得东北财经大学学术专著出版资助

前言

今日的我们生活在一个“大广告”的时代。随着市场竞争的日益升级，以及新媒体环境的巨大变化，今天的广告在积极吸纳一切具有生命力的新型媒介技术优势的同时，逐渐打破了与促销、公关、赞助等营销传播产业的界限，促使业务领域由过去单一的广告创意策划服务向整合营销、整合传播的大广告产业方向转型。与此同时，媒介技术的迅猛发展以及数字赋权的新变局，使得广告场景、广告形态日益多元化，社会成员个体被全面地移动互联网化，人人都是自媒体。人成为媒介的延伸，并作为广告传播的重要节点，极大地增强了广告在社会中的渗透力、影响力。由此，一个“大广告”时代来临了。在这个“大广告”时代中，广告不再只是一种促销的手段，广告在经济、社会、文化等领域的影响力日益增强，甚至在外交、国际传播中发挥辅助作用。与此同时，作为辅助广告目的实现的重要元素——文案写作，也成为一种可迁移的能力。日常生活中，一封求职信、一次表白、一次提案……都是个人品牌的展示。在媒介应用中，朋友圈需要文案，微博需要内容，小红书需要文图结合，直播需要直播台本和话术，即使在短视频中，出镜人员、故事、场景貌似更具吸引力，但文案的点睛作用及标签关键词的选用，同样至关重要。因而，今天的文案范畴被大大地拓展，文案不再专指广告作品中的文字，生活中无处不文案。应该说，凡是带有营销目的的文字，都属于文案的范畴。本书的写作，是在广义文案范畴的认知基础上加以完成的，同时又以广告中的具体沟通文本为主要案例，这是因为，新媒体时代每个人都应该具备基本的营销沟通素养。其中，最好的学习文本就是广告的内容。新媒体时代的文案[①]包含反映市场战略、体现品牌战略、定义品牌价值、牵引品牌传播方向等作用的“顶层文案”，文案人员一般是企业的核心层、中高层、管理层；自带感染力，能够直击人心，赢得消费者共鸣和认同的“创意文案”，是传统广告能够有效说服、促成转化的重要表现样式；自带话题和流量、可以赢得用户的讨论和参与，帮助品牌在社交媒体上和社会中扩散影响力的“社交文案”，是制造话题、形成社会关注、撬动社会文化力量、引发社会流行、发挥引爆作用的表达样态；具体到某个产品的介绍，有时会附加促销活动和销售政策的“产品文案”，是新媒体平台中达成直接销量促动和卖货的文案。综上，广告文本为我们提供了不同层面如何达成有效的营销传播的重要启示，我们可以从中探寻创意的生产原则、广告的心理洞察、文案的跨界想象等基本要素，由此确立关于营销运作的正确认知，并最终拓展个人的发散性思维能力、谋篇布局与结构整合的能力，以及直击人心的文案写作能力。

当前，在创意吸引力、情绪感召力、市场数据洞察力以及终端购买服务功能的多重满足下，消费者深度参与新媒体广告构建的互动场景中，广告已经不单单诉诸宣传，而是构建广告主和消费者共生的产

① 空手. 文案的体系丨文案人员应该扮演什么样的角色、承担什么样的职能?[EB/OL]. [2024-07-07]. https://www.mad-men.com/articldetails/41409.

品体系和消费体系。在互联网、大数据等信息技术的催生反应下，新媒体时代的广告已经不单单局限于内容的传达，而是结合新媒体精准、快速、互动、一体化、小众化的特点进行整合营销，心理洞察、大数据思维和网络计算机技术被博采运用。换言之，在营销即传播的当下，文案已经远不仅仅是文字游戏。今日的营销沟通，文案人员需要的并不只是遣词造句的能力，还需要拥有对品牌策略的深刻洞见。品牌是企业战略与营销管理的顶层设计，而品牌沟通主要建立在文案的基础上。对于消费者而言，文案是认知品牌的基础，例如，从"农夫山泉有点甜"中，消费者接受了农夫山泉天然水相对于纯净水的健康有机，从"怕上火，喝王老吉"中，消费者认知到凉茶作用的具体场景；从观夏的产品命名"昆仑煮雪""颐和金桂""福开森路""浮光竹影"中，消费者领略到观夏香薰的审美价值及文化底蕴。文案又是对品牌的精确定义和品牌记忆的重要抓手，例如提到"去屑实力派"，会自然想到"当然海飞丝"；提到潘婷，直觉反应是"拥有健康，当然亮泽"；提到"横扫饥饿"，就必然是士力架，提到"美味持久，久到离谱"，炫迈口香糖就自然而然涌入脑海。事实上，很多文案都成为不同时期的社会流行语，帮助品牌成为消费者生活的一部分，比如"中国平安，平安中国"（中国平安保险），"万事皆可达，唯有情无价"（万事达卡），"永远相信美好的事情即将发生"（小米）。此外，文案还是构建品牌的核心载体，由于文案负载意义，从文案中我们了解并印刻了品牌价值、品牌形象、品牌态度与品牌个性。例如李宁的"一切皆有可能"、安踏的"永不止步"、耐克的"Just do it"、苹果的"不同凡响"（Think differrent）、谷歌的"不作恶"（Do not be evil）等，这些文案其实早已经进入消费者心里，成为品牌和企业文化的一部分，这就是文案的力量。而要写出这样的文案，需要的不是文字技巧及所谓的文案套路，而是要懂品牌、懂市场、懂营销沟通的基本原理，要在理解品牌核心价值主张、沟通调性、品牌优劣势，了解企业竞争态势，研读消费心理和社会文化趋势的基础上写文案。因此，真正的好文案不一定是辞藻华丽、文字优美的文学化文案，但一定能引发目标受众强烈的认同与共鸣，能促发改变与行动。这也是文案真正的了不起之处——在整个企业营销的宏大叙事中，文案貌似只是营销传播中微不足道的因素，却承载着最关键的沟通的职责。作为联结市场策略和用户沟通的中枢，文案需要创造性地转化品牌和市场策略，以文字来传递品牌信息，打动消费者，让品牌进入消费者心里。从这个意义上说，文案是品牌影响消费者认知的关键工具。

新媒体时代以来，由于商业环境、媒体环境、消费环境的剧变，品牌营销传播的方式发生了很大的改变，越来越趋向于轻和快，强调直接的带货效果，而忽略了品牌意义及品牌记忆价值，但一个品牌之所以伟大，首先在于其传播的品牌文化在多大程度上对消费者的生活产生影响。这背后是对品牌价值的认同。哲学家卡希尔认为，人是符号的动物。越是在影像化社会，人们越需要对意义的追索。短视频的确能够在瞬间吸引人们的注意力，却不能给人们提供深刻的意义与思考，文案恰恰能加以补足。所以，重视文案无论什么时候都不过时。

一个值得探讨的问题是，AI时代，我们还有没有必要学习文案写作？2022年以来，以ChatGPT为代表的AIGC大火，ChatGPT等文本生成工具和Midjourney等图像生成工具，推动了AIGC在广告领域的应用。2025年年初，我国初创企业开发的AI大模型DeepSeek的上线更是为世界所震惊，其强大的逻辑和语言能力令人惊叹，人们纷纷惊呼，文案和设计师已经被替代。毋庸讳言，以现在AI的技术水平，做出的图片和短视频已经非常优秀，但文案要写出表现力其实并不容易，因为文案的本质并不在于输出合乎逻辑的文字内容，其真正奥秘在于背后的策略思考，以及对消费者的深刻洞察力，而这些基于人性的顿悟与发现尚不是AI所能掌握的领域。但AI的确给我们提供了工作的便利，很多广告公司已经开始借助AI进行写作。在已经确立策略及创意方向的基础上，将需求提供给AI，让其生成不同创意角度的初始文案，再由专业人员对其文本内容加以调整与优化，将大大提升商业写作的效率。因此，未来我们的核心竞争力不在于写文案，而在于不断拓宽观念的边界并提升文案创作背后的商业分析能力，通过持续的学习和体验，丰富个人的观察力与想象力，提高对社会趋势、局部热点的敏感性，并结合对消费者的深刻洞察，以及个人的专业判断，对AI做出清晰的工作指引。只有不断升级自己的思维和能力，才能成为善用AI的人，才会在职场如鱼得水。

本书以文案创意为切入点，以创造性思维和消费洞察为基准，以营销沟通为落脚点，并最终服务于品牌的形象塑造及品牌文化对社会的正向引导，希望能够对从事营销与品牌运营工作的人员有一定的助益。成稿匆忙，很多地方展开不足，很多内容还欠成熟，有待思量斟酌，希望在未来的日子有进一步修订增补的机会。

在此要感谢一直以来支持我的家人、我的老师、我的亲友、我的学生，高校从教17余载，在大家的支持和帮助中收获了至高无上的滋养和慰藉，你们的关怀与爱一直是我前行的不竭动力。同时，也要感谢本学科陌生而又“熟识”的业界人士，自媒体时代给学界和业界搭建了相互沟通的桥梁，通过阅读各位发表的内容，我了解到最鲜活的业界案例与潮流趋势。这里尤其要感谢空手、丰信东、关健明、小马宋等，本书的写作也援引了这几位业界专家的观点。还要感谢东北财经大学出版社的编辑们，感谢你们的鼎力支持与帮助。最后，本书的出版得到东北财经大学2023年度优秀学术专著出版资助项目（项目编号：2023zy11）的资助，在此深表谢意。

赵　寰

2025年2月

目录

1

营销沟通的深层原理

营销沟通的终极目标是打造消费者认同的品牌，然而一个产品缘何能够成长为一个伟大的品牌？首先，它必须是一个伟大的产品。菲利普·科特勒曾将营销的本质界定为发现并满足需求的过程[①]，诚然，一切生意机会始于对消费者需求的洞察与满足。但需求的发现从何而来？很多时候并非源自对消费者的调研。正如乔布斯在《乔布斯传》中所言，如果亨利·福特在发明汽车之前去做市场调研，他得到的答案一定是消费者希望得到一辆更快的马车。[②] 事实上，消费者大多时候并不能十分清晰地了解自己的需求，他们只知道自己想要的是更舒适、更安全、更健康、更美、更快乐、更成功、更富有、更有品位、更有魅力等的生活。而商家则需要在洞察消费者需求的基础上，为其提供将需求具象化、显性化的解决方案。换言之，商家应在创新性发现的基础上，为消费者提供基于效率和品质的工具属性的满足，以伟大的产品为消费者提供生活的解决方案。其次，产品之于消费者，不仅仅有使用价值、工具价值，它还是消费者自我标榜和表达的载体，对产品的选择代表着他们的情感、态度、期待、个性、形象和身份等。因此，产品需要负载一定的意义，进而关联消费者的生活方式与价值认同。在这个层面，营销沟通起着很大的中介作用，先是通过有创意的方式为产品赋予一定的符号价值，并在与消费者的持续互动、链接中，固化符号意义生成情感意义，最终成为消费者生活中不可或缺的一部分。此时，产品和消费者共同组成关于该产品联想意义的演绎者和所属者，品牌就此诞生。而当品牌意义继续在社会中流动，成为公众或某个特定群体间的社交货币和群体共识，此时的它就具备了群体内成员所公认的某种意义，象征着它专属的品牌文化。一个伟大的品牌就此诞生。

---

① 科特勒，凯勒．营销原理［M］．何佳讯，于洪彦，牛永革，等译．15版．上海：格致出版社，2016.

② 艾克萨森．史蒂夫·乔布斯传［M］．管延圻，等译．北京：中信出版社，2011.

在此过程中，我们可以看到营销沟通的重要价值，它作为连接产品与品牌的桥梁，为产品的符号化赋值，以及生成社会性意义发挥重要的传播和推广作用。而其品牌化传播的背后，无不是基于对人性的洞察、对广告的正确使用、对创意的精准把握及对话语和意义的有效传达。这就要求我们在深刻洞悉营销沟通的背后机理、确立关于营销沟通正确认知的基础上，以创意和文案为切入点，以关键洞察为前提，通过Idea金字塔来贯彻策略、概念与表达，进而完成打造品牌的目标。

1.1 创意本质：创造意义，创造意外?

创意是现代社会人们再熟悉不过的一个概念，伴随全球经济社会的日益复杂化、消费市场的持续活跃和多元，消费者在消费决策上变得审慎精明，却愈加追求情绪满足和感受体验。2024年《全球电商消费趋势及选品洞察报告》指出，今日的消费需求开始从“物质富足”走向“精神富足”，更加看重消费中的情绪满足、感官愉悦和自我建构，年轻一代的消费者更是完成了从“买一个让自己开心的商品”到“买一个商品让自己开心”的转变。[①] 为情绪价值埋单的消费新理念，需要商家不断创造出新的消费场景，打造独特的情绪经济，而创意是其重要的灵感源泉和支撑力量。

1.1.1 什么是创意

究竟什么是创意呢，是创造意义，创造意外吗？迄今为止，学界其实并没有针对创意的明确的定义。比如，有人认为，创意是在认知

① 陶然，李宇航. 需求多元，悦己为益，洞悉年度六大消费趋势［EB/OL］.［2024-12-30］. https://finance.sina.cn/2024-12-30/detail-inecfrap2392125.d.html.

的基础上，改变事物原来的属性或规律的想法。有人认为，创意是思维碰撞、智慧对接，是具有新颖性和创造性的想法，不同于寻常的解决方法。有人认为，创意是一种心灵的智慧游戏，通过超越平常的思维路线，开创出意料之外的结果，带给人创造力的冲击[①]。还有人认为，创意是创造意识或创新意识的简称，是指源于对现实事物的理解和认知而产生的一种新的抽象思维和行为潜能。

从以上关于创意的阐述中，我们可以了解到，创意是对一个事物和思想的延伸、组合、创新和创造，是在学习和吸收以往事物优点的基础上，结合自己的实际需求、观点和想象，创造出另一种不同的表达方式。换言之，创意是通过创新思维意识，想出进一步探索和激活资源组合方式、提升资源价值的方法。以往，我们认为创意主要存在于人们所熟悉的艺术领域，例如写作、摄影、舞蹈、电影、建筑设计、吟诗作画、弹琴赋曲等，但事实上，创意可以存在于任何需要创造性思维和创作活动的领域，而以改变观念和促发行动为己任的营销传播领域，更是需要富于创意的沟通与有创造性的说服。关于这一点，我们可以再细化阐释为以下三个层面[②]：

首先，创意是创造意趣。创意的产出结果是富有想象力的、充满乐趣的、令人兴奋的，能够引发消费者的某种情感反应。

其次，创意是创“异”，即创造不同。真正有创意的结果一定不是重复我们司空见惯的生活，而是有创新性的意料之外的惊喜。有惊喜才会有驻足、有关注、有领会。

最后，创意是创“义”。真正好的创意是能够引发受众共鸣、能够进入人的心灵，是值得反复品味和实现价值认同的。这是创意的最高境界。

---

① 沈虹．广告文案创意教程［M］．北京：北京大学出版社，2008.
② 丰信东．小丰现代汉语广告语法辞典［M］．北京：东方出版社，2020.

1.1.2 广告创意的内涵

那么什么是广告创意呢？显然它从属于“创意”这一大的概念范畴之下，但广告活动的特性决定了它与其他创意活动有着本质的不同。关于这一点，我们可以从早期广告大师们对广告创意的解读中找寻答案。

现代广告发端于20世纪20年代的美国，麦迪逊大道作为美国著名广告公司的起源地，今天依然是世界广告中心，在这里曾经汇聚并诞生了诸多的广告大师及经典作品，这些大师们的广告观点迄今仍具有指导意义。我们选取其中的四位广告大师，看看他们关于广告创意的观点。

第一位，詹姆斯·韦伯·扬。作为美国当代影响力最深远的广告创意大师之一，他是历史最悠久的广告公司智威汤逊的资深顾问及总监，他对创意的定义是，“把原来的许多旧要素作新的组合”“把旧的要素予以新的组合之能力”“在心智上养成寻求各事实之间关系的习惯，成为产生创意中最为重要之事”[①]。换言之，他认为创意是“旧元素的新组合”，是“了解、把握旧元素相互关系的本领”。可以说，这是迄今为止关于创意的最简洁也是最深刻的定义，给我们提供了一个具体而生动的关于如何构想创意的行动指引。

第二位，大卫·奥格威。他被誉为广告教皇，其创办的奥美广告公司今天依然是世界上最大的广告公司之一。他说，创意就是“好的点子”。“要吸引消费者的注意力，同时让他们来买你的产品，非要有好的点子不可。除非你的广告有很好的点子，不然它就像快被黑暗吞噬的船只。”[②] 大卫·奥格威还有句名言，“We sale，or else”，意思是

① 狄龙. 怎样创作广告［M］. 刘毅志，译. 北京：中国友谊出版公司，1991.
② 海金司. 广告写作艺术［M］. 刘毅志，译. 北京：中国友谊出版公司，1995.

广告的目的就是销售，否则便不是做广告。当然，想要做出好广告，有创意的好点子是必要的前提。

第三位，李奥·贝纳。他在广告界享有极高的声誉，是著名的李奥·贝纳广告公司的创始人，个人拥有很多傲人的广告案例作品。他认为创意是“如何用有关的、可信的、品调高的方式，与以前无关的事物之间建立起一种新的有意义的关系之艺术，而这种新的关系可以把商品用某种清新的见解表现出来”。[①]仔细品读，会发现李奥·贝纳对创意的解读和詹姆斯·韦伯·扬的“旧元素的重组合”有异曲同工之处，只不过，他尤为强调创意是一种表现品牌特征的高品位艺术。

第四位，哈里森·金·麦肯。作为美国麦迪逊大道的传奇人物，他是第一位将广告国际化的人，也是著名的麦肯广告公司的缔造者。哈里森·金·麦肯认为，广告要“善诠含义，巧传真实”，这个八字箴言不仅揭示了广告创意必须是巧妙构思的发想与精妙传达执行表现的合力，同时也作为麦肯广告公司的服务理念被沿用多年。

以上四位大师对广告创意的认识，是从不同层面展开的，既有广告创意的方法，又指向广告表现的目的。而真实广告作品中的创意，恰恰是对以上关于创意观点的践行。例如，有一则平面海报展示的是厨房餐台的一角，整个画面构图非常简单，画面左上角是一个碗里盛有一串葡萄，碗斜置着，葡萄感觉要被倾倒出来，有的滚落到大理石的餐台上，有的滚落到不远处一张纸巾上。有趣的是，滚落到餐台上的依然是一颗颗水分饱满的葡萄，但落在纸巾上的居然是葡萄干。你这时候可能仍是一头雾水，视线下移，画面左下角展示的是纸巾的外包装，以及一句文案——“最大吸收力”。这时候我们不禁恍然大

---

① 何辉. 从分析作品开始学做广告［M］. 2版.北京：中国传媒大学出版社，2007.

悟，哦，这是一个厨房用纸巾的广告，显然，它突显了纸巾卓越的吸水性能。这个广告的构图，实际上，就是葡萄、纸巾、葡萄干这三种元素的重新组合，却生发了新的意义。在另一则平面广告中，首先映入眼帘的是一个近似的埃菲尔铁塔形象，视线下移，发现这是额头以上的头发盘成的“铁塔”造型！头发旁边有句文案，“建于今晨8点”，海报最下方一个通栏条横放着美涛定型啫喱的图片、logo及广告语——“持久定型”。看到这里，我们可能会心一笑。这则广告是把不同领域的元素做了一个类比运用，让铁塔和头发搭建的形象形成互文关系，进而产生了有意味的联系。

由此，我们来分析广告创意的本质究竟为何？首先，显而易见，但凡有创意的想法，都有一个刺激受众思维的“机关”，在广告中的表现，正如瓦尔特·玄纳特在其著作《广告奏效的奥秘》中所言，“当我们把表面上毫无关联的现象植入一个新颖的、令人信服的关系中时，图文并茂的效果就跃然而出”。[①] 这里的关键在于，表面上看“毫无关联”，却是“新颖的”“令人信服的”，这里的新的“关系”即这个“机关”，就是首先引导受众承受一个意料之外的结果，但回味之余，就自然解读到新关系的妙处。换言之，广告中的新组合，一定要保持在消费者可接受的情感和理性范围之内，这是由于广告创意与其他艺术形式的创意有着本质上的不同[②]。其他艺术形式的创意是鼓励受众做多元解读的，例如在对文学作品的解读中，一千个读者就有一千个哈姆雷特，解读越多元，越证明作品的厚重与伟大。但广告不是艺术，它是追求传播效果的商业行为，天生具有促进销售的责任，所以首先要立足于传播目的和利益导向。广告也要有刺激消费者的机关，要激发他们的联想，但一定是有目标的联想，亦即要保证最终消

---

① 玄纳特. 广告奏效的奥秘［M］. 肖健，译. 北京：民主与建设出版社，2001.
② 沈虹. 广告文案创意教程［M］. 北京：北京大学出版社，2008.

费者的注意力一定要回归到对产品本身的关注上来。例如，刚刚的两则平面广告，我们恰恰是在解读到它们是什么产品的广告的时候恍然大悟，同时生发趣味的。

因而，所谓广告创意的本质，首先，我们可以沿用詹姆斯·韦伯·杨的经典定义：创意是旧元素的新组合。与此同时，结合广告是有目标的解读的要求，广告创意需要同时满足意料之外，却是情理之中的诉求。这里的"情理之中"，是指创意并非随便组合，而是需要有内在的逻辑。合乎情理又出乎意料的组合是好的创意，只意外不合理的组合只能称作思维游戏。例如，以下两段对话——

问：巧克力和胡萝卜打架，谁会赢？

答：巧克力，因为巧克力棒

这样的对话算是广告创意吗？答案是否定的，因为它更像是脑筋急转弯或冷笑话，答案足够令人意外，但是并不合乎逻辑和情理。

另一段对话：

"单位里，哪一派最吃香？"

"麦当劳苹果派"。

这个答案显然跳脱了问题原本设置的情境，但由于"派"字的多义性，让此派和彼派产生了关联，成功把读者的关注牵引到了对产品的理解上来，因而符合广告创意的要求。

因此，优秀的广告创意，除了要足够大胆地进行旧元素的新组合，还需要逻辑自洽地证明这样组合的合理之处，引导受众对广告目标的精准化解读。

1.1.3 创意文案的真谛

有这样的一个故事：一位盲人在地铁站前乞讨，前面竖着一个牌子，上面写着，"可怜可怜我吧，我双目失明"，但是很长时间过去了，依然钱罐空空。后来来了一位创意人，他偷偷地给这位盲人改了文案，文案改成了，“春天来了，我却什么都看不到”，没想到，很快就引来路人纷纷解囊。比较一下，这两句文案最大的不同在哪里呢？

著名广告大师威廉·伯恩巴克（William Bernback）曾提出他的ROI理论，该理论是一套实用的广告创意指南，其基本主张是：优秀的广告必须具备三个基本特质，即关联性（Relevance）、原创性（Originality）、震撼力（Impact）。如果广告与商品没有关联性，就失去了意义；广告本身没有原创性，就欠缺吸引力和生命力；广告没有震撼力，就不会给消费者留下深刻印象。而这三者当中，关联性是一个首发条件。在伯恩巴克的广告时代，关联性主要指的是广告和产品的关联，而今天主要关联的是消费者对产品的感知情绪、相关联想、使用体验等。作为首发条件，如果消费者在一开始就判定这件产品和他无关，不能吸引其驻足或关注，那么所谓的原创性和震撼力也都是徒劳的。就像这个故事中的文案，第一句，“可怜可怜我吧，我双目失明”，这是一句完全站在个人立场的平白的自我表述，没有相关体验的陌生人很难与之产生共鸣。但第二句，“春天来了，我却什么都看不到”，如果当时正值满目春光的烂漫季节，我们都怀揣着万物复苏带给自己的好心情，看到这句文案是不是很容易激发对比，唤起我们的恻隐之心？春天如此美丽，但这位盲人一生中却连一次诗意盎然的春天都不曾看到，难道不值得同情吗？

从以上这个故事中，我们知道，人往往更容易被自发的情感打动，如果你的文案激发了消费者的相关性联想，那么就很容易引发人们的共情与共鸣。广告文案的设计也是如此。例如，现在如果有一款待售的凉鞋，我们如何写作文案能让它更具销售力呢？“让你走路带风的鞋子”？可以，但有些大众化，激发动力不足。“想想，它是脚的比基尼呢。”这句话是不是瞬间就能引发我们的趣味化心理，好玩！

而移情的作用会进一步带动我们对产品本身的关注与兴趣。

由此，我们说在广告中给消费者一个“别致的说法”很重要。前文说，广告创意的本质是旧元素的新组合，同时符合意料之外，情理之中的要求。与之相对应，创意文案的真谛就是争取不同，博取认同，换言之，首先要有富于新鲜感、有独到之处的新表达，其次，还要能自圆其说，争取消费者的首肯和认同。

就像一个英国美发工具品牌GHD的视频广告，广告的创意框架运用了灰姑娘故事的旧元素，但是却运用新架构体现了广告创意的本质。在广告片中设置了两次反转，第一次，当王子第一眼望向灰姑娘的时候，并没有一见钟情。而当12点的钟声敲响，灰姑娘基于魔法变身的漂亮衣服开始分崩离析，头发妆容也开始破损，惊慌失措的灰姑娘飞奔上楼，在几度绝望之时，发现了GHD的卷发棒，她重新收拾妆容，卷起了头发。下一个镜头，当灰姑娘再度站立于楼梯之上，拥有个性妆发的灰姑娘令所有人为之仰望，其中也包括王子的惊艳目光。此时的灰姑娘拎着一双水晶鞋，走向两眼放光的王子。临近之时，开始第二次反转，灰姑娘傲娇地一抬头，把水晶鞋扔下，潇洒帅气地走向门口。这时屏幕上出现广告语，“You can do anything with your hair”以及GHD的LOGO。广告创意不言自明，最终的一句话文案为整支广告起到了画龙点睛的作用，也收获了消费者对产品的记忆与认同。

1.2　广告文案：撰文员，还是推销员？

提到“广告文案”，人们脑海中首先想到的是广告作品中的文字，但广告内行人知道，它还有另外一层含义，是指广告创意人本身。换言之，广告文案这一概念有两个指向，一个是职业称呼，指广告公司中的文案工作者，对应的英文是Copywriter，另一个含义是广告作品中用以表达主题和创意的全部语言符号，对应的英文是Copywriting。

1.2.1 坐在键盘后面的销售人员

作为文案工作者，美国零售广告公司总裁朱蒂斯·查尔斯（Judith Charles）曾对这一职业下过一个经典定义——“文案写手，就是坐在键盘后面的销售人员。”彼时的文案写手，专指广告公司的文案撰稿人，其目标在于帮助客户解决销售问题。新媒体时代，这一概念显然有了很大的延展。数字媒介时代，人人都有麦克风，每个人都是自媒体，媒介和信息都如此发达，人人都拥有表达权力和沟通需求，本质上一切基于目的的表达都是文案，一切产出都是创意，一切内容都是广告。今日的文案写作成了一种可迁移的能力，一封求职信、一条朋友圈、一次表白、一次提案、一张生日卡片、一封婚宴请帖……都是基于内容的营销，都是个人品牌的展示。但其本质是一致的，无论是什么职位，无论出于何种诉求，都是通过具有沟通力的文字，以创意性说服的方式，去解决问题。

而文案作品，则是解决问题的具体呈现。从这个意义上而言，文案作品既是话语，是内容，也是沟通，是社交，目的是解决相应的营销问题。具体而言，文案是通过创意性的内容来达成影响、有效说服、改变他人的看法或感受、促成行动的解决方案。如果说传统媒体时代的文案属于狭义文案，是指达成商业目的的手段，新媒体时代的文案则是广义文案，是指所有承载了目的的创意性文字内容。

1.2.2 好文案的标准

纽约文案俱乐部的“杰出撰文家”乔治·葛里宾曾将广告撰稿

人分为三种类型：第一类是表现自己的人，他们基于个人的喜好而写作，致力于提出辉煌的构想和自认为有力的文字，却无视产品的需求和广告目标的实现；第二类是受雇的文人，他们为金钱而写作，雇主要什么他们就写什么，完全是机会主义的，没有任何的专业判断和服务；第三类是专业撰文员，他们站在用户的立场上去洞察消费者内心的需求与欲望，进而以消费者利益为重去撰写广告的文案。

关于何为好文案，我们可以以一个故事作比[①]。假设在一个大屋子里，墙上挂着三面镜子，第一面镜子非常精美，不仅镜面干净，镜子的四周还镶嵌着考究的、雕花的实木镜框；第二面镜子镜面不平整，有些污秽，观感不佳；第三面镜子没有装饰没有镜框，就是一面普普通通但光洁如新的镜子。三面镜子的对面是窗户，窗外是一片乡间景致。这时，一位客人来访，他对三面镜子做出评价，看到第一面镜子，他惊讶道，“哇，好漂亮的一面镜子！”看到第二面，他摇摇头，“这面镜子可着实该清洁一下了！”视线扫到第三面，客人惊喜地说，“哇，窗外的风景太美了！”以这三面镜子作比的话，显然，第三面镜子完成了最有效的工作，也最符合好文案的标准。

一般而言，好的文案还应该具备如下的共性：符合时代属性、契合消费心理、激发感官想象、唤起情绪感应。

（1）符合时代属性。广告是时代的镜像。每个时代都有不同的广告话语。广告是对当下生活最直观的呈现与反映，只有合乎时代属性的话语，才能最大程度地联结到消费者，实现广告沟通的目标。例如，同样是刀具的广告，一则文案的表述为：

“至尚系列黑刀，前行不畏阻力，告别铁器时代，黑曜石，天生高贵。”

---

① 马中红. 广告文案创意新论［M］. 上海：上海三联书店，2006.

另一则的表述则是：

“切最爱的冰糖橙，总感觉普通水果刀，有股铁锈味——我爱吃水果，我也爱用陶瓷刀。”

是不是高下立判？前一则明显感觉脱离了当代的语境，强调产品的稀缺、尊贵，给人以冷漠、距离感，这实际是在20世纪80年代为了区别身份、阶层属性而使用的广告诉求方式。但今天的营销环境已经不可同日而语，在经济社会发展水平、消费者消费水平普遍提升的当下，人们购买高端产品不再是单纯为了身份区隔，而更多是出于善待自己，提高生活质量和丰富生命体验。① 因而，在消费者越来越注重性价比、体验感和价值驱动的今天，品牌需要展现出更多的亲切感、真诚度，以场景的展示激发参与，以话语的表达附载意义，通过构建情感联结、展现体验感来激发内在需求。

（2）契合消费心理。成功的文案都是源自对消费心理的精准洞察。日本著名文案人佐佐木圭一曾在其著作《文案就该这样写》中举过两个生活化的案例。一位顾客在甜食店已经等了很长时间，问还需要等多久，店员告诉她，“请稍等四分钟左右……”这时候顾客本能的反应是，啊？还要等四分钟？随后可能就意兴阑珊，不想买了。佐佐木圭一认为，这个时候消费者真正需要的，并不只是等待的时间，还需要一个等待的理由，比如店员如果补充一句，“抱歉让您久等了，我们的甜点都是现做的，保证新鲜美味”，这时顾客焦急的心更容易得到抚慰，认为等待是值得的。再比如，有些公园里的标语提示牌口气过于直接，例如“请勿踏入草坪”“请勿乱丢垃圾”等，这样的语言一方面让人觉得生硬，另一方面也并不能产生预期的约束作用，甚至可能激化人们的逆反心理。佐佐木圭一

① 李叫兽. 真不巧，这次“消费升级”不太一样［EB/OL］.［2016-08-24］. https://zhuanlan.zhihu.com/p/22153739.

提供了一种恐怖诉求的方式，“进入草坪会闻到刺鼻的农药！”这样肯定没有谁敢以身犯险。有一个林区提示不乱丢垃圾的标语牌设计得也很巧妙，“请小朋友监督家长 别乱扔垃圾”，看了似乎能产生奇怪的心理反应，让大人们都不好意思乱扔垃圾了。由此可见，心理洞察对人们的行动激发力。

（3）激发感官想象。前文说，创意文案需要创造意趣、创造不同、创造意义。文案不能重复我们司空见惯的生活。例如香薰蜡烛写“香味浓郁”，凉席写“清爽透气”，卡丁车体验项目写“惊险刺激”，这样的文案有与没有有何区别？不能带给消费者任何的感受力。但如果我们对其进行细化描述①——

香薰蜡烛：北非百合花的高雅花束，混合着刚割下的青草香气与高山上清新空气的味道。

凉席：躺在这款凉席上，你会感受到清爽透气，像是凉席底下轻轻吹过田野的清风，躺上半小时后，你会惊讶地发现：背上居然不出一滴汗！

卡丁车体验项目：急转弯的时候，心怦怦跳，忍不住深吸一口气。

是不是画面感和体验感一下子就具象化了？这就是文字所能达成的想象力。

（4）唤起情绪感应。在当下媒介环境及信息都如此拥堵的时代，人们的情绪每天都在被各种信息所搅动。如果你的文案不能给消费者带来任何情绪上的波动，自然很难达到转化效果。例如，一个镜片的文案，“U2树脂镜片，具备极地摩擦系数，能够减少划痕的产生，提升视觉体验与舒适度；而且镜片采用非球面设计，保持视物清晰不变形，能充分满足您的视野。”文案看上去清晰流畅，产品利益突出，

① 关健明. 爆款文案 把文案变成“印钞机”［M］. 北京：北京联合出版公司，2017.

但有吸引阅读继而转化下单的效果吗？多半没有。我们换一种表达方式：

“你知道吗，普通近视镜片的摩擦系数一般较大，这就使得镜片容易产生划痕，而划痕是视觉体验的最大障碍。普通镜片通常为球面设计，这会限制佩戴者的视野，并在余光处会产生不同程度的视觉变形。如果您的工作生活需要更宽阔的视野，比如开车，就会受到诸多限制。而我们这款U2树脂镜片就能帮你解决这些问题。”

转换后的文案，从消费者关切的角度思考问题，是不是一下子就能代入阅读，同时产生自己的眼镜是否要换以及到哪里能买到好镜片的想法？因此，平庸的广告只会通篇介绍产品的好，却无法唤起消费者任何的情绪，促成购买行动的意图自然无法达成。而文案高手会尽量在广告中挑起消费者的情绪，比如对以往错误选择的懊恼、对没有产品的恐慌、对拥有产品的期待等，以此来拨动消费者的神经，让他们产生购买欲望。

1.3 关键洞察：购买的不是钻头，是墙上的洞

美国营销大师菲利普·科特勒有一句名言：“顾客购买的不是钻头，而是墙上的洞。”其核心含义是，消费者买钻头真正关心的，并不是钻头的材质、钻头的设计、钻头的名人代言，而是买回去能否在自家墙上完美地打出一个合乎需求的洞。换言之，他们真正关心的是产品对自己的好处，而不是产品自身。但很多营销创意人员容易南辕北辙，总是陷入产品自嗨的误区，却忘记了本源——消费者需求才是创意的基准，营销沟通的秘密需要通过深入消费者的生活和内心来洞察和发现。

1.3.1 何谓洞察

所谓洞察，依照字面意义理解，就是基于某项事物，进行更深度的观察，发现内在的内容或意义，从而得出本质性结论。在电影《教父》中，维托·柯里昂有句名言："花半秒钟就看透事物本质的人，和花一辈子都看不清的人，注定是截然不同的命运。"这句简短的话道出了看透事物本质的重要性。这里，观察只是表象，洞察才是内核。而营销中的洞察，其要义是深度观察，以小博大，通过理解人心、洞悉人性，发掘消费者心底的秘密。而要实现这一目标，需要做到两点，其一是发现生活细节，其二是发掘消费动机。①

1.3.2 发现生活细节

好的创意源于生活，要做好洞察，首先需要有深厚的生活积累，对生活有精细入微的观察力、领悟力，能够敏锐地捕捉日常生活片段，发现用户的心理诉求。

创意的灵感源自日常的点滴积累。我们常说，读书破万卷，下笔如有神。文案创意从来不是搜肠刮肚、临时抱佛脚，到处翻词典、找词汇、玩文字游戏，文案写作的最高境界是对人生境遇的写作，是个人将生活发现融入产品中的一种表达。所有创作皆是如此。例如著名导演李安在谈到创作时曾这样表达："导演不过是一个导体，他感应一件东西，并通过自己的理解向众人传递这件东西。导演是一个容器，先感受一些事情，然后把自己的感受拿出来跟观众交流，我是有感而发。"写作文案也是如此，文案创意不是面对着抽象模糊的群体自说自话，而是应该深入生活，代入角色，

---

① 空手. 文案入门指南|月薪三千的文案和月薪三万的文案差在哪？[EB/OL]. [2024-06-27]. https://www.sohu.com/a/238137469_618348.

用心观察目标对象的生活日常是什么，他们喜欢什么样的表达方式，容易为什么所打动。我国台湾著名广告人黄禾曾经谈及他的一次创作经历。他说，自己有一次在一个小饭馆吃饭，饭馆的对面有家麦当劳。他隔壁桌坐着一对母子，孩子好像不太高兴，时不时朝着对面张望一眼。妈妈没好气地说，“你赶紧吃”，孩子不高兴地扒两口饭，又朝饭馆对面望，妈妈生气地说，“赶紧吃你的饭！”这时候孩子突然站起来，气呼呼地说，“我到麦当劳尿尿，这总可以吧！”黄禾回忆说，他听到最后一句，差点笑喷。就是这样一个真实的故事，后来被搬上了荧屏，作为麦当劳的广告内容出现在了电视画面上。这里，广告人看到了麦当劳对孩子的极致吸引力，以及这一画面背后的真实生活的力量。真实的生活是自带感受的，文案创意有时候需要借力生活体验与集体情绪，以创新性的演绎来撬动传播的杠杆。2017年蚂蚁财富基金公司曾经有一系列文案，广告主题是“年纪越大，越没有人会原谅你的穷。”

“每天都在用六位数的密码，保护着两位数的存款。”

“你每天都很困，只因为你被生活所困。”

“对所有大牌下的每个系列化妆品都如数家珍，但你绝不会透露自己用的只是赠品小样。”

文案是不是很扎心？之所以我们会觉得扎心，主要因为文案里面有着对生活精细入微的体察与感同身受。文案只有写出细节，写活生活，才会有生气，有生命力。

此外，洞察不只是对生活的描摹，还需要经由现象洞悉背后的本质。传奇的投资大师沃伦·巴菲特在其纪录片《成为沃伦·巴菲特》中说，“我所阅读的信息、资料人人都可以看到。是的，成为百万富翁、千万富翁、亿万富翁、百亿富翁的方法其实都在书里，阅读、思考、专注，这三样东西才是人生最大的财富。”这里的“阅读”其实不仅仅是读书，而是一切可以看见的事物。言下之意，人人都在经历着生活，但并非每个人都能看透本质。营销洞察的智慧在于，需要在一系列表面信息之下，找到其根本的驱动力，进而借力打力，对现象进行反差性演绎，从而实现见微知著、平而不凡的效果。例如，奔驰2019年妇女节的广告，其主题标签是#是women更是我们#，该广告以奔驰品牌创立人妻子的故事为蓝本，这是一位伟大的女性，贝莎·奔驰作为“汽车之母”，她不但是卡尔·奔驰重要的商业伙伴，还直接推动了世界上第一辆汽车的诞生和商业化，并成为人类历史上第一位女性驾驶员，举办了第一场汽车拉力赛，并且以真人秀的方式为奔驰做了汽车圈的第一个广告。但显然广告的目的不只在于强调贝莎·奔驰个人对品牌的意义，而是源自另一个洞察，就是很长时间以来，女性在成就获得上，经常被赋予“首个”“最优秀的”或者“唯一”，这是一种广泛存在的社会现象，但是奔驰想要告诉大家的是，不要只关注个人的力量。“如果她们不再只因为是‘首个’‘最优秀的’‘唯一’的女性而受到关注呢？如果成为一位女工程师并不是一件那么特别的事情？如果可以更加平等地竞争会怎样？我不想创造历史，我不想成为唯一，我只是‘我们’中的一员#是women更是我们#”于是，品牌通过说故事的方式，以全新的阐述逻辑，使得内容生发了社会意义，由此激发起更多消费者的共情与共鸣。

1.3.3 发掘消费动机

洞察力，不仅在于发现生活中的细节，更要能发掘消费者隐秘的动机。有时候，消费者对于自己的动机莫衷一是，不甚明了，有时候又会“口是心非”，把真实的想法隐藏在外显的行为与表象之下，隐秘的内心不会宣之于口，这就需要广告人准确探查消费者的隐秘动机，并进行恰当的观念转化。有效的洞察自带沟通力。例如很多城市的马拉松赛会拉一些励志的标语条幅以激励完赛，例如，“自己报的马，含着泪也要跑完”“痛苦是暂时的，荣耀却是永久的”“50岁，胖子，糖尿病，我在你前面”等，这些标语初看很有趣，但由于激发的着力点存在雷同，而且未能触及参赛者的深层动机，因而沟通力稍显不足，相比之下，有一条标语就显得独树一帜，“还有6公里就可以发朋友圈了”，看后不由令人忍俊不禁，而且一针见血，的确，对于很多参与马拉松的人而言，重要的不是在赛道上击败他人，而是坚持下来，在朋友圈展现自己。这条标语的独辟蹊径恰恰契合了参赛者的隐秘内心，因共情而共鸣，进而起到了更好的激励效果。

高德地图曾经在2016年发布过一个年度报告，分析不同汽车品牌的车主通常会前往的目的地。通过这个结果，可以大致判定各个品牌的人格化属性，奥迪是红顶商人，奔驰是商务富豪，宝马是年轻新贵。而凯迪拉克的结果有些尴尬，其车主出行频次较高的目的地是洗浴、推拿场所。作为观察方的我们觉得，凯迪拉克一定有苦难言，但其实不然。凯迪拉克非但完全接受，而且和高德建立起了合作。为什么呢？凯迪拉克品牌方认为高德做了一个很好的消费者洞察。凯迪拉克的车主主要分布在南方沿海的发达地区，当地很多民营企业和高净值人群，都喜欢在类似于洗浴中心的场合谈生意，觉得那是一个双方坦诚相见、更容易促成生意的地方。所以，凯迪拉克认为，高德的洞察极为精准，公司就是在主打这个人群。当然，凯迪拉克不会直接对外宣称这一目标人群，但现在有大数据反馈出来，给用户做了这样一个画像，恰恰印证了其原先的定位方向是正确的。而且不出意外，得知这一消息的同样圈层的车主也会首选凯迪拉克进行购买，从这个意义上，高德实际为凯迪拉克做了一次成功的面向潜在定位人群的广告。

我国台湾的全联超市，是台湾分布最广的超级市场，它的优点是价格低廉，但由于“便宜卖场”的定位众所周知，以至于很多去全联超市的年轻人会觉得手上拿着全联的购物袋很丢人。这就是隐秘的消费心态，大家都想省钱，却不想被别人看到自己省钱，那样会让人觉得自己的生活过得不尽如人意。那么如何来破局呢？全联自2015年起，以系列广告打造了一套“省钱经济学”，在广告短片中，以年轻人自己的口吻，把省钱塑造成一种个性、态度，一种年轻人的生活潮流、消费美学，结果大获成功，之后全联经济美学紧扣主题，变换花样进行呈现，年年更新。

“长得漂亮是本钱，把钱花得漂亮是本事。”

“来全联不会让你变时尚，但是省下来的钱，能让你变时尚。”

“花很多钱我不会，但我真的很会花钱。”

“懂得怎么花，就能活出一朵花。”

“快乐不是拥有得多，而是花费得少。”

“当不成名模，日子也要过得有模有样。”

“省钱就像白T牛仔裤，永不褪流行。”

“富不过三代，但来全联可以一袋一袋省下去。”

“省钱之道，等你当了妈就知道。”

全联旨在透过引导人们正视心中对消费、省钱、经济的正确认知，传达具有共通意义的生活价值与态度，并且在经济美学中不断地变化、延续与生产，关联年轻人的同侪影响与新变化。正是因为应和了消费者的内心戏，才使得全联所打造的经典主张能够迅速深入人心，并有着持续的生命力。

1.4 Idea金字塔：策略、创意与表达

1.4.1 什么是Idea金字塔

恒美广告创始人伯恩巴克曾有句名言，“广告不只是表达，还是说服，是影响，是引发或促成改变。”如何达成影响？不是靠拍脑门的创意、制造酷炫的画面、苦口婆心的劝说，这是一个集策略、创意与执行于一体的系统工程，我们称之为“Idea金字塔”[①]。其中，策略是解决问题的理念，即明确通过广告要促使消费者达成怎样的认知改变；创意是关于广告信息传达方式的核心概念，即要实现这样的认知改变，需要让消费者感知到什么样的基本想法；执行是具体点子，即在实际的作品或活动中应用创意概念的具体方法和内容。广告的创意执行过程大抵如是，下面我们结合绝对伏特加品牌的案例加以阐释。

1.4.2 绝对伏特加：一个瓶子的广告传奇

绝对伏特加（Absolut Vodka）是享誉国际的伏特加酒品牌，在《福布斯》杂志所评选的美国奢侈品牌中名列前茅。作为烈酒品类中唯一上榜品牌，其之所以能够在众多高档奢侈品牌中脱颖而出，不仅源自其上佳的质量和口感，品牌自身所体现出来的完美和无穷创造力更是为其赋予了“名物”的品牌价值。但绝对伏特加在进入美国市场之初却并不顺利，从入市之初的落寞尴尬到后来一举跃升为世界顶级品牌，其间经历了什么？

1979年，绝对伏特加首度进入美国市场，彼时的绝对伏特加还

① 东东枪．文案的基本修养［M］．北京：中信出版集团，2018.

只是源自瑞典小镇的一个小品牌，每年只能售出10万箱9升装的产品。在绝对伏特加进行的市场调研中，调研结果很不乐观。消费者指出品牌的诸多不尽如人意之处，比如，名称听上去太噱头，“绝对”一词哗众取宠；瓶子形状太难看，瓶颈短，倒起来不方便；瓶体是透明的，瓶贴又单一，在货架上摆放不显眼。此外，还有一个更深层的原因，人们觉得俄罗斯的伏特加才是正宗的伏特加，而绝对伏特加作为瑞典的品牌，没那么可信。从调研结果来看，这个品牌貌似要绝对失败了。怎么办呢？

当时代理绝对伏特加业务的广告公司是TBWA，TBWA想为绝对伏特加创建品牌知名度和流行度。当时的酒类广告，大多以产地和历史为卖点。瑞典也有400年的文化传统，但是如果以文化作为主诉求，广告的创意会显得太可预见，和美国其他酒类的广告毫无区隔，而且也没有什么能够证明该产品是一个强势品牌。因此，品牌要成功，广告就不能随波逐流，需要打破一般酒广告的传统模式；同时，广告又不能只渲染产品本身的质量，还要创造它的附加值，创意人员由此想到把绝对伏特加塑造成时兴的、人人都想喝的形象。

在广告人员潜心思忖如何创意的时候，他边思考边反复画着绝对伏特加的酒瓶子，还在瓶子上面加了一个天使的光环，这个时候创意人员灵光一现，为什么不考虑用品牌的奇异性（品牌名称和瓶子形状）来树立品牌个性，传达质量与时尚呢？于是，他们颠覆了以“产地”和“历史”为卖点的传统伏特加营销方法，转而在瓶子上做文章，并以一系列富有创意而又高雅幽默的印刷广告来宣传它的质量和风格。

早期广告，直接以怪状瓶子的特写为中心，下方加一行两个字的英文，以Absolut为首词（这个品牌名称和“绝对”的英文单词相比，最后少了一个字母e，但是完形心理会使得消费者自动进行补足），然后以一个表示品质的词居次，如Perfection（完美）/Clarity（清澈）/Beauty（美丽）等。每一则广告都用不同寻常的时尚方式描绘产品，再将品牌名称和其他词语巧妙组合成简短标题来加强图像的效果。这些广告没有讲述任何产品的故事，但是产品的独特性却由广告产生的独特性准确地反映出来。这里把瓶子置于中心充当主角自然很可能吸引顾客，但更重要的是，与视觉关联的标题措辞与引发的奇想赋予了广告无穷的魅力与奥妙。

这一别出心裁的创意方式很快就引起市场的迅速反应，不仅使绝对伏特加的销量大幅度增加，而且消费者对这种形式的创意非常感兴趣，于是TBWA决定把这种创意方式延续下去，不断衍生出各种绝对系列的广告作品，由此也衍生了绝对伏特加在几十年的广告设计历程中所依次经历的广告符号的3个层次：在第一阶段中，广告出现的形象是真实的酒瓶——图像符号。人们对绝对伏特加酒瓶有直觉感知，通过形象就可直接辨认出来品牌。第二阶段中，广告不使用真实玻璃酒瓶的造型，而用其他物品代替，瓶子的形状和大小都被保留下来，替代物与酒瓶的实物相仿。这一阶段的广告创作中，酒瓶替代物的选取很重要，并非所有物品都合适，创意人员主要选择能体现出某种优秀品质的事物，如建筑、大型体育运动等。每一幅广告都巧妙融入绝对伏特加的酒瓶造型——作为索引符号[①]，由于与第一阶段风格一致，消费者很容易接受新的广告创意。第三阶段，绝对伏特加推出以城市、艺术、节目、时装、电影、文学、时事等为主题的系列广告，并逐渐渗透视觉艺术领域，给绝对伏特加注入新的特征——流行性，

① 根据符号三要素（媒介、对象和解释）的相互关系，“现代符号学之父”皮尔斯建立了“符号的三合一分类方法”，其核心类别有图像符、指索符和象征符三大类，也就是图像符号（象似符号）（Icon）、索引符号（标志符号）（Index）和象征符号（Symbol）。其中图像符号是指外部形式和内部结构与所代替的事物相似的符号。索引符号与所指涉对象间具有因果或时空上的关联，可以通过相关联系推测符号的信息，无须解释。象征符号与所指涉对象间无必然或内在的联系，是约定俗成的结果。它所指涉对象以及有关意义的获得，是长时间由多个人的感受所产生的联想集合而来，即社会习俗。

于是，绝对伏特加成为时尚、成功、高级、流行的象征。在此阶段，它具有了象征符号特征。广告将所要传达的产品意念，与受众心目中具有重要地位的“名物”融为一体，不断散发出历史和文化的永恒魅力。而绝对伏特加广告所做的就是为产品创造一种外观上持久的时尚，“总是相同，却又总是不同”的广告创意哲学，以其独特的品牌魅力吸引了众多年轻、富裕而忠实的追随者。

杰出的广告宣传获得了惊人的效果。仅仅5年之后，到1985年，绝对伏特加就超越了当时的苏联对手，成为美国市场上进口伏特加的销量冠军。不仅如此，绝对伏特加广告本身也成了抢手货，还在1996年的时候，当所有的绝对伏特加广告结集成书时，售价高达60美元，其销售的火爆程度不亚于产品本身。

那么，从1979年市场调研的“绝对失败”，到之后的“绝对成功”，绝对伏特加究竟做对了什么事？其最实质的原因，就是对于Idea金字塔的精准把握与执行。策略方面，绝对伏特加当时在市场上需要改变的认知是什么呢？消费者认为它绝对会失败，那么，TBWA就反其道而行之，要为其打响知名度和流行度，将策略定义为“对它绝对的喜爱”。创意方面，应该为这种认知提供一个什么样的核心概念，就让人们觉得自己对绝对伏特加惺惺相惜呢？“当你喜欢某一样东西的时候，你看什么都像它”。创意概念明确之后，执行点子就需要紧密围绕这一概念，选用不同的元素加以表现，于是，具体的执行就是运用所有不相关的元素表现产品外观，从早期真实的酒瓶，到酒瓶造型的替代物，再到不同艺术、社会议题等造型主题的展现。绝对伏特加不仅被注入了流行性，也具有了时尚、成功、高级的特征，此时的绝对伏特加已经成为一个“名物”的象征符号，从而深入人心。

2

核心概念的创造性转化

前文我们探讨过创意和广告创意的异同，与其他创意形式不同，广告具有明确的目的性和功利性，因此广告创意是“戴着枷锁的舞蹈”，换言之，如果说创意是天马行空的身体，那广告创意则永远需要绑着一条策略的准绳。但策略术语不能直接沿用为文案（具体将在下文中加以解释），而需要首先创造性地转化为与消费者沟通的概念，创意概念的确立即在符合策略的基础上确定与消费者进行深度沟通的核心概念，进而为内容创意引爆灵感。具体而言，创意概念的落地，即用以小见大的文案表达来完成策略的创造性转化，并以多维视角的文案叙事来激发消费者参与。创意概念为文案沟通提供了明确的方向和指引，文案执行是创意概念的具体化呈现。

2.1 创意：与消费者沟通的核心概念

2.1.1 引爆创意灵感的明确方向

创意概念，是从策略到创意执行的关键所在。广告公司的工作，首先是通过对营销环境、消费者、产品、竞争产品进行综合分析，找到关键洞察，制定传播策略；其次，将策略提炼成一个与消费者沟通的核心概念，要么是产品卖点，要么是品牌观念；最后，围绕概念进行创意表现，只有有了好的概念，好文案、好创意才能手到擒来。

因此，创意概念的实质，是对品牌长期创意方向或产品在某个阶段创意表达的一个清晰界定，它在广告创作中的作用是引爆创意灵感，为创意人员提供具体而明确的创意方向。从这个意义而言，创意概念可以称为茫茫创意之海上的那座灯塔。

2.1.2 基于产品卖点的逻辑推演

创意概念分为两种，其中一种是围绕核心卖点，更准确地说，是基于产品卖点的逻辑推演。美国营销专家罗瑟·瑞夫斯（Rosser Reeves）在20世纪50年代初提出了著名的USP（Unique Selling Proposition）理论，该理论的核心在于向消费者传达一个独特的销售主张，这个主张必须是竞争对手无法提出的，并且能够带来销量的。USP理论包含以下四个方面：（1）强调产品具体的特殊功效和利益；（2）这种特殊性是竞争对手无法提供的；（3）有强劲的销售力；（4）揭示品牌的精髓并通过强有力的数据证实其独特性。该理论时至今日依然有其适用性。具体执行上，又对应广告营销的两种方式：美好憧憬法与问题解决法。

1）美好憧憬法

美好憧憬法，意在帮助消费者实现快乐，即通过描绘产品使用相关的美好情景，激发消费者对“美好生活在别处”的向往，让其处在快乐的关联想象之中，进而为了得到这份快乐而产生购买行为。例如，依云的核心卖点是天然矿泉水能够带来身心的健康与活力，所以依云的核心概念是年轻，广告语是Live young（活出年轻）。

依云在执行这一诉求之前，广告基本都采取理性诉求的方式，诠释纯天然矿泉水的概念，同时说明依云是如何保护自然资源和环境的。但是在一次市场调研中，消费者提出，期望从品牌那里获得更多关于情感和梦想的内容。于是，依云委托法国BETC灵智广告公司（BETC Euro RSCG），为其创作全新的广告形象。BETC公司在为依云制订全球性的广告方案时，首先考虑的，是如何在广告中体现依云品牌身上的法国文化，同时还要描绘出一个年轻而又充满活力、令全世界感到惊讶的依云品牌形象。在头脑风暴时，创意人员发现，由于富含丰富的矿物质，依云矿泉水在法国是可以提供给产房里的婴儿饮用的，而这正是依云区别于其他饮用水品牌的地方。于是，创意人员决定采用可爱小宝宝作为广告片的主人公，第一则广告创意是宝宝们离开了温暖舒适的妇科产房，用滑旱冰的方式开始一场环球旅行。由于广告片中宝宝们滑旱冰的技术如此高超（整个制作是通过3D动画完成的），完全超越了消费者的心理认知，给人意外和惊喜，于是广告片很快引发了病毒式传播，为依云品牌带来了可观的传播效果。之后，创意人员围绕“年轻”这一核心概念进行了一系列的广告创意宣传，使得依云的品牌影响力获得大幅提升。“Live young”的确是一个非常好的创意概念，因为它迎合了人们的心理期待，所以尽管知道时光无法倒流，但广告创意带给消费者的惊喜和愉悦却真实地存在着。

再比如，2024年上海迪士尼的广告案例，“祝你拥有神奇的一天”。迪士尼的品牌核心在于“造梦”，它通过创造温暖美好的童话世界，提供治愈感，让人们在“压力山大”的生活中找到一丝慰藉。迪士尼一向的策略定位在于传递一种情感价值，通过向消费者传递幸福能量，使消费者被那份纯真的快乐所感染，进而在心中涌现出探索迪士尼乐园的冲动。此次诉求重心在于让“神奇”在迪士尼具象化，向消费者传达迪士尼是可以让你拥有神奇的一天的童话世界。同时，为了将“快乐”的情绪传达得更为立体化，强调每个人都能“神奇地”在迪士尼找到快乐，强化人们对于“神奇瞬间”的情感共鸣。在这一创意概念的指引下，迪士尼主打用真实的瞬间传递快乐与喜悦，于是，迪士尼邀请素人在小红书分享自己在迪士尼的精彩瞬间，从中选取触动人心的照片，向用户征求授权，再配以简单温情的文案进行广告制作与投放。于是，我们看到了“迪士尼落汤公主”“贴贴，开心到变形”“谁还不是快乐小狗呢”“60多岁的妈妈，又去迪士尼减龄了”“生活破破烂烂，迪士尼缝缝补补”等温暖和治愈的画面，每一帧被定格的瞬间，都让我们共情到其背后的情绪、情感，而这些无不成为高压生活的一剂解药，给消费者带来了惊喜体验和对迪士尼的向往。

2）问题解决法

问题解决法，又称危机行销法，是指挖掘消费者在没有本产品以前的痛点，或者假设没有本产品出现的话，消费者生活中会遇到哪些困扰，使之产生危机感，并愿意购买产品或服务来解决问题。

心理学中有一个耶克斯·多德森定律，是指动机水平与行为效率并不是线性，而是呈倒U型曲线的关系。具体体现在：动机处于适宜强度时，工作效率最佳；动机强度过低时，缺乏参与活动的积极性，工作效率不可能提高；动机强度超过顶峰时，工作效率会随强度增加而不断下降，因为过强的动机使个体处于过度焦虑和紧张的心理状态，干扰记忆、思维等心理过程的正常活动。

这个原理在广告上也很常用，通常被称为“爱制造麻烦的广告”。多数产品都是为了让消费者更便利，广告作为欲望修辞，意在通过情感诉求和形象塑造来影响消费者的价值感知。但反向思考，为了追求更好的生活品质，增加一点小麻烦，或者让消费者意识到这点麻烦，更能够打动消费者。比如广告中常用的一些文案“宝宝不吃饭怎么办？用**牌肉松，让孩子抢着吃饭”“你如何喂养三万根饥饿的头发？用**润发精华”“你只有一次机会给别人留下美好的第一印象”等。这种“制造麻烦的广告”源自20世纪20年代的行为心理学家约翰·沃森。1920年，约翰·沃森从约翰·霍普金斯大学退休，去沃尔特·汤普森广告公司协助工作。根据沃森的研究结果，广告商要秘密地倾听基本的人类内驱动力（如爱情、恐惧和愤怒），并且一而再、再而三地使某种驱动力因素与产品联系起来。1920年，正值妇女运动时期，美国女性赢得了宪法认定的选举权，有25%的女性刚刚跨出家门踏入社会。沃森认为，此时的女性内心常常有强烈的渴望被社会认同的不安情绪。广告不是要化解这种焦虑和惶恐，而是要培植和固化，充分利用这种心理。沃尔特·汤普森广告公司的一系列广告成功地将社交恐惧症、渴望被异性认同和鼓励仿效的心理因素混合制作成感染力极强的广告作品，引起消费者的条件反射，让她们渴望拥有这些产品。最经典的广告莫过于李施德林漱口水广告。这是漱口水类广告的开山之作。那个时候，启齿言及人体功能方面的缺陷还是一件非常不礼貌的事情，但李施德林的广告正是利用了女性渴望被认可、渴求更幸福的内心情感，通过虚拟美丽却可怜的埃德娜的故事，"她常做伴娘，可却从未做过新娘"，成为制造焦虑和恐惧广告的经典之作。该系列广告也让李施德林挣得盆满钵满。关于这一点，詹姆斯·B·特威切尔在其《震撼世界的20例广告》中评价道，"与其说李施德林制造了漱口水，不如说它制造了口臭。或者，用广告术语来说，你出售的不是产品而是需要。"①

这种先制造一个难题，然后再提供解决办法的广告被人们称作"窘敌策略"，而且事实证明这很有效果。例如一则曾获莫比广告奖的治疗肥胖症药物的广告，前3/4都是用梦境一般的镜头表现一个少女的梦想：赤身在雪地里行走（背影）、像孩子一样游戏、像勇士一般思考等，充满了奇幻的美感。然而当画面中的女孩从镜子里望向自己时，跟随她的目光，观众看到的却是一个极端肥胖、一脸无奈的姑娘。这时出现旁白，"**减去体重，赢得生活**"，再露出自己的品牌logo，显得很有说服力。再比如美国加利福尼亚州牛奶协会的"喝牛奶了吗?"系列广告，是在研究了人们认为喝不喝牛奶都无所谓的心理机制后创作出来的。其中一则电视广告的场景是一位妈妈劝说十来

---

① 特威切尔．震撼世界的20例广告［M］．傅新营，蔚然，译．上海：上海人民美术出版社，2003．

岁的兄妹俩多喝牛奶，因为它对骨骼发育很有帮助，可是两个人都不愿意喝，还辩解说“牛奶是小孩子才喝的东西”“隔壁大爷就从来不喝”。这时镜头切换，我们看见窗子外边隔壁的老爷爷正在推一小车土，还扬手与兄妹俩打招呼，但突然发生了戏剧性的一幕，老爷爷一抬身，手臂一下子飞离了身体。两个孩子发出惊叫，立刻抱起杯子咕嘟咕嘟地把牛奶喝下去了。这种略带夸张、幽默的恐惧诉求也属于问题解决类广告，事实证明该系列广告对青少年有很强的心理暗示和消费引导意义，帮助协会成功解决了当时牛奶销量大幅下滑的销售难题。

2.1.3 能够引发群体共鸣的价值理念

价值是传播内容的灵魂，创意概念除了基于产品卖点的逻辑推演，说出对消费者的好处，还可以从产品属性、功能利益、品牌历史中，抽象出来一个观点、一种观念，使之成为能够引发群体共鸣、成为社会公认的价值观念，并升华成为品牌核心价值观。创意文案，则围绕这个观点或观念进行表现。

例如，揽胜广告2011年出品的一个关于天津远洋万和城的地产广告。这个楼盘在售卖之初有着显而易见的缺点，离城市较远，交通不便、配套缺乏，但好处在于，这些情况在不久的将来就会得到改善，所以开发商想把项目的区块潜力、未来规划告诉消费者，策略表述是，“现在特远，以后特近”。但是，这样从项目方立场出发的说法，有“画饼”之嫌，需要在沟通上进行一个基于消费者立场的创造性转化。而揽胜广告提炼的创意概念为“必须乐观”，就是要相信万和城很快就会好起来，也要对生活充满乐观和信心，经此概念转换，产品立场就指向消费者了。

为了强化“必须乐观”这一概念，揽胜在整版的报纸广告中用凌乱的手写字、重复的话语，刻画了一幕幕的“人间惨剧”，渲染出当事人的极度崩溃，非常具有张力和喜感，让人深刻理解了“必须乐观”的重要性。

它的文案是这样的：

“今天，我去相亲，对方一看到我，就说要先上个厕所，后来，后来，后来，后来，他再没回来，他再没回来，他再没回来，他再没回来，他再没回来，他再没回来，他再没回来，他再没回来……

——必须乐观！远洋万和城，梅江南·外环边社区，现在特远，以后特近，必须乐观。”

“我刚得知，我的婚姻顾问离婚了，我的婚姻顾问离婚了，我的婚姻顾问离婚了，离婚了，离婚了，离婚了，离婚了，离婚了，离婚了，离婚了，离婚了，离婚了，离婚了，离婚了……

——必须乐观！远洋万和城，梅江南·外环边社区，现在特远，以后特近，必须乐观。”

“今天我去典当结婚戒指，因为我要和一个骗了我的男人离婚！不料，典当行的人告诉我，这钻戒是假的！这钻戒是假的！这钻戒是假的！这钻戒是假的！这钻戒是假的！这钻戒是假的！……

——必须乐观！远洋万和城，梅江南·外环边社区，现在特远，以后特近，必须乐观。”

这一系列令人哭笑不得的广告也构成了当时人们津津乐道的话题。这就是创意概念的神奇，有了好的创意概念，创意构想和文案就有了灵魂，所有创意都围绕概念展开，单纯、锐利，传播效果更好。但是，需要注意的是，创意概念需要有产品卖点的支撑，比如，“现在特远，以后特近”，和“必须乐观”二者是有逻辑上的承接关系的，如果没有产品卖点的支撑，创意概念就会成为空中楼阁，无法使消费者从对概念的认同最终转回到对产品的认同上来。

除了生活观念和生活态度，品牌核心价值观式创意概念也可以是品牌所秉承的理念。比如苹果的“Think different”，乔布斯时代的苹果以“非同凡响”表达品牌的锐意创新、特立独行，树立苹果要激发人类共同的创造欲和抱负心的形象；尊尼获加的“Keep walking”，以永远向前作为品牌的品牌精神与价值理念，不论是在产品酿造还是品牌发展历程中，始终坚持一贯的品质保证，以及不断前行的态度；LV的“旅行”，围绕“旅行”输出旅行箱品牌形象和理念，不仅象征财富和地位，更陪伴并见证每个人的生命之旅，通过人与旅行建立了品牌和消费者之间的关联。我国最负盛名的两个运动品牌，李宁凭借“一切皆有可能”的品牌理念，作为民族品牌的象征，成长为消费者心中的国潮品牌；安踏凭借“永不止步”的品牌信条默默耕耘，已成长为全球继耐克之后营收第二、中国市场营收第一的鞋服品牌公司，品牌的成长也反向促进消费者对自主品牌的信赖与底气。

所以，基于价值理念的创意概念是连接产品和消费者的一道桥梁，它建立产品和消费者之间的联系，使产品和消费者切身利益、自我形象、生活方式等息息相关。在消费社会中，人们消费的已经不再是物的价值本身，而是物背后所代表的身份、地位、品位、阶层。人们由物的消费进入到符号消费，商品的符号意义变成人们消费的主要对象，消费者以此来建立对自我的认知，建立人与人之间的差别。如果说在过去，人们选择品牌主要是为了抵御品质风险，担心产品品质，今天的选择则是抵御形象风险，作为个人化的专属个体，消费者需要确认，他所购买的品牌，能够代表自己的形象、态度和生活方式。因而，今天要打造强大的品牌，找准人群，通过独到的价值感知，树立鲜明的品牌形象，赢得用户的认同，形成自己的粉丝群体至关重要。

2.1.4 广告创意纪实

这里我们选取传统媒体时代及数字媒介时代的案例各一个，看看不同媒介情况下创意概念的具体实施过程。

左岸咖啡馆是20世纪90年代末的一个作品案例，它完整地展示了传统媒体时代的创意概念是如何构想并具体实施运作的全过程。[①]

左岸咖啡馆是我国台湾统一集团旗下的杯装咖啡品牌。之所以要推出这个子品牌，是为了给统一的乳类食品形塑一个“新鲜”和“专业”的清晰形象。当时的台湾饮品市场竞争已经十分激烈，原材料成本不断上升，统一希望能将同样类别、相同容量的饮料卖到25元，而在同时期的台湾市场，消费者普遍认知的一杯所谓的高级饮料，售卖的价格通常是15元左右。显然，统一想打的是高价策略。

于是，所有策略思考都集中在一个主要议题：如何让消费者接受25元一杯的高价？创意人员必须创造出一个高级的品牌。

那么，在杯子里放什么商品才能卖到最高价呢？葡萄汁、果汁、牛奶、咖啡？营销人员最后选了咖啡，因为咖啡不那么容易变质、被认为是高质饮品，并且牛奶成分在当时能够得到优惠税率。

接下来的问题是从什么地方运来寄售的咖啡最有高级感？营销人员为此组织了八个讨论小组，最后想出四个高级场所作为尝试的概念：

（1）空中厨房。来自空中厨房，专门为头等舱准备的咖啡。

（2）日式高级咖啡馆。来自优雅、精致的日式咖啡馆的咖啡。

（3）左岸咖啡馆。来自巴黎塞纳河左岸一家充满人文气息的咖啡馆，一个诗人、哲学家喜欢去的地方。

（4）唐宁街10号。来自英国首相官邸厨房，平日在这里准备招

---

① 曾朝晖. 左岸咖啡馆策划纪实［J］. 企业研究，2002（9）：72-73.

待贵宾的咖啡。

经过调查分析，人们觉得来自左岸咖啡馆的咖啡价值最高，他们愿意为此付最高价钱。

但是风险仍然存在，在当时的台湾市场上，用利乐枕纸袋包装的咖啡，这种被认为是无菌包装，是高级的，只卖15元，那谁会愿意再多付10元买一杯咖啡？哪些人会出于对品牌故事的喜欢，出于好奇心，克服高价的门槛，而购买这个新牌子？营销人员最终选取了17到22岁的年轻女士作为目标对象，因为她们诚实、多愁善感、喜爱文学艺术，但生活经验不多，不太成熟，喜欢跟着感觉走。相对于产品质量而言，她们更追求产品以外的东西，追求情感回报，追求了解、表达内心需求的品牌。对这个群体所做的调查结果也显示，她们喜欢品牌背后的概念，尤其是“左岸咖啡馆”的概念。

左岸咖啡馆，这个来自法兰西塞纳河边的神秘幽远的艺术圣地，带着咖啡芬芳、成人品味，给她们精神上一种全新的感觉。同时，她们最欣赏的作家是村上春树，认为他的作品忧郁、超现实、冷峻，能唤起城市人的感觉。所以，创意人员认为，虽然左岸咖啡馆的广告视觉应该非常法国化，但其文本应是很有日本文学的风格。

基于此，左岸咖啡馆确立的创意概念如下：

（1）Spiritual Satisfaction 精神上的满足。

（2）Solitude is not loneliness 独处不是寂寞。

（3）Artistic Atmospheric， Contemplative 艺术气氛、沉思。

围绕这些创意概念，营销人员制作了一系列的广告，电视广告是一个女孩的旅行摘记，平面广告是一系列发生在咖啡馆的短篇故事。电台则在深夜播放着诗般的咖啡馆故事。所有这些广告都令人有一种愉快的孤独感，人们觉得喝左岸咖啡是种享受，在这样的氛围下，左岸咖啡馆也被塑造成了名副其实的高级品牌。

左岸咖啡馆不同系列的广告，通过阅读文案，都能够大概体会文案想为消费者传导的一种理念和意境。例如一则左岸咖啡馆咖啡的介绍，拿铁咖啡的文案是：

“看进橱窗，一个人，一个角落，一本书。所谓的旅行，不是人们说的那种旅程，而是在最舒服的状态下独处。在这里，却也不在这里。旅人，就在独处的角落。”

这是在诉说一种理念，引导人们对于旅行的理解，焕发有同样心境的人的共鸣。

另一则，标题是“下雨喝一下午咖啡”，正文是：

“百无聊赖的午后，我独自走在蒙巴那斯道上，突然下起雨来。随手招了一辆计程车，满头白发的司机问了三次要去哪？我才回过神。‘到……’没有预期要去哪的我，一时也说不出目的地。司机从后照镜中看着我说：‘躲雨？’我笑着没回答。雨越下越大，司机将车停在咖啡馆前，要我下车，笑着说‘去喝杯咖啡吧！’他挥手示意我不必掏钱了！来不及说谢谢，计程车已回到车队中。走进冷清的咖啡馆，四名侍者围坐一桌闲聊着，看到我后立刻起身，异口同声地说：‘躲雨？’我笑着不知该如何回答。午后一场意外的雨，让我一下午见识了五个会读心术的人，喝了一下午的咖啡。”

这是一种场景描述，从文案中，我们能体味到旅行中的奇遇与温暖。

第三则的文案是：

“他带着微笑离开。在巴黎，微笑可以用法语发音，他说微笑的名字叫作蒙娜丽莎。即使在安静的咖啡馆中，那笑是无声的。一杯昂列让周边有了热络的氛围，足以让歌手们、乐师们、丑角们都为这一刻活了。我看着他，与他相视一笑。这是1516年，他带着蒙娜丽莎的微笑，来到法国，他是达文西。我们都是旅人，相遇在左岸咖啡馆。”

这则是名人系列文案，达·芬奇、雨果、肖邦、萨特、西蒙·波娃，和你我一样，都是旅人，都曾出现在左岸咖啡馆，这是人文精神和文化意识的感召，让你相信左岸咖啡馆的存在。事实证明，在一次调研中，八成被访者相信有左岸咖啡馆，其中一位消费者说“宁愿相信有”。

从左岸咖啡馆的案例，我们可以看到传统媒体时代的创意过程的实施，是先制定营销目标，再确定产品，并赋予其符号价值，在此基础上找到适合这一价值的目标消费群，继而依据目标消费群喜爱的话语方式确定可以操作的创意概念及格调，再围绕这一概念进行不同媒体形式的创意和刊播，通过整合传播不断地强化这一品牌的风格及价值认知，最后在消费者心目中形塑一个独到的品牌。

数字媒介时代的创意实施过程有全新的特点。我们以千层雪的焕新为例。千层雪是近年来新崛起的一个冰激凌品牌，但从品牌诞生时间而言，这其实是一个老品牌。作为联合利华和路雪旗下的品牌，千层雪进入中国的时间比梦龙、可爱多都要早，但是由于多年没有进行任何的市场宣传，市场认知度下降，逐渐被人们所遗忘。2021年，公司决定重启这一品牌。但千层雪沉寂已久，如何实现焕新？创意人员实施的第一步是品牌问题诊断，他们选取小红书平台进行定性测试，询问用户对于千层雪的认知，结果很不乐观，几乎没有人能够成功复述千层雪的品牌内涵和产品内容。鉴于此，创意人员决定，不再重建之前的认知，而是完全改头换面，作为新品牌示人。继而，他们继续发问，“‘千层雪’三个字带给你什么样的联想？”小红书用户普遍认为，千层雪听着像一个日本品牌。尽管千层雪实际来自英国，选材是一层冰激凌叠加一层面包屑的英式传统甜品。但创意人员认为，既然用户大多有这样的品牌联想，那么干脆就将千层雪定位为一个日本甜品，于是，“开创日系冰激凌先河”是他们确立的第一个创意方向。接下来，确定明星代言。他们基于和经纪公司的合作选择了丁禹兮，随后拍摄了有关品牌、产品、明星、KOL等初始物料放到网上进行测试。这些物料在拍摄剪辑过程中，创意人员极大限制了讲故事的冲动，而是明确目标——广告短片就是为了营造日本氛围。继而，将这些物料进行定向投流[①]，并在不断的测试中，根据实时数据表现结合多样化需求产出个性化衍生物料。在投流的同时，持续进行动态数据的追踪分析，创意完全跟着消费者的需求走。起初的主题创意概念并不十分明晰，直到第二轮投放的过程中，通过观察粉丝的回馈和评论，逐渐提炼出“绵绵幸福感”这一核心概念，并将之应用于不同的细分主题，例如食用感受是“口感如雪绵密 一层一层浓郁不腻”，情感链接是“一个人在家 也有绵绵幸福感”，追星主题“和丁禹兮窝在一起就是幸福”，渠道新品“盒马上新品啦，味蕾传递的幸福感”，促销主题“限时还送瓜瓜包、瓜瓜卡”等，以多类型优质物料结合多样化创意内容，精准触达各类消费者。最后，最有效的广告片时长比例配方——多少时长比例展示日本氛围，多少时长比例展示代言明星，多少时长比例展示食物本身等，也经由数据分析得来，通过素材及投放策略的持续优化大大助推了内容爆炸式传播，这一传播案例的首轮测试CTR[②]上涨了128%，足见其成效。

由以上两个广告案例的创意实施过程，我们可以看出，同样是关注消费者，传统媒介时代的创意实施由于没有实时数据作为支撑，只能通过调研、创意人员的专业判断等方式努力洞察消费者心理需求，

① 定向投流是一种精准化的广告投放形式，旨在将广告内容有针对性地展示给特定的目标受众群体，而非广泛地、无差别地投放。通过依据各种维度的目标受众特征来锁定投放范围，从而提高广告与受众的相关性，提升广告效果和投资回报率。

② CTR（Click-Through-Rate）即点击通过率，是互联网广告中常用的术语，指网络广告的点击到达率，即该广告的实际点击次数除以广告的展现量。CTR是衡量互联网广告效果的一项重要指标，通过CTR可以评估广告的吸引力和效果。

进而契合该需求进行创意过程的一步步演化。数字媒介时代可以通过数字留痕和及时的反馈互动直接把握消费者的实际行为，因而创意的过程是由消费者行为牵引的，是针对消费者的实时好恶所进行的创意生产，显然这种创意方式更直接、针对性更强，此时的品牌某种程度上更像“养成系”品牌，品牌的生成和形塑是品牌方和部分消费者合意的结果，因而更容易获得消费者的青睐和认同。

2.2 表达秘诀：文案写作的以小见大

如果说创意概念是茫茫创意之海上的一座灯塔，那文案就像是这座灯塔可以发出的一道道的光。可以说，文案是创意的关键性表达，若要表达得恰如其分，广告策略的创造性转化、明确文案与策略表达的不同，以及掌握文案以小见大的表达方式，是其中关键的三个部分。

2.2.1 广告策略的创造性转化

我们可以对比以下的文案，看看策略是如何进行创造性转化的。

第一组，是一个航空公司的文案。第一条：“尊贵体验。”第二条：“请放心，连餐巾都会提前换成您喜欢的颜色。”比较一下，更喜欢哪个？第一条，过于笼统抽象，每个人对尊贵体验的认知和标准是不一样的；而第二条，一下子能让我们感到贴心的服务，其中，“更具体”是关键。

第二组，是关于芝麻糊的文案。第一条：“传承制造经典。”第二条：“小时候妈妈的味道！”第一条是文案人自我感觉良好的常用句式，但是消费者看了之后会觉得不疼不痒，无所知也无所感。而第二句一下子就让我们的思绪回到了小时候，这是带有导向性的怀旧情境式表达，这里的技巧依然是“更具体”。

iPod的文案：“**纤细灵动，有容乃大**”，合乎对仗原则，产品特征貌似也总结到位。文案人通常会觉得，哦，写得不错！但是对比乔布斯在2001年发布新品iPod时候说出的广告语，“**把1 000首歌装到口袋里！**”高下立判，是不是？要知道，在iPod问世之前，世界首款MP3播放器MpMan F10只有32 MB的存储空间，仅能存储8~10首歌，现在iPod一下子能存储1 000首歌，人们是不是一下子觉得非常震撼与惊喜？

那么，再仔细回味一下刚刚的三组文案，航空公司、芝麻糊、iPod，它们的差别体现在哪里？之前我们说，在广告策划创意过程中，从基础的商业分析到提出核心策略，是一个线性的思考过程。但是，从策略到提出创意概念，再到文案的输出、创意表现，必须经过一个创造性的转化。而很多文案人或是出于经验不足，或出于写作的惯性，总是忽略了“创造性”这三个字，往往把文案变成了策略的直接表述。

2.2.2 文案表达≠策略表述[①]

文案表达与策略表述是有明确的不同的，这里我们援引广告创意人空手的观点进行阐析。文案与策略的不同主要基于三个方面：

（1）面向的对象不同。策略是写给企业内部人士看的，作为企业与广告公司的内部沟通文本而产生价值。文案则是写给消费者看的。无论你的策略多么伟大，消费者最终看到的是企业投放的广告，是广告上的文案，而不是企业内部提案的PPT。

（2）语言风格不同。由于面向对象不同，二者的语言风格自然有

① 空手．这可能是写好文案的终极秘诀［EB/OL］．［2023-04-14］．https://www.bilibili.com/video/BV1aM411K7Pc/?vd_source=6685714ee5da998f4b5dafe7a2d47700.

所差别。策略是商业语言，充斥着各种行业用语、技术术语、愿景、使命、战略目标等。因而很多品牌的策略概念通常都很抽象、宏大，诸如品质、健康、安全、服务、豪华、品位、年轻、梦想、幸福、领导品牌、美好生活等。但文案应该是消费者用语，力求简白、平实、直接，不讲大话、空话、套话。

（3）思维方式不同。策略是对品牌的各种商业现象进行综合分析后，继而归纳核心策略、提炼传播概念，这是归纳法。而文案则是将浓缩的品牌策略进行创造性演绎，通过具象的人、事、景将企业制定的策略呈现出来，这是演绎法。所以说，策略是抽象提炼，文案是具象呈现。

而不好的文案，就是直接套用了策略，而没有将商业语言转化为消费者语言，结果出现了很多抽象宏大的词汇、概念，或者高深的专业术语，让人看了不知所云，如“驾驭梦想，尽享非凡”“尊贵品质，完美设计”“匠心精品，智领未来”“风驰电掣，势不可遏”。事实上，我们经常能看到诸如此类的会让消费者熟视无睹的所谓文案，这样的文案显然也是没有效用的文案。

2.2.3 好文案：以小见大

好的文案，需要首先对宏大叙事的策略进行创造性转化，进而加以具象化演绎，用小细节表达好品质、大服务、高性能，用小故事传递抽象宽泛的大情感，用小案例呈现宏大玄奥的企业家精神、大道理。因此，策略是大，文案是小。写好文案，就要往小里去写，以小见大。[①]

我们还可以举出更多的案例：

---

① 空手. 这可能是写好文案的终极秘诀［EB/OL］.［2023-04-14］. https://www.bilibili.com/video/BV1aM411K7Pc/? vd_source=6685714ee5da998f4b5dafe7a2d47700.

1）“先生的湖”

“先生的湖”是广州惠州的一个房地产项目。经过广泛而深入的市场调查，广告公司决定剑指深圳，将目标人群锁定在深圳有投资房产需求或自我改善性住房需求的中产阶级。他们事业有成，但终日忙碌，无暇享受和家人一起的温馨时光，同时，对功利性结果的重视与追寻，使其内心充满了焦虑。正是这样一个个低调而丰富的内心，对私人空间和大自然有着强烈的渴望。为此，广告代理公司奥美将创意主旨设定为“先生的湖”，主张“放下功利性目的，享受过程的精彩”，勾勒出山湖别墅、岛、山上的路、一草一木……没有城市的喧嚣。

这里的大策略的表述方向是：放下包袱，享受当下。但是如果直接将这样的表述作为与消费者沟通的文案，会让人觉得过于庸常，无关痛痒。因而需要在这个策略基础上进行更合乎消费者立场的转化，正如“先生的湖”当年的文案执行，是以一系列美学气息浓厚的文案，诗意地诉求目标人群的丰富内心，而使目标人群深受共鸣。文案是这样的：

“在先生看来，有些走路只是赶路。湖边木栈道，林间小路，连接岸与岛的桥——不是所有的路，都是为了去到那里。先生的湖，山下的墅，给自己多点时间去体会。”

“鱼什么时候来是鱼的事，先生什么时候来，是先生的事。先生来钓鱼，那是先生和鱼的事。先生的湖，是先生和鱼的心灵居所。先生的湖，山下的墅，给自己多点时间去体会。”

“或许吧，树比董事更懂事。在80 000平方米原生湖畔，在湖心岛之间慢慢走，向湿地学习涵养。在60 000平方米山体公园，像泉一样平静，和树一起保持适度沉默。让人宽慰的，谁说只有生意？先生的湖，山下的墅，给自己多点时间去体会。先生，你好。先生的湖，山下的墅，给有所经历的人。”

“月光如此美好，叫我如何是好。除了很大的主卧，在三楼还有两个超大的露台，可以做书房，也可以做SPA房，或者两个都要。月光下，有人熄灯睡觉，有人舍不得睡觉。先生的湖，山下的墅，给自己多点时间去体会。”

诗意的文案配上闲适的版画风格，充分凸显了绅士气息与闲散味道，也精准触及了目标人群的内心所需。广告获得了极大的成功，作品发布之后，顷刻之间就提高了这个房地产项目的品牌知名度，最终创下了“一组团”3天之内完成全部售空、“二组团”3小时即售罄的骄人战绩。这确实反映了小文案的大能量，好文案是真的可以转化成真金白银的。

2）日本JR铁路“青春18”

这个产品是在日本的寒假、春假、暑假期间限定使用的铁路套票，使用它可以乘坐日本全国范围内的JR线列车，在一个季节内每次可以任选5天出行，但它不能乘坐新干线、特急列车，所以特别适合放慢脚步、深度游览日本的游客。这款产品的主要目标对象是放假的年轻学生，也因此被命名为“青春18”。

这个铁路套票宣传的大策略为：传递年轻就该出发的精神，吸引年轻人踏上旅程。如果把策略当文案就会写成：因为年轻，所以出发。但真正动人的文案是系列广告海报中的文字：

“想像蒲公英一样地去旅行。”

“因为如果不走出去，就绝不会有美好的邂逅。”

“旅行的印象（Impression），等于时间乘上你遇到的人。”

“你也有过不经思索，就在某个车站下车的时候吗？”

“莫名其妙就哭了。”

“困在自己的房间里，怎么可能思考人生呢？”

“去寻找那个时刻的蔚蓝吧。”

“第一次的独自旅行，一生都不会忘记。”

“不要只是说‘大家永远都是好朋友’，就现在，一起出发吧。”

“这个旅程完结后，另一段新的我即将开始。”

这个车票叫作“青春18”，但是车票对使用者的年龄并无限制，所以也可以理解为一张缅怀逝去的青春、带乘客发现自己初心的车票。阅读这一句句细致入微的语言，就像听到了来自旅行者的心声，富于感召力的文案配上户外开阔有意境、令人心生向往的画面，在不自觉间就唤起了每个人对生命里无法忘却的那场旅行的怀念与憧憬，从而也有效完成了广告策略的目标：在旅途上，你永远都是18岁。

3）几组对比案例

第一组，汽车：

“极速飞行，静享非凡。”

“这辆新型劳斯莱斯，在时速60英里时，最大噪声来自电子钟。”

第二组，保险：

“让生活更美好。”

“当你五十岁时，还有多大概率，遇到事业第二春？”

第三组，护肤霜：

“补水不停歇。”

“水润砰砰不停。”

体会到上下句的差别了吗？

文案是直接面向消费者的表达，普通消费者想看到的，其实就是真实可感、有血有肉、离他们生活很近的东西。所以，文案一定不要充斥着各种宏大抽象的术语、概念、大道理；不需要华丽的辞藻、复杂的句式，而是要尽量简洁明晰，采用生活化的语言，让消费者产生身临其境的感觉。只有消费者将产品代入自己的生活场景，开始想象自己拥有了产品之后的美好感觉，他们才可能产生购买欲望。因此，策略可以往大了想，但文案一定要往小处写。以小见大，文案表达通俗、具体化，是写好文案的终极秘诀。

2.3 叙事视角：文案构思的多维视角

文案体现创意不仅仅在具体和以小见大方面，就像灯塔发出的光是一束束的，文案叙事也需要多维的视角。

2.3.1 常规视角彰显创意

叙事角度是当代西方叙事学的一个重要概念，是指作者在对一个或一个以上事件进行叙述时所采用的视角、口吻或立足点。

在文案创作中，广告的诉求主体——广告主是固定不变的，但广告文案的叙事角度却是灵活多变的。我们通常看到的文案，采取广告主视角、名人或权威人士视角、产品视角和消费者视角的居多，但实际上还有很多不同类型的视角。叙事角度的变换，会带给消费者不同的心理感受，从而产生不同的广告效果。

常规视角需要通过彰显创意来提高吸引力。概而言之，广告的常规叙事角度有以下几个：[①]

1）广告主视角

顾名思义，就是文案以广告主为叙述主体，以广告主的口吻与消费者进行直接交流，通常采用告知的方式，配合理性的诉求方式，对企业或产品情况进行全面介绍。这种视角的特点是相对直截了当。

一个经典的案例，就是德国甲壳虫车的广告。伯恩巴克为甲壳虫车设计制作了“想想小的好”系列广告，令被誉为广告教皇的大卫·

① 张淑燕，温彩云. 实用广告文案写作教程［M］. 长春：长春出版社，2006

奥格威喟然长叹，说：“即使我活到100岁，也写不出这样的广告。”文案内容非常平实，但是却切中肯綮。例如下面这则文案：

想想小的好

我们的小车不再是新奇事物了。不会再有一大群人试图挤进里边。不会再有加油工问汽油往哪里加。不会再有人感到其形状古怪了。事实上，很多驾驶我们的“廉价小汽车”的人已经认识到它的许多优点并非笑话，如1加仑汽油可跑32英里，可以节省一半汽油；用不着防冻装置；一副轮胎可跑4万英里。也许一旦你习惯了甲壳虫车的节省，就不再认为小是缺点了。尤其当你挤进狭小的停车场时，当你支付那笔少量的保险金时，当你支付修理账单时，或者当你用旧大众换新大众时，请想想小的好处。

小有什么好处呢，可以省油，冬天不需要防冻装置就可以跑很久，好停车，维修费用少，保值（换车的时候能卖更高的价格）等。这些都对消费者有着重要的吸引力，也无怪乎当年被美国消费者厌弃的又小又丑的大众甲壳虫车在“Think small”的广告战役之后，成为广受推崇的车型。

再比如农夫山泉的一些文案，“什么样的水源孕育什么样的生命”“我们不生产水，我们只是大自然的搬运工”“每一个员工的坚守，成就了农夫山泉二十年的品质”等，都采取的是广告主叙事视角。

2）名人或权威人士视角

这也是长期以来流行的一种写作视角。通常是企业邀请有关的名人或权威人士，以他们为叙述主体来介绍广告产品，陈述广告信息。这种视角主要是借用人们的名人崇拜和尊崇权威的心理，从而提升广告的影响力和说服力。

例如，周杰伦代言的优乐美奶茶，以一对情侣的对话开启广告，女孩儿说，“我是你的什么啊”，周杰伦回答道，“优乐美啊”。女孩儿有点懊恼，“只是奶茶啊”，周杰伦回答，“这样我就可以把你捧在手心了啊”，答案一语双关，令人心领神会。周杰伦的明星效应也很大程度上激发了青年男女对优乐美奶茶的爱屋及乌。

同理，很多产品都喜欢用某些领域的专家来代言，比如牙膏品牌、洗发水品牌、保健品牌等。社交媒体时代，除了明星，广告主还会找各垂直领域的KOL代言，借用权威的力量可以提高品牌的知名度，同时快速建立产品与客户之间的信任感。

3）消费者视角

顾名思义，就是以消费者的立场和口吻进行诉求。这种视角更容易引发目标受众的心理认同。例如蓝天六必治牙膏曾经的广告，就是以消费者的口吻说，“牙好，嘿，胃口就好！身体倍儿棒！吃嘛嘛香！您瞅准了：蓝天六必治！”

再比如一个雪佛兰汽车的广告，父母想送儿子毕业礼物，为了给儿子惊喜，妈妈把蒙着眼睛的儿子带到礼物面前（是一个小冰柜），但儿子首先看到的是冰柜旁黄色酷炫的雪佛兰汽车，极尽惊喜，疾奔上前，“真不敢相信，你们会送我这辆车，酷毙啦！”喜悦之情溢于言表，随即过来的几位同学闻听喜讯，也跟着一起起舞，儿子沉浸在无比的喜悦中，跟经过的人、自己的奶奶、女朋友传达喜讯，大家共同呼喊，“最好的礼物，最好的礼物”。这时，真正的车主——邻居出现，年轻人的父母表示很尴尬，“您的车真不错”。车主趁年轻人们一起起舞之际，开走了汽车，留下带logo的车尾及“Chevy runs deep”的广告语，以及一脸惊愕的年轻人。这则广告通过戏剧化的故事情节来呈现年轻人对雪佛兰的极致喜爱，使消费者在观看的过程中也不禁受到感染，很准确地定位了这一目标受众人群。

4）产品视角

这种叙事视角通常采用将产品拟人化或动漫化，通过拟人化的形象和语言来传达广告信息。

例如，德国贝克啤酒的文案就采用拟人化的表达，它的文案是这样的：

“我，德国贝克啤酒，600年来，我就是这样，坚持自己的独特脾气——泡沫一定要洁白，色泽一定要清亮，口感一定要爽快，我就愿跟您这样从不随波逐流的人交朋友。酒逢知己，干杯！”

这段描述既说明了贝克啤酒的特点，即泡沫洁白、色泽鲜亮、口感爽快，同时，还给贝克赋予了个性化、不随波逐流的人格化特征，以唤起消费者的共鸣。

另外，产品视角的表达不仅只有拟人、动漫两种，还有其他多样化的方式，例如一则瓦片的视频广告，广告在情节上采取悬念的方式，一群神情紧张的男人呈方队形并排躺着，努力地手牵手经历各种极端户外环境的挑战——被拉鸟屎、被火烤、被雪冻、遭遇地震等，表情极尽夸张。一开始观众并不知道这是在表现什么，直到最后，文案打出来，“Standing strong together”，画面中人和人的并置，替换成了瓦片。观众才恍然大悟，哦，这是在拟物，通过人的并置来模拟瓦片们一起的坚守，这是一则建筑材料的广告，看后令人印象深刻。

2.3.2 多维视角营造新鲜感

从实践中看，跳脱出常规视角，采取更多元的视角可以给消费者带来更多的惊喜和记忆度。概而言之，广告中其他的叙事角度有如下几个方面：

1）产品的作用对象视角

这一叙事视角，是从产品的作用对象出发，以它为叙述视点来传达产品对它的影响，进而表明产品的功能。

例如，来福灵杀虫剂广告，这是1987年的一则广告，文案简洁有力又配上了有律动的音乐，广告歌词是："我们是害虫，我们是害虫，正义的来福灵，正义的来福灵，一定要把害虫杀死，杀死！"通过将害虫和来福灵进行对垒，说明了来福灵的杀虫效果，创意角度在今天看来依然富于谐趣，为很多杀虫剂广告所模仿。

还有一则在戛纳获奖的广播广告，同样是一个杀虫剂广告。它采取的是恐怖诉求的方式，以蟑螂的口吻进行表达，挑衅地说出它对人类健康的极致破坏。文案是这样的：

"哈，对你来说我仅仅是只蟑螂对吗？只是肮脏的东西而已……所以你想拿臭鸡蛋砸死我是吗？你碾压我的脸，扯断我的触角，可你没能杀了我。那么……现在我带着一肚子的屎来找你了。我要让你看看谁是这个厨房真正的主人，我要随处拉屎。我非常狡猾，你根本不会觉察到的。你要吃到巧克力屎了，太搞笑了。我要在你的解冻肉碎上拉屎，上面有代表我名字的摩斯代码。我要在你的手机上拉屎，这样你打电话的时候就会闻到我的味道。我要在所有写着'由此撕开''舔一舔''请摇匀'的地方拉屎。我要在可乐罐顶部开头的上端拉屎，这样你喝可乐的时候就能闻到了。我要把我的屎吃掉，然后再次拉出来，这可是经二次加工的哦。然后我要再拉到你的卡布奇诺的糖屑里去。下个目标就是你的香料架。我要撅起屁股，给你的肉桂、可可豆和八角加点料。我的朋友，你真该抓住机会把我杀了的。你应该更快、更准、更狠才行。而现在，你在做饭的时候，墙上裂缝里的眼睛正在盯着你，准备让你体验一下便便末日的滋味。便便末日就要到了……（口白渐弱，因为遭遇了杀虫剂）"

文案把蟑螂的可恶以拟人化的、恶狠狠的语音和令人惊惧的语言表现出来，充分调动了人们的应激心理，从健康角度考虑也必须杀之而后快，这也正是广告希望带来的效果，而doom杀虫剂正是帮助实现这一目的的最佳选择。

2）与产品利益承诺相关事物的视角

这一视角是以产品利益承诺的相关事物作为叙述主体，因为它叙述的点和产品的利益承诺紧密相关，所以能创造性地表达产品的功效，是一种很有说服力的创造性视角。

例如DIPLOMA减脂奶粉的广告文案：

标题：试图使他们相会？

正文：亲爱的扣眼：

你好，我是纽扣，

你记得我们已经有多久没在一起了？

尽管每天都能见到你的倩影，

但肥嘟嘟的肚皮横亘在你我之间，

让我们如牛郎与织女般的不幸。

不过在此告诉你一个好消息，

主人决定极力促成我们的相聚，

相信主人在食用DIPLOMA脱脂奶粉后，

我们不久就可以天长地久，永不分离。

在这则文案中，为了说明奶粉的脱脂特点，别具一格地找到了扣子和扣眼相会这一视角进行诉求，主人因为吃了DIPLOMA减脂奶粉，终于可以促成扣子和扣眼的相会，选取的视角非常巧妙。因为新颖别致，出乎意料，能够给人以意外的惊喜，自然也能够给受众留下深刻的印象。

3）旁观者视角

这一视角选择的是与产品或品牌形象有间接关系的旁观者作为叙述主体。俗话说旁观者清，作为局外人往往会站在一个较为公正的立场上，对事物做出客观的评判。因此，这个视角更容易引发受众的认同。

例如，IBM公司企业形象广告：

标题：长大我要当客户

正文：客户到底是什么？

我也不是很清楚，

不过一定是个大人物。

我爸爸说，他在IBM上班，

每天努力工作，就是要让客户高兴。

他还说，客户要的东西，

公司里每个人都会想办法给予。

当客户实在很棒，

要是我长大也当客户，

说不定爸爸也会替我做事呢。

以孩子的视角，通过对爸爸的观察，侧面反映了IBM员工的敬业精神与服务意识，使得诉求很有说服力。

4）利益关联者视角

在日常生活中，有的时候，一种产品的使用会涉及多种相关产品的使用，进而产生相关消费。那么，消费链条上每一个环节的产品生产者或销售者都将成为利益相关者。例如，汽车这一商品在消费过程中，就涉及加油、维修、清洗等一系列的相关消费，这些行业的经营者就构成了利益关联者群体。广告的这个叙事角度就是选取利益关联者作为叙述主体，从侧面对广告产品进行评价或传递产品信息。采用这种叙述角度的目的在于通过关联者的言行引发消费者的联动反应。

例如，Nissan Sunny轿车平面广告标题为“它害得我很惨”，给人留下强烈的悬念，这是怎么回事？但当我们看到标题下面的一行小字“欧福美　福美油站”时，便会恍然大悟。通过这个视角，广告强化了汽车省油这一特征。

再比如一组香蕉味、番茄味的果汁饮料的平面广告，第一幅画面中央，三根香蕉正在上吊，文案是香蕉的感叹，“冰箱已是它的地盘，活着还有什么意义？”图片左下角是香蕉口味的果汁饮料。第二幅的主画面中，西红柿正在伤心地撞墙，缘由是，“天哪！他每天都在亲吻它，也不想想我的感受。”左下角是一瓶番茄味的果味饮料。这个系列作品里也采用了利益关联者视角，给诉求增加了幽默色彩。

5）全知视角

这个视角的叙述主体跟上述各类叙述主体都不同，可以说是一个纯叙事者。广告叙述者并不参与广告故事，因而可以不受故事本身的时空限制，更适合用于时空跨度大的叙述。

例如我国家居品牌林氏家居的一则视频广告文案：

“我们为什么需要家具？在一个四四方方的空间里，一张床就位，睡到自然醒的美好就开始了；一张沙发，是开门后第一时间扑上去的舒服；一张餐桌，让我们知道，一起吃饭的味道，外面买不到。

我们选择什么样的家具，就选择了什么样的美好。自动感应的灯，见过你努力的样子；有弧度的桌角，让孩子可以尽情嬉闹；你看，衣柜永远不够装，就像衣服永远缺一件；每个重要的日子，酒柜都记得清清楚楚；买一把舒服的椅子，从白天偷一点时间给自己。

看你的家具，就知道你是什么样子。家就是我们的第二张肖像，有人回到家就开始服软，有人把家过成“不像样”的地方，有人在家存放所有的心安理得，一个空间如果没有家具，就是钢筋水泥，有了家具，生活的所有美好都在这里上演。

买回去的是家具，住下来的才是生活。把家过成你想要的样子。”

在这里，叙述者身处超然于外的视角，告诉大家“我们为什么需要家具”，“选择了什么样的家具，就选择了什么样的美好”，“看你的家具，就知道你是什么样子”，好像真切地看到了每个人在家里的具体样子，而家具又对他们的生活状态起到了什么样的重要作用，这种置身事外、能够观览全局的叙事手法就是典型的全知叙事视角。

这种叙事视角给叙述者提供了极为自由的叙事空间，叙事者可以不受视域的限制，能较为充分、全面地介绍商品、讲述故事、描写消费者的举止行为和心理活动。从时间上看，叙述者可以选择从过去、现在和未来任意一点切入。但需要注意的是，这一叙事视角会有比较强的虚拟性和主观性，代入感不如消费者视角强。所以，在运用的时候，应该力求内容的亲切感，以减少形式的虚拟感。

6）综合视角

在广告文案写作中，叙事视角有时候不是单一的，而是综合运用多种叙述角度，通过不同角度的转换来打破单一视角造成的单调和沉闷，从而灵活地传达广告信息。因此，对大部分广告文案而言，使用较多的是综合视角。

例如，日本的一个印章广告，主题是“15年后的探望”。广告片很别具匠心地以一枚枚印章的名字作为拟人的工具来讲故事，通过名字的相对位置、名字彼此间的活跃变化来呈现不同的场景。故事讲的是一位部长不满于新人下属的工作不力，在下班时间正懊恼不已的时候意外出了车祸。下属过来探望，这位领导看到慰问的礼帖，突然联想起15年前自己去医院探望部长的时候，彼时部长对作为新人的自己的鼓励，而引发反思：“当时什么都不是的我，好像被认同了。当年获得的被认可的喜悦，我有没有把它传达给谁呢？”之后展示的是二人对话的场景，以及对各式印章的展示。在这则广告中，综合运用了产品视角、广告主视角、全知视角等，令广告创意富于生趣。

广告文案的叙事视角是灵活多样的，如果能够做到对各视角的恰当选择、巧妙运用，就会使得文案平添色彩，增加趣味，与众不同。

3

触动人心的创作法则

营销沟通的深层原理在于有创意地改变和影响，创意需要具体的文案来转化落地，文案写作也需要一定的创作法则。概而言之，尊重对象，细化利益，场景展示，顺应共谋，情感关切，将生活赋予意义、戏剧性和话题性等，是文案基本的创作法则。

3.1　契合调性：到什么山，唱什么歌

3.1.1　调性：见文知“人”

要成为一个好的文案，有两个利器是我们必须掌握的，一个是“洞察”，另一个就是“调性”。“洞察”是通过探寻消费者的深层需求，指引我们从什么角度切入，具体写什么。调性，则指引我们用什么样的表达方式进行沟通。

调性并不适用于所有的文案。按功能性来分类，文案类型可以粗略地分为销售文案和品牌文案两大类。销售文案一般有明确的商品卖点、有明确的购买理由和引导，目的是促使消费者立刻下单，即本质的目的是促进销售。这类文案一般不涉及调性，比如一些产品的促销文案就是销售文案；文案调性更多指向的是品牌形象文案，这类文案是带有很强吸引力和感染力的情境和氛围的文案，目的是展示品牌形象、彰显品牌精神，进而让消费者认知品牌、爱上品牌，例如李宗盛代言的新百伦的“致匠心”广告，“**人生没有白走的路，每一步都算数**”，从意境和文案上看就知道是品牌形象文案。

每一则成功的文案，都是有意识地创作，文案不是字词的堆砌、不是文字的组合游戏，而是一场人格化的对话沟通。那么，究竟什么是调性呢？我们以“步履不停”为例展开说明。步履不停，是一家年营收4 000万元的淘宝女装品牌，主打文艺风，追求简洁、舒适的着

装体验，最抓人眼球的卖点是每件商品都附有一段写意的文字作为烘托，从品牌到产品再到文案，“文艺”是整个品牌乃至产品文案的主线。早期的步履不停是小作文式的长文案，以女性视角来激发情绪共鸣，基调是“明朗的文艺青年”“有行动力的文艺青年”，如下面两段文案：

“你写PPT时，阿拉斯加的鳕鱼正跃出水面；

你看报表时，白马雪山的金丝猴刚好爬上树尖；

你挤进地铁时，西藏的山鹰一直盘旋云端；

你在会议中吵架时，尼泊尔的背包客一起端起酒杯在火堆旁。

有一些穿高跟鞋走不到的路，有一些喷着香水闻不到的空气，有一些在写字楼里永远遇不到的人。

出去走走才会发现，外面有不一样的世界，不一样的你。”

“牛仔裤是不是卷边比较时髦？衬衣扣要不要解到第三颗？鞋跟要10厘米，还是5厘米？

挎帆布包文艺，还是拎牛皮包怀旧？陀思妥耶夫斯基太晦涩，但读村上春树会不会太流行？

如果特立独行是场秀，逃离舞台会更酷！喜欢你的喜欢，自由会更自在。

就像A-CUP也可以很骄傲，因为脑袋是C-CUP的。”

通过阅读文案，一个身穿文艺棉布长裙、渴望诗与远方，独立、有个性、敏感、安静、文艺的少女形象似乎就清晰地站立在我们面前。但随着媒介渠道的日益增多和信息的过载，消费者逐渐青睐简洁明快的话语风格，于是，步履不停由长文案转化成散文诗或鲜明短句的风格，以简洁有力的文字去唤起人们的文艺心。例如：

“世界宽广，拦不住小小的我们，仍然要去风里游荡。”（棉感小个子风衣）

“穿上这件衬衫的时候，天还热着，但第一片叶子已经落下了。”（秋季一粒扣廓形衬衫）

“不要担心身上的天真气，那是成人世界的稀有事物 。”（学院女孩棉感Polo衫）

可以看到，这些文案的表达，每一则都对应了相应的产品，文案将情绪的共鸣引导回对产品的关注上。文艺风的文案很容易引发共情，而和产品的契合性则又让消费者解读到创意的惊喜，从而大大提升了目标受众对品牌价值的认同。其中，我们其实首先是被步履不停的文案调性——超脱现实的文艺所吸引。在这里，文案调性延续了品牌调性，将产品的特性展现了出来。

那么究竟什么是调性呢？如果说，将品牌比作一个形象化的人，那么品牌调性是这个人的性格，而文案调性则是这个人的语言风格。文案调性是品牌调性的主要展现之一，见文知“人”，是文案调性的最重要的价值。

比如，同样是白酒，芝华士是骄傲的。被誉为文案之神的尼尔·法兰奇曾经为芝华士写过一个系列文案，被奉为文案经典。第一则平面广告大面积留白，没有任何画面，只有中间部分的文案，上面写着：“假如你还需要看瓶子，那你显然不在恰当的社交圈里活动。假如你还需要品尝它的味道，那你就没有经验去鉴赏它。假如你还需要知道它的价格，翻过这一页吧，年轻人。”第二则广告整个画面只有右下角的文案和盛有芝华士酒的杯子，文案是：“这一页献给我们当中那些已经学会了不看商标就能辨别品质的人。”第三则广告画面左下角有芝华士瓶身以及旁边一句横排文案：“很惬意吧！如果你非常清楚下面水晶杯里的威士忌品牌。大多数读者根本不了解，而且有可能永远也不会了解。”仔细品味文案，你是不是能感受到一个骄傲的芝华士呢？

再来看红星二锅头。“有兄弟，才有阵营”“有事只管招呼，兄弟义无反顾”“把激情燃烧的岁月灌进喉咙”，所以，二锅头的调性是什么呢？热血激情、豪放粗犷。

再看江小白。江小白表达瓶上的文案曾激起很多人的共鸣，“你在乎了很多事，却总有人只对你更上心”“想起好多人，不如陪好身边人”“最好的默契是懂你的言外之意，也懂你的欲言又止”。文案的调性反映了品牌的调性，江小白是年轻、文艺、质朴、细腻的。

3.1.2 文案调性的关键词

文案调性有两个重要的特征。首先，文案需要清晰展现品牌风格，为产品塑造明晰的受众形象。其次，品牌调性不是一蹴而就的，文案的作用之一就是延续和巩固品牌调性在受众心里的认知，通过天长日久文案调性表达的积累，潜移默化地将品牌印象印在受众的心里。而且，这个潜移默化一定要有辨识度、记忆性。

1）清晰

一篇好文案能让人从文字中就知晓品牌调性、产品的属性和受众类型。比如，提起步履不停，它的品牌调性就是文艺，所有的广告文案都围绕这个调性展开，它的受众就是正值青春年华的、喜欢独处、向往独立、有自己的个性和态度的文艺女青年。

关于调性清晰这一点，万科2003年“珍视生活品质”的系列文案也完美地体现了这一点，这套文案以“无限生活，用心建筑”为传播主题，意在以谦卑而亲切的姿态，向用户描绘万科的价值观，而文案的整体调性也都保持了亲切而谦卑的态度，其中饱含着的人文精神与生活智慧，被人们所津津乐道，被誉为房产界的一股清流。我们来品读几则平面广告文案：

“最温馨的灯光 一定在你回家的路上。

如果人居的现代化只能换来淡漠和冰冷，那么它将一文不值。

我们深信家的本质是内心的归宿，

而真诚的关怀和亲近则是最好的人际原则。

多年来，我们努力营造充满人情味的服务气质和社区氛围，

赢得有口皆碑的赞誉，正如你之所见。”

“再名贵的树，也不及你记忆中的那一棵。

越是现代，生命的原本美好越值得珍惜，

我们深信，虽然不断粉饰翻新的名贵和虚华，

更容易成为时尚的标签，

但令我们恒久眷恋和无限回味的一定是心中最初的那一片风景。

多年来，万科珍视和努力保留每一片土地上既有的人文财富，

以纯粹的审美趣味引领时代潮流，

正如你之所见。”

另外两则的标题为“潮来潮去，生活的本质永恒”和“卸下你心里的围墙，你会发现生活的原味。”

该系列广告通过温馨、亲切的语言和画面，传达了对生活品质的重视和对人文环境的珍视。广告强调了家的本质是内心的归宿，真诚的关怀和亲近是最好的人际原则，万科就是要努力营造充满人情味的服务气质和社区氛围。此外，万科在广告中还提到“品位与金钱无关”，强调不加雕饰的自然之美是永恒的价值，这与万科的目标受众——追求生活品质和品位，注重人文环境和社区氛围的社会精英群体的价值观相契合，故而自然能收获目标受众的青睐。该系列文案也因此荣获第十届中国广告节企业形象类金奖。

2）鲜活、有个性

企业做品牌的终极目标是塑造品牌的人格化属性，通过赋予品牌人格化的禀赋、特征、品位、趣味等，从而形塑品牌的符号价值，进

而吸引目标人群。成功的品牌都有着鲜明的个性特征，比如我们刚刚提到的芝华士、红星二锅头、江小白，都有自己独特的风格。好的文案调性呈现，一定是文如其“人”的。比如我国长沙茶饮品牌茶颜悦色（以下简称茶颜），不同于其包装设计的典雅古风，也不同于其他同行新媒体号的沉浸式美学，茶颜在微博、公众号上打造的内容特别简单、质朴、接地气，以真诚的“话痨式”沟通树立了独到的品牌形象。在早期的运营中，当粉丝发现别的知名茶饮品牌的产品命名和画风“撞脸”了茶颜，茶颜落落大方地回复：“茶饮领域的原创大家都不容易，谢谢网友监督，我们继续加油”，同时表示“就用做出更好的作品来表达感谢吧”“品质和服务是抄不走的”，踏实的茶颜收获了一众粉丝的认可和保护欲。当喜茶进驻长沙开了第一间店，部分激进的粉丝觉得喜茶“入侵”了茶颜的地盘，但茶颜却及时地送上真诚的祝福：“终于可以和行业大佬过招了，激动！欢迎喜茶来长沙一起玩！”让粉丝看到了茶颜的明事理和人情味。当粉丝们激烈地辩论茶颜要不要留在长沙，牵扯到“肥水不落外人田”和“想要自己粉的奶茶店征服世界”的两种纠结心情，茶颜给出温馨的回复，将品牌比拟为人，“小时候跟在父母身边一点点成长，长大了想见识更大的世界出去打拼，但家乡永远是家乡，意义也不会变”，令粉丝大感安慰。此外，茶颜会在微博上提醒粉丝，在生日使用生日券的时候，记得点最贵的那个，对于短期到长沙旅游的游客，可以把生日写到这几天，这样就可以多喝一杯了。茶颜的小票上也处处透露着一种“我们不赚钱没关系，你要每天开开心心健健康康的”闺蜜式叮咛，比如前一句勒令准妈妈“孕妇不宜过多饮用”，后一句又心软地提醒，“实在忍不住馋，可以适量选择绿茶系列哦”。还有担心忙中出错，提醒粉丝如果感觉味道有异，请果断回来行使“永久求偿权”。这些叮咛，看了都会令人心头一暖。茶颜悦色的坦诚式沟通文案，让粉丝们看到了品牌真诚、踏实、谦逊、美好的人格化魅力。而文案的力量来自品牌背后的信念，文案调性和品牌调性的表达一致性，共同促成了品牌鲜活、有个性的人格化属性。

3.1.3 文案调性的始终如一

前文说，见文知“人”，文案调性作为人格化品牌的语言风格，需要结合品牌的性格特征（定位）做持续化的输出。换言之，文案不是调性的决策者，而是品牌调性的巩固者。每个人都可能是一个有着独特表达风格的人，但是面对不同的产品，需要我们在不脱离品牌调性的前提下，准确把握文案调性、深切洞察受众心理。同样，对于同一个品牌，在不同的发展时期可能语言风格会有些许差别，但内在的调性是始终如一的，这样才能形成消费者对品牌一以贯之的认知与记忆。

我们以步履不停的创意演变为例。前文说过，步履不停主打文艺风，主要客群是独立文艺女青年，追求简洁、舒适的着装体验和中性、文艺的服装风格，由于其独具一格的文案而吸引了不少的拥趸。很多消费者对它的评价是，“一半卖的是衣服，一半卖的是文字”，甚至有消费者在评论里留言，“为了这不理性的文案，也想非常不理性地买单”。这就是文字的魅力，一个好的文案能够激发消费者的柔软和感性，为消费者提供情感与情绪价值。

步履不停的文案发展大致经历了三个时期。2010年创立初期的文案是文艺风格的小作文式的长文案，就像上文中的那种，基本以女性视角来写作，议题围绕女性关注的话题或者一些女性视角下细腻的情绪，意在激发共鸣，激发女性的感性。例如：

“有手机、有邮件、有微博、有QQ，有几个交心的朋友？

有公事、私事、这事、那事、家事、国事、天下事，做过几件有意义的事？

去过南方，到过北方，身在东方，眼望西方，有没有属于自己的地方？

有黄衬衫、黑裙子、紫BRA、灰靴子和咖色袜子，有没有多彩的日子？

做员工、做学生、做女友、做闺蜜、做女儿、做网友，有没有做过自己？”

文案关注女性的多种社会角色和“做自己”的问题，很能击中独立女性对生活的共情。初期的文案主打以长文案的“文艺范”来吸引受众，的确获得了不少消费者的喜欢。但也有暗含的问题，比如太过注重文艺而导致表意不明，消费者感受到了文艺的基调，但不容易读解出内含的语义。再者，有些文案写作的视角是基于男性视角来看女性，所以使得“女性”倾向不够彻底。此外，由于社会的发展节奏越来越快，这种长文案逐渐不适应快节奏的社会审美大潮流了。

2016年，步履不停的文案不再是一大段一大段的长文案，而是改成了细腻的散文诗：

“成为他们眼中的你，还是成为你心中的你。其实都好，自在就好。”

“听见云走了，风在说话，树叶朝着阳光微笑。他们觉得你被伤感吞没了，其实你只是感受到了全世界。”

同样是文艺和感悟，这一阶段的文案表达更加积极、简明，也更贴合女性心理，更柔和细腻，这也让步履不停的品牌性格更鲜明准确。文案给人共鸣的同时还输出了品牌价值观——谁说文艺青年就是伤春悲秋，天天思考人生，她们也是有血有肉的，只是感受比一般人更深刻、更细腻。但是这种“文艺”仍然比较窄，内心丰富的文艺青年才能读下去这种“诗”体，但其实喜欢简单、中性着衣风格的不止这么文绉绉的群体，很多人心中都有一颗文艺心。

现在的步履不停用一种更好的沟通方式唤起了大多数人的“文艺心”，同时仍旧明确地表达了它的文艺风格，在保留原特色的同时拓展了受众。2020年以来步履不停的文案变成了鲜明短句：

“我会和春天一起回来。”

“听说最暖的衣服，是口袋塞满钱的那种。”

“要成为一把剑、一座山，做自己的武器和靠山。”

“竹纤维做的衬衫，静得听见竹子生长的声音。”

“绿格纹夹克，像一首老歌。”

这些鲜明短句进一步迎合了快节奏的社会潮流，但又并未丢掉原本的文艺感，商业和文艺在这一时期有了更好的平衡。第一句将品牌形象人格化，好像和春天一起归来的一个老朋友，让消费者对品牌产生了温暖、陪伴的印象。第二句反映了当代年轻人对金钱的态度，文案狡黠有趣，表明经济独立让年轻人更有安全感。此外，系列文案中还包含很多年轻人热议的现实话题，例如社交问题、亲密关系问题、孤独感问题等，很好地迎合了受众心理，一针见血，深入浅出，能够引起消费者共鸣。第三句表达了品牌态度，同时暗合现代年轻女性的兴趣点，如向往独立、有个性、乐观等。这种态度也很好地表达了品牌的性格，让品牌形象更加立体生动，增强了消费者的信任度和好感度。这一时期的文案还加强了文案的商业性，将关注点引导回产品本身，同时也没有破坏原本的文艺风格。在获取消费者共鸣的同时，有目的性的文案进一步促进了销售转化。最后的这句更是为衣服赋予了情绪、回忆，让读者透过文字体会到产品本身的情感价值和文化属性，从而成为个性化符号。

奥美的“广告鬼才”叶明桂先生曾说：“建立品牌看似简单，其实最困难的就是坚持一致性……”[①] 步履不停前后十余年的发展历程中，始终坚持着在变化社会中的冷静思考，尽管前后文案风格有所调整，但文艺、感性的主基调始终未变，让人对品牌有始终如一的认知，增强了消费者对品牌的辨识度和信任度，这也是步履不停的文案能够成功的原因所在。

3.2 细化利益：具体而微，明确奖赏

为消费者提供明确的利益点，在这一点上，广告大师约翰·肯尼迪早在20世纪20年代就告诫我们，“广告是印在纸上的推销术”，在广告中不仅要说明“这里卖什么”，更要说服消费者“为什么要买你的东西”。换言之，广告应该为消费者提供值得购买的理由。这就需要我们做到：首先，挖掘产品事实，向用户表明买（用）我的产品有什么好处；其次，描述用户利益，一定要注意把利益描述得清晰、具象、有力。

3.2.1 细化利益的方法[②]

1）分解产品属性

小米是运用企业自媒体进行营销的典范，小米极少投放传统广告，却运用它的自媒体营销，在成立后四年内迅速打造了一个让世人惊艳的品牌，现在已经成长为一家世界级的公司。早期的小米手机文案，大多是偏技术流的特征。实际就是把所有产品的属性一一进行分解，然后给消费者普及现代工艺、材料学知识，进行性能比较等。现在除了技术类产品，其他品类的品牌也开始模仿这种文案风格。例

---

① 叶明桂. 如何把产品打造成有生命的品牌［M］. 北京：中信出版社，2018.

② 佚名. 教你秒懂互联网文案［EB/OL］.［2018-04-20］.http://www.100ec.cn/detail--6446021.html.

如，以下是一则免熨衬衫的对比文案：

“极致舒适，来自意大利最优秀的工匠，使用最优质的工艺，完美设计的抗皱、免熨衬衫”

“极致舒适，100%阿克苏长绒棉，提高舒适性；完美接缝，时刻保持平整；独特剪裁，保持骨感；鹰爪扣子，容易系带。”

同样是以“极致舒适”作为标题，哪一则文案更令我们有信服感呢？显然是后一则。其中的道理，就在于后一则实际运用到了对产品细节进行分解的方法。相比之下，前一则过于主观的表述，由于没有例证和论据而显得苍白、空洞，后一则基于细节的因果表述更有沟通力和令人信服。

那么，什么样的产品更适合产品属性分解的文案呢？刚刚提到的手机等一些电子类的技术流产品，以及新创品牌更适用于该种文案，显然这样的表达有助于凸显自身产品的优势，同时弥合和大品牌相比的知名度劣势。消费者通常是非专业的购买者，绝大多数消费者在选择产品的时候处于一种低认知模式，可能犹豫再三，最终决定还是选择大品牌吧，因为大品牌更有品质保障，同时，一分钱一分货，也是我们在产品选购方面的固有认知，一个品牌如果有口皆碑，即使价格贵一些，消费者也依然觉得物有所值。这就是消费者的选择悖论，通常我们认为，支撑自己最终做出购买行为的，是理性的分析，但事实恰好相反，人们最终选择哪个品牌往往是基于非常感性的判断。对此，菲利普·科特勒在其经典著作《营销管理》中就有提到，消费者的决策路径分中央决策路径和边缘决策路径[①]：中央路径是指消费者对于产品的决策行为来源于它对目标产品信息大量认真且理性的思考；边缘路径是指消费者对产品的决策行为并非基于理性而充分的思

① 科特勒，凯勒．营销管理［M］．王永贵，等译．14版．北京：中国人民大学出版社，2016.

考，而是根据自身正面或其他的边缘信息对产品形成判断，包括产品的体验场景、名人的宣传、情绪的共鸣等。问题在于，作为非专业型消费者，当我们对产品本身信息没有足量的占有，或者根本就无暇去做过多比较与思考的时候，消费者往往依赖边缘路径做出选择。而在这种情况下，小品牌是打不过大品牌的，因为消费者会直接通过“品牌”来推测产品质量，而不是详细比较产品自身。这样一来，分解产品属性这个方法对小品牌、新品牌就很有效，它会把消费者的认知直接拉到高认知模式上来，由一个“模糊的大概印象”到“精确的了解”。例如小米的早期广告，就采取分解产品属性的方法，直观展示在主体配置都与其他手机相差无几的情况下，却有一个更实惠的价格，这样的对比自然会影响消费者的购物选择。

2）定位使用情景

定位使用情景是指要明确地告诉消费者，你的产品“能用在哪”，其本质的利益点究竟在哪里。通常，当被要求描述一款产品时，常见的三种表述是这样的：大部分人首先想到的是：“这是一个××”，这是将产品定位到了自身属性；有些人还会想到，“这是一款专门为某某人群设计的产品”，这是定位到了购买人群；更高级的表述应该是“这是一款可以帮你做××的产品”，这种表达则定位到了使用情境，让消费者知道我在哪里需要它。比如假设要你为一款抗皱能力很强的衬衣写一则简单的文案。如果写，“抗皱衬衣”，这是定位到产品属性。写“上班白领衬衣”，是定位到了人群。但这两种表述都没有说出产品对消费者有什么用。第三种是“不怕挤地铁的衬衣”，会让我们一下子想到挤地铁之后的窘境，与此同时触发需求——我正需要一件这样的衬衣！

所以，在写作文案的时候，一定要注重细节，通常把产品定位到使用场景，更容易让消费者感知到产品对于他的益处。同理，我们在写作日常需求类文案时，也一定不要只描绘现象，而要提炼利益点，把产品的好处给消费者明示出来。比如一个转租房的广告，如何把它的优势展示给租房客？对比以下两则文案——

“小区内老人少，大都是年轻人；小区内有各种商店；

交通便利，门口有公交车；同意转租后跟房东签约。”

如果你是租房客，这种文案能够吸引到你吗？那如果我们换种表达：

“小区内老人少，无广场舞困扰；小区内有菜市场及超市，买菜不用再坐公交！

门口公交车10分钟直达地铁站；直接跟房东签约，免去中介困扰。”

上下对比，上面一则文案都是在陈述现象，下面一则则在陈述的基础上进一步说出了具体的“利益”，而这个才是租房者真正关心的内容。但往往我们写作文案只是停留在了前一步，以为详细地介绍了产品，但是顾客却觉得无关痛痒，心里嘀咕说：“你说的这些特点都不错，可是对我来说有什么用呢?”就像很多的应聘者也败在了这一点，他们详细介绍了自己的校园、实习经历，却不会提炼总结，不能结合招聘公司的需求阐明自己的价值，这种情况下面试官只能遗憾地筛掉你的简历，即使你的社团、实习经历都不错，可是对公司具体有什么用呢？难道要把问题丢给对方去提炼吗？所以如果想写出好文案，我们需要转变思维——不是“向对方描述一个产品”，而是“告诉对方这个产品对他有什么用!”

3）对比强化利益

通过对比的方法来强化消费者所能获得的利益，老罗培训学校是一个经典案例。老罗培训学校是罗永浩第一个创业的机构，作为一个文案隐藏高手，其创业前后打造的很多文案都堪称经典。但据罗永浩自述，“前期因为在设计范畴内的能力不足，导致只能使用讨巧的方式塑造一些简单、朴素的形象”，那个时期的平面设计作品主要仰仗的是“文字的力量”。今天看来确乎如此，而且非常具有代表性，其中经常为人们津津乐道的是老罗的“一块钱系列”。

这个系列就创意设计而言的确质朴，主画面上是某个当时环境下市值一元左右的商品，所有系列作品的文案都是一致的：左上角一句问话，“人民币一块钱在今天还能买点什么？”中间画面是当时环境下的一元钱产品，如一份报纸、一个玉米、一个创可贴、一个包子、一个棒棒糖等，右下角文案，“或者，也可以到老罗英语培训听八节课”，右上角还有一个绶带，上面红底白字写着“罗永浩亲自授课”。

这个一块钱系列的海报是老罗被广为传颂的经典案例，也是广大竞争对手竞相抄袭的模板。这个海报的简单程度确实达到了可以批量生产的地步，但是看似简单的海报背后，却一点也不简单。系列海报背后暗含着关键信息。

第一，“一块钱”。强调了“便宜”这个很具有诱惑力的因素。无数的案例表明，在中国，一块钱往往比免费的吸引力更大，因为一块钱的交易能给人一种“消费感”，这种“消费感”带来的，是潜意识里获取商品的安全感，但是一块钱又是可以几乎忽略不计的低支出。

第二，“八节课”。通过与一块钱对比，显示出八节课的超值。

第三，“罗永浩亲自授课”。进一步给出品质保障，诱导消费者做出消费行为。一块钱就可以听当时被誉为“史上最会说相声的英语老师”的课，还有什么理由不来呢！来了就是赚到啊！不难想象，这样的一张海报，出了那么多同款，包含了生活中常见的商品，总有一张能戳中消费者。

第四，还有一个文字上的小细节，答句文案采取的是短句式，“或者，也可以到……”在“或者”的后面加上了逗号，并且句尾没有使用句号，短句在表达中短促有力，有效地起到了加强语势的作用。

3.2.2 文案写作的FAB法则

前面讲到细化利益的第二种方法，定位使用情景，该方法对应文案写作中的一个重要法则，即FAB法则。在具体分析该法则前，笔者援引广告人关健明曾提到的一个小家电产品的案例来进行展示说明，该产品的创意优化过程很好地体现了文案洞察的渐次深化原则。

这个小家电产品是一个早餐机，功能看上去一目了然，左边能烤吐司面包，右边能煎鸡蛋、牛排。这个产品售卖的对象，当时主要是90后的家庭主妇，因为造型圆圆的很可爱，两类色系，暖黄、祖母绿都时尚、漂亮，而且，做早餐出餐快，能够节约时间，年轻妈妈们当然喜欢。

这个产品的初版创意主要就产品功能来说出产品对年轻妈妈们的好处，它的广告口号是，“一烤一煎，三明治出来啦”。再比如，烤吐司，直接告诉你烤出来的结果——“一边软、一边脆的两面派”，画面以黄色为底，上面交叠放置两个展示一面脆、一面软的黄澄澄的面包片，看后很能激发味蕾。描述操作方便，文案是“一旋一按，老人小孩也懂做早餐”，让人感觉操作简单，无压力。

就产品功能表述而言，这个系列广告文案精炼、生动，产品特色展露无遗。但看看价格，券后224元，如果是你，会立即下单吗？会不会陷入纠结？答案是肯定的。就为这么个小物件，花200多元钱，值得吗？平时做早餐，买点面包热点牛奶、煎个蛋，虽说是麻烦了点，但也不是不行。买，还是不买？犹犹豫豫之后，可能放下手机忙别的事，早餐机的事就被抛之脑后。这也是我们写文案常见的困扰，感觉利益点都提炼全了，也有一定打动力，但就是不能促成顾客下单。哪里出了问题呢？究其根本，还是未能体现对顾客需求的更深层次洞察。那怎么样更进一步呢？

我们来推导一下。首先，产品的特点是一面烤，一面煎，给顾客的好处是做三明治简单、方便，那么简单地做出三明治，能给顾客的生活带来怎样的影响呢？这个品牌的文案人员敏锐地把握到了这一点，准备了两句话，直击妈妈的内心，增强了她们的购买欲望。第一句是精选的顾客留言，提到孩子对这个家电的反应——“我女儿现在天天都要做早餐！”“儿子自己就能操作，还做早餐给我吃！”再配上孩子给妈妈端上早餐的画面，代入想象一下，是不是幸福感爆棚，如果自己的孩子也能独自做早餐，顺便锻炼动手能力，妈妈的心里是不是感到无比欣慰与甜蜜？足够有说服力了吗？

但是文案没有仅仅局限于此，而是进一步挖掘出一个更为深刻的洞察：“5分钟简餐，让我任性睡到自然醒”。体会一下，是不是直击痛处？不妨考量一下年轻妈妈群体的生活状态：白天投身于工作事务，夜晚全心照料孩子，个人时间几乎被完全挤占。仅在准备入睡、躺在床上的短暂时刻，她们得以通过刷手机来放松身心。但一不小心就睡晚了。第二天听到闹钟，身心俱疲的她们完全没有起床的动力，一想到还要做早餐，真是觉得特别崩溃。由此可见，“5分钟简餐，任性睡到自然醒”，无疑是一个特别好的洞察。当然，妈妈们也知道这种表达暗含的夸张，但即便如此，每天能够多一些睡眠时间，对她们而言也是一种莫大的慰藉与切实的需求。

那么，考虑到以上两点，这个早餐机是不是看起来更重要了呢？不再是可有可无，而是真的很想买啊！所以，我们看，文案可以写很多层，营销人多想一步，文案打动力就更高一层，触发消费者的心理反应也会更进一步，数箭齐发，最终让消费者情不自禁地就下单了。

基于以上的案例，我们来分析，如何利用消费者洞察进行细化利益的文案写作。这个案例的文案有三层创作，“一面烤，一面煎”，这是对应产品的功能属性，能简单地做出三明治；“我女儿现在天天都要做早餐！”这是产品的功能达成的结果，也就是作用；方便、育儿、有益睡眠，这其实对应的是产品带给消费者的深层利益。

刚刚提到文案写作中的经典法则，FAB法则，即属性、作用、益处的法则。FAB分别对应的是三个英文单词：Feature、Advantage和Benefit，按照这样的顺序来递进诉求，就是文案逐层深入的结构，我们最终一定要深入挖掘到消费者的利益层面，这样才能更好地打动消费者。

我们可以再结合不同的产品做一个应用实践。例如，一款抗皱衬衫，它的属性是，“100%阿克苏长绒棉，完美接缝”，作用自然是“抗皱好打理”，那么，利益可以是什么？不怕皱带给消费者的直接利益是什么？比如，“不怕挤地铁”，当然这个答案不是唯一的，可以依据目标人群做各种适切的情境表达。再比如，一款充电宝，它的产品属性是“20 000毫安容量”，作用是“充电续航能力更持久”，那么利益是什么？续航持久会对什么产生影响？我们也可以联想很多的需求场景，比如很多年轻人玩游戏的时候最怕没有电，那我们就可以说，“玩手游不怕没电”。再比如，一款养生壶，它的产品属性是“不同食材，不同炖煮模式”，但是只看这个功能表述，引发不了消费者太多的兴趣，再进一步，“精准程序，一键炖煮，无须看火，炖煮更讲究”，无须看火，让消费者瞬间就明白了产品的用处，但是这还不是终极诉求，不需要看火，带给消费者的深层利益点是什么？看下面的这个文案就很生动，“自动烹煮ing，追剧去咯”。

仔细揣摩下这三个产品的利益点，其实它们是有共通之处的，即都是基于产品的应用场景，所以，找广告洞察，最根本的是要理解产品应用场景和用户的使用逻辑。事实上，能够打动消费者的好文案都是写出了清晰而具象的利益和应用场景。例如淘宝店步履不停的一款雪地靴的文案：

“瘦鞋型（F，属性），

显脚小（A，作用），

能嫁个好人家（B，利益）”

当然，这里的“嫁个好人家”属于幽默诉求，但是并不妨碍消费者喜欢这样的玩笑话。

三棵树漆的文案，“三棵树，马上住”，讲安全、环保是它的产品属性，但是刷完马上就能住，这对消费者而言才是最细微也最强大的卖点。

OPPO的“充电5分钟，通话2小时”消费者耳熟能详，甚至成了一句社会流行语，就是因为前后情境的细节对比对消费者有巨大的利益牵引，同时语言又好记、生动、有趣。

3.3 展示场景：不要卖牛排，要卖嗞嗞声

美国营销大师爱玛·赫伊拉曾说：“不要卖牛排，要卖嗞嗞声。”什么意思呢？广告大师李奥·贝纳曾经给了我们一个最好的示范。美国肉类协会请李奥·贝纳为其做广告，他会怎么构想创意呢？画面是这样表现的：把一块儿红色的肉，放在大红色的背景上，非常有视觉冲击力，下面斜放着一副刀叉，锦上添花的是它的文案，“你能不能听到它们在锅里嗞嗞地响？”想象一下把肉放在锅里煎烤的感觉，是不是立刻能调动你的五感，想起了这块儿肉在锅里的色泽，煎烤的动感，听到了响声，还闻到了香气？没错，这就是对场景本身的调动和想象。

3.3.1 场景化思维

"场景"，本来是一个影视用语，指在特定时间、空间内发生的活动，或者因人物关系构成的具体画面，是通过人物行动来表现剧情的一个个特定过程。从电影角度讲，正是不同的场景组成了一个完整的故事。不同场景，意义大不一样。

移动互联网和共享经济正在改造我们生活的所有维度。当场景一词被应用在互联网领域时，场景常常表现为与游戏、社交、购物等互联网行为相关的，通过支付完成闭环的应用形态。与以往不同，互联网时代的消费机制和生活意义都是基于场景的游戏规则塑造的。我们对于评价，更在意的是朋友圈点赞；我们对于商品的定价和付费，更加关注的是与谁、在何种场景被满足。我们的连接通过场景表达，选择何种场景，就决定了使用什么样的连接方式，构建什么样的社群，最终成就什么样的亚文化。场景本质是对时间的占有，拥有场景就拥有消费者时间，就会轻松占领消费者心智。因此，体验决定了我们的场景，抑或新的场景迭代我们的体验和幸福感。而能够与场景参与者沟通诠释出新的价值与情感，这即是我们主张的新场景精神与场景化思维。①

对应到文案写作方面，我们也需要在文字的描绘中构筑场景化想象，先来看一组对比文案。

希腊酸奶："浓稠可口。"

音响系统："震撼音效。"

甜酒："酸甜可口。"

文案有打动你吗？肯定不会，因为语言实在太乏善可陈，平淡无奇了。我们换种表达：

① 吴声. 场景革命：重构人与商业的连接［M］. 北京：机械工业出版社，2022.

希腊酸奶：“像乳白色的奶香冰激凌一样，只能用勺子挖着吃。”

音响系统：“当电影里一辆摩托车呼啸而过时，马达的轰鸣声从左耳冲到右耳。”

甜酒：“鲜活的桃汁，轻快的柠檬酸，混合着绵密的微气泡在口腔中跳跃。”

这组文案跟刚刚那组最大的不同体现在哪里呢？就是可感度不同。这组绘声绘色包含着具体体验的文案，让我们通过文字，联想到了画面，甚至体验了那种感觉。所以文字是有想象力的。所谓文案写作的场景化思维，就是要调动人的感官，使得目标受众在读完文案后能心有所想。这里说的是“心”，不是单纯的画面感，而是一个综合性的感受，里面包含具体的场景，以及在场景里发生的不同以往的瞬时行为，而通过瞬时的行为又连接着个人的情感转化。

除了文案展示可感性，我们还可以为产品使用赋予具体的应用场景。有无应用场景的设定，也很大程度决定营销沟通的有效性。来看一个对比案例。一个电商卖麝香葡萄甜白起泡酒，用文案给酒罗列出以下几个优点：

（1）来自意大利名庄，好喝，符合大众口感；

（2）小瓶装375 ml，大瓶装750 ml，方便携带；

（3）包装好看，瓶标还有优雅的意大利文和手绘花图；

（4）螺旋塞，拧开瓶盖，放根吸管就可以喝。

以上文案包含产地、口感、容量、设计、方便引用等很多优势。那么，如果这样的一则文案作为信息流广告推到了你的面前，你会心动吗，也许会有点，但是会马上购买吗？一定不会，因为你没有必须买的理由。而一旦放下手机，这则广告的信息就会完全与消费者擦肩而过，再不会被想起。所以，广告这样做肯定不行。品牌方也考虑到了这个问题，他们把文案改成了这样：

“看电影喝可乐吃爆米花？换点花样呗。塞两瓶小甜酒在包里，电影开场，旋开瓶盖，塞根吸管，两个小时的电影正好喝完一瓶。如果和闺蜜/对象一起看电影，还可以直接带瓶750 ml的，塞两根吸管，你一口我一口，瞬间有种整个电影院都被我们承包了的感觉。”

另外一则文案是这样的：

“不知道你有没有这种情况：工作压力大、感到心累，回家什么话都不想说，只想独自安安静静地喝酒。不知不觉大半瓶没了，然后就醉了。酒啊，还是和朋友一起喝才好，边聊边喝酒，把不开心的事情说出来，让对方开心开心。”

这种诉求比只是把产品特点甩给消费者要高明得多，其实它们所做的，就是为消费者展示产品的使用场景，并把使用场景的趣味性、体验感传达出来。基于产品认知的幸福感是会潜存于潜意识的，当你恰好身处这样的场景下，潜意识的产品认知可能在瞬间激活，于是就增加产品的销售可能。

在这方面，江小白也是个高手：

“春分 万物生长不负春光，把酒言欢不负暖意。我是江小白，生活很简单。”这是告诉你春天郊游、野炊可以喝。

“故事和酒越攒越多，相聚的人越来越少。”这是告诉你朋友聚会时可以喝。

“走得过千山万水，却走不过物是人非。”这是告诉你，一个人心情不好的时候也可以喝。

看见这样的广告，我们就不用费劲想喝不喝的问题，我们只在内心投了“喜欢”还是“不喜欢”，然后在有需要的时候考虑买不买就可以了。

有趣的是，近年来在年轻人市场崛起的RIO，貌似在场景的设定上，比江小白更胜一筹。江小白以品类定位，首创“青春小酒”，关键词是“友情”“爱情”“青春”，抓住“文艺情绪”的关键词，吸引年轻人购买。但由于没有直接定义场景，所以在广告的表现上，文案通常需要配合画面，消费者才能解读到背后的意思。但RIO直接定位场景，从“一个人的小酒”定位开始，RIO就在不断拓展独居的饮酒场景。从早期的微醺暗恋，“真是莫名啊，在这杯酒之前，好像也没那么喜欢你。”“所以，3%的酒精也会让人变得小心眼吗？”“让我脸红的，究竟是你，还是酒呢？”到之后从恋爱的思维中解脱出来，进而追求内心富足和自我生长，“终于，我把自己还给自己了。”使RIO在体察年轻人心事上有了进一步跃升，在人群覆盖上有了新的延伸。再到打破大众对单身人群生活孤单空虚的刻板印象，“欢聚美好，空巢万岁”“空巢独饮万岁之‘酥炸午餐肉’”，从“空巢青年”切入年轻人的独居场景，呈现空巢独饮的自在乐趣，一改词语本身的消极意义。正是由于精准洞察年轻人的生活方式，RIO借助场景的打造及广告的沉浸感逐渐打入用户心智，使得RIO广告传递的理念就此获得更多认可。

3.3.2 场景化写作

场景化思维要落在文案上，那么如何创作场景化文案呢？首先需要厘清的是，什么是场景化文案。场景化文案，即能给用户制造一个场景想象或场景联想，通过下一次在相同或类似的场景下触景生情而联想到品牌或产品，从而能传达品牌的定位或价值，并提高产品销售或使用率的文字段落。

要实现场景化文案的写作，我们可以尝试通过三个阶段：首先，明确产品定位或品牌定位；其次，联想用户的产品消费场景、产品体验情绪、产品使用逻辑；最后，将产品定位与人性连接，带动对情景的感知与同化。

我们之前提到过广告大师伯恩巴克的广告创意法则ROI，即广告的创作要有相关性、原创性、震撼力。如果说，ROI讲的相关性，是指创意要跟产品利益、品牌理念相关。那今天的相关，其实更应该理解成创意必须跟用户的产品消费场景、产品体验情绪、产品使用逻辑相关。如果你的广告跟消费者没有任何关系，那消费者为什么会搭理你呢？与此同时，消费者的产品消费场景、产品体验情绪、产品使用逻辑还会随着时代的发展而变化，品牌的沟通也要顺应消费者的潮流变化而适合不同的场景。

例如，同样是阿里巴巴旗下产品，支付宝10周年和淘宝20周年的广告片就体现了完全不同风格的场景化沟通。

2014年支付宝10周年的视频广告主题是“账单日记”，影片开始就是引述普鲁斯特《追忆似水年华》中的一句话：“生命只是一连串孤立的片刻，靠着回忆和幻想，许多意义浮现了。然后消失，消失之后又再浮现。”之后开始用一件件小事勾连起人们对过往的回忆。广告片通过一个女生自述的口吻，以线性的时间顺序，记述了她从临近毕业找工作，到工作、加班、相亲、恋爱、结婚、生子的十年成长，而同样的十年恰巧也对应了支付宝十年的改变，购物、购买电影票、交付水电费、叫外卖、理财等功能的不断叠加，支付宝的成长和女孩的美好回忆融为一体，共同见证了彼此的成长。广告中最后的一句话是：“10年，3亿人的账单算得清，美好的改变算不清。”尽管广告里面的文案都是简单的陈述句，没有过多的描写，只是对回忆里每件小事的淡淡陈述，但场景的沉浸感却让很多使用支付宝的人开始回忆自己使用的曾经，因为回忆自己美好的成长本身就是一件让我们感动、念念不忘的事。因此，场景的展示能够强化代入感。

2023年是淘宝成立20周年，这20年间，淘宝见证了中国电商行业的飞速发展与日新月异，改变了一代人的消费方式，甚至早已成为手机上的“基础设施”。在互联网平台的范畴里，它无疑是元老级产品，成熟的前辈。但淘宝的20周年广告片，并没有选择“忆往昔峥嵘岁月”，而是另辟蹊径，以一位正在庆祝20岁生日的女生为主角，用许愿未来的方式，隐喻淘宝20岁的青春以及为所有青春女孩儿们提供的无数种可能：

“你好，20岁。站在人生新的起点，我要许个很长的愿望。我想拥有随时起飞的勇气，想来一场没有目的地的旅行，把沿途风景都装进包里。想在每一个平行宇宙里，遇见无数个美到冒泡的自己。想每一天在城市灯火里入睡，然后在春天里醒来。想不要长大，保持淘气，和娃娃们一起当娃。想有人听到我们的声音，用中国文化，和这个世界对话。想驻足在山海间，狠狠扎进热爱的事情里。当然，还想在游戏人生里，成为头号玩家，成为大赢家。又或者成为……（我想成为超能力者、漫画家、书法家、跑酷者、追风的人、奔跑者、精灵、新物种……）一万个愿望，就有一万种生活。淘宝20岁，淘出一万种生活。”

广告片的画面非常唯美，站在海边的女孩为自己的20岁许下许多的愿望，并想象着实现后的样子。广告片结尾时候闪现许多人的种种愿望，是淘宝对Z世代年轻消费者画像的一次浓缩，凝聚了年轻人对未来的所有美好想象。而淘宝则像是这场游戏中的“哆啦A梦”，专门负责装备供给，为用户提供更多选择的可能性，也正应和了此次周年庆“淘出一万种生活”的主题。

从以上两则不同时期的广告中，我们能够感受到完全不同的与年轻人社交沟通的场景语境与话语风格，品牌只有与新时代的年轻人保持同频，接轨他们世界中每时每刻都在变化的新事物、新场景、新潮流、新观念，才能带动消费者的情绪感知，让品牌个性变得更加鲜活立体。

3.4 顺应共谋：张扬自我意识，制造认同

所有走心的文案都不是孤立地存在，他们背后都有对消费者深刻的洞察。关于洞察一词，我们前面的内容已经做过探讨。分享奥美一位广告人关于“洞察”的一个精妙解释。他说，一个顶级的洞察能激发消费者的3种反应①：

先是惊讶，“啊！你怎么会知道！”

然后是强烈的共鸣，“我也有这种感觉啊！”

强烈的情绪平复后，他会对你刮目相看，“这么多牌子，只有你懂我。”

这样的洞察，当然是一种极高的标准。事实上，我们每天大部分时候看到的都是司空见惯的文案，比如说，卖车就是“卓然出众，彰显尊荣”，卖鞋就是“挑战极限，永不服输”，卖护肤品就是“还你瓷肌，重拾自信”等，消费者面对这样的广告也只能漠然置之。但真正有洞察的广告，却真的能够吸引眼球，让消费者心领神会。消费洞察一个很重要的层面就是顺应共谋，具体的执行层面，我们可以细化为三个方面：感同身受、“同类人”效应、共谋。

3.4.1 感同身受

感同身受，原指感激的心情如同亲身受到对方的恩惠一样，多用来代替别人表示谢意，现多指虽未亲身经历，但感受就同亲身经历一样。这个成语体现了人类情感共鸣和理解的能力，即尽管我们没有直接经历某个事件或状况，但我们能够理解和感受他人的情感和经历，

---

① 关健明．什么叫作走心的文案，怎么写走心的文案？[EB/OL]．[2018-02-13]．https://www.digitaling.com/articles/13982.html.

就像我们自己亲身经历过一样。感同身受是一种重要的情感共鸣和理解能力，有助于我们更好地理解他人、增进彼此之间的沟通和理解。在营销学上，感同身受主要是指在对消费者充分体察的前提下，生动地表现消费者的心理和行为，从而让消费者产生反向感同身受的共鸣与认同，让消费者感觉，“这不是在说我吗？”这方面的案例有很多。

天冰冰激凌的一组文案：

“关于‘特能吃苦’这四个字，我检讨了一下自己，发现只做到了前三个。”

“这个冰激凌味道真不错，但不如前八个好吃。”

“一称体重我就不开心，不开心的时候，我就想吃冰激凌！”

读文案令人忍俊不禁，尤其是爱吃冰激凌的人，阅读文案就感觉是遇到了知音，文案就是自己内心的真实反映。

再比如玛氏糖果的文案：

“我就吃一块。再吃一块吧。俗话不是说‘事不过三’嘛。好，再吃一块这个淘气鬼。咦？我没觉得，它就吃进去了！真的再吃最后一块。没关系今天早上我爬楼梯了呢，而且昨天我也爬了。我想我会坚持下去，今晚还会爬。就这么定了。再吃一块，剩下的留着下次再吃。剩什么剩？还留什么下次？”

这种文案完全是源于生活的，把既想减肥又对美味糖果没有抵抗力的矛盾心理描绘得淋漓尽致，让消费者觉得又窘又好玩，天，这不就是在说我吗，在共情和共鸣中一下子就拉近了情感距离。

人类的情感是相通的，一组杜蕾斯情人节的文案，看完同样让人感同身受：

“只要我一发呆，你的样子就钻进我的脑子里，见鬼，以前我的脑子里可全是吃的啊。”

“当我总忍不住要给你发‘吃了吗’‘在干吗’等有的没的无聊微

信时，我就知道一切完了。”

“为什么我这么一个无比害羞的人一下子就再也不害臊了？那是因为你啊，我的小甜心。”

一定有人看了会特别有共鸣，这就是真切地喜欢一个人的感觉，这也是场景化文案的魅力。

3.4.2 “同类人”效应

所谓“同类人”效应，也被称为相似性吸引力效应，是指人们在社交互动中更倾向于与那些在个性、兴趣、价值观、态度等方面与自己相似的人建立联系。这种现象在心理学中得到了广泛的研究和验证，其核心心理机制是对安全感的追寻。在营销中，是指在消费者看到广告后，能生发感慨，“我们是一类人啊，朋友!”

这一点我们用两组案例来说明，一个是“为发烧而生”的小米，一个是“匠人情怀”的锤子。

首先说小米，小米的“为发烧而生”，说的是一种情怀，一种对手机配置技术非同寻常的痴迷和专业。小米公司成立于2010年4月，同年8月MIUI系统第一版内测，小米工程师一个一个联系刷机爱好者和发烧友，找到了100个人成为MIUI的首批内测用户，是他们见证了MIUI的从无到有，小米的从小到大。所以第一版MIUI的开机画面，就是对这100个用户的致谢。小米成立三周年时，还专门拍摄了一部微电影《100个梦想的赞助商》，向这100位用户表达谢意。雷军说，因为米粉，所以小米。但从严格意义上讲，小米最初奉行的并不是纯粹意义上的粉丝经济，小米的用户也不是真正意义上的发烧友。真正的发烧友是不计成本的，但初期小米的用户群体恰恰是极度追求性价比的青年群体。小米之所以将其定义为发烧友，是想给用户一种心理暗示，买小米不是因为买不起更贵的，而是因为追求极致，我是手机发烧友。所以，这里的定位是小米能够成长壮大的核心所在。因为如果只是标榜性价比的话，也许小米会有很多用户，但它不会有那么多粉丝。

锤子手机是罗永浩第二次创业的产品。这里无意评价它最终的结局，只探讨产品本身的定位和广告传播的效果。事实上，在锤子手机出现之前，市场上有人宣传发烧友，有人宣传性价比，目标受众人群主要定位于经费有限的大学生和小蓝领，但偏偏有一个市场还没有被关注到，那就是同样囊中羞涩的文艺青年，这个群体文艺细腻又酷爱自由，有着不切实际的梦想和浪漫主义的情怀。于是，罗永浩的锤子手机以匠人工具为LOGO，以“难得的匠心”为核心卖点，出世了。当罗永浩在台上大谈他花大力气优化的UI特效，当大家看着“漂亮得不像实力派”的广告宣传时，文艺青年的眼睛里看到了匠心、精细、认真、较真，而这些恰恰是他们所标榜的。于是，他们又一次认同了罗永浩，认同这个人，认同他做事情的态度，觉得自己和罗永浩就是一类人，大家需要站在同一个战壕里，于是他们变成了锤子的死忠粉。

锤子手机的“漂亮得不像实力派”的系列广告，这个文案的句式被网友称为“锤子手机实力体”。广告很有内涵，不直接说锤子手机怎么样，而是援引其他名人的话来说明锤子本可以靠颜值吃饭却偏偏要靠才华的特性。这种自信当然也会在他的粉丝群体中有所投射。以下是锤子手机的文案：

漂亮得不像实力派

能去非洲狩猎，能在海上捕鲨，能上战场立功，能凭一本小说获得普利策奖，还能凭同一本小说获得诺贝尔奖，能飞机失事后大难不死，能在几天后飞机再度失事时再次大难不死，还能在经历无数死里逃生后一枪打死自己，能被毁灭，但不能被打败。他的名字叫海明威。

能当首相，能领导国家取得世界大战的胜利，还能提名诺贝尔和平奖，能写书，能让书畅销，还能获得诺贝尔文学奖，能胡吃海塞，能一生抽掉3 000公斤雪茄，还能活到91岁。他的名字叫温斯顿·丘吉尔。

以上的两个案例，无论是小米也好，锤子也罢，广告最终产生的效果就是让消费者觉得，我们是一类人啊，朋友！其实很多时候，所谓情怀，说的就是认同感。

3.4.3 共谋

所谓共谋，原指秘密协议或合作，特别是为了达到非法或欺诈的目的。在后互联网时代的引申义是指共同谋划，意即双方一起谋划着做一件只有彼此理解的事情，从而让共谋的双方都有一个共同的秘密，制造愉悦感。比如已经工作的两个人，跑到附近大学去观看大学生的晚会，进门前怕门卫查岗，偷偷约定说，“咱俩得装得像大学生的样子，别露馅了”，于是两个人背着书包，带着课本，还故意在门卫前讨论专业问题，这时两人内心就会隐秘而欢乐，从而迅速拉近彼此的距离。

广告中也有共谋，共谋的目的是让消费者产生这样的感觉，“谢谢你帮我！”很多让生活更便利的产品是通过共谋营销来实现的，比如帮宝适纸尿裤。纸尿裤最初在美国上市时，广告的定位是主打方便。但是广告播出后，销量和市场占有率一直未呈现良性增长。后来，公司在针对核心使用受众的调研中发现，年轻妈妈们也认为这个产品很方便，但只选择在“婆婆不在时”使用纸尿裤。这个答案立即引起了调研小组的兴趣，原来是很多年长的用户认为，这个产品只是方便了母亲，而对于产品本身对孩子是否有益心存疑虑，年轻妈妈在使用时常常要背负着懒惰和不负责任的外界压力，由此使得纸尿裤成为只有在外出和旅游时候使用的特殊物品，而不能成为日常用品。洞察到用户的核心痛点之后，帮宝适立即调整了营销策略和广告文案的情感诉求，不再简单地强调方便，而是诉求“妈妈的爱”，广告文案改为“柔软透气，呵护备至，预防红屁屁，就像妈妈的爱”。这个诉求给了新手妈妈们一个无可指摘的理由——我使用帮宝适可不仅仅是为了省事，而是对孩子的健康和舒适负责。这就打破了产品与大众之间的心理隔阂，进而赢得更普遍意义上用户情感的认可。

在这个案例中，正是由于品牌方深刻体察到目标受众的心理需求，和儿媳们共谋，瞒过婆婆，从而使得纸尿裤很快迎来了销售增长。因此，营销传播领域的共谋，不一定要把顾客心里的话说出来，有时候你要帮他藏着。

3.5 情感关切：圣诞老人的逻辑

著名法国哲学家、社会学家鲍德里亚在他的《物体系》中曾提到一个概念：“圣诞老人的逻辑”。[①] 鲍德里亚说，现代广告不再是发言内容和证据的逻辑，而是寓言和跟从的逻辑。我们不相信它，可是我们还是很在乎它。这就像对圣诞老人的信仰，同样是一则合理化的寓言，长大后的人们，并不相信圣诞老人的存在，但这个唯心地延长的信仰，在于双方都有保持这种关系的相互利益，所消费的是父母深切的关心，和自己为了想要成为父母的寓言的同谋所付出的心血。

广告也是如此。鲍德里亚认为，修辞性的论述或产品告知性的论述，对购物者没有决定性的效力。反而让消费者特别敏感的是，其中的保护和恩赏的隐藏主题，是广告主为了说服他和让他购买时所付出

① 鲍德里亚. 物体系［M］. 林志明，译. 上海：上海人民出版社，2019.

的心血。也就是说，在广告中，人们并不是被广告主题、词语、形象所影响，也不是相信产品的神话，而是被广告中的关怀所攻陷。鲍德里亚说，“广告赋予了物品一个品质，那便是热情”，[①] 广告透过一个巨大的关怀，去除了我们心理上的脆弱。这便是消费社会的整体欲望策略，广告动摇了原来商品的使用及意义，并赋予其新的影像与记号，全面激发了人们广泛的感觉联想和欲望。

3.5.1　逻辑与情感

在广告中，有两种基本的诉求方式，即理性诉求和感性诉求。逻辑和情感是人类独有的两种互补的决策方式。上文中我们提到菲利普·科特勒在其经典著作《营销管理》中提到消费者的决策路径分中央决策路径和边缘决策路径[②]：中央路径，也就是理性路径，更多的是要通过突出产品自身卖点，利用逻辑、专业、数据、细节推理和深入思考来与消费者沟通，比如灌输各种事实、数据、证书、权威研究报告、制造对比、客户见证等。假如你的目标受众群体是汽车发烧友，他们买车更关心属性参数，那么你就需要告诉他们汽车具体是什么配置，向他们出示专业报告以及各种现场测评，从而增加说服力。边缘路径，也就是感性路径，更多是突出该产品的使用场景、深挖消费者的情绪共鸣点、强调产品的价值观、调性，建立消费者与品牌之间的情感关联。例如同样是汽车，别克旗下有四款轿车，英朗、威朗、君威、君越，由于各自定位人群不同，广告语的表达也各具特色[③]：

针对成功人士，君越说的是“不喧哗，自有声”；

---

① 赵元蔚．鲍德里亚论广告［J］．艺术生活-福州大学学报（艺术版），2010（01）：80.

② 科特勒，凯勒．营销管理［M］．王永贵，等译．14版．北京：中国人民大学出版社，2016.

③ 空手．传神文案［M］．北京：机械工业出版社，2021.

针对新中产，君威说的是“一路潮前”；

针对已婚小白领，英朗说的是“懂你说的，懂你没说的”；

针对未婚人士，威朗说的是“天生爱跑”。

在日常的使用过程中，这两种路径是相辅相成的，并非非此即彼。理性在于沟通，感性在于打动。很多时候我们认为自己是理性的，是讲逻辑的。但事实上，人的每一个决定，都主要由大脑中的情感中心控制，理性则主要用来证明情感决策的正确性与合理性。就比如我们喜欢一个人，经常自以为是因为这个人的长处、优点、才能等这些理性的东西而去喜欢他，但事实上，我们是先看一个人顺眼，然后才会在这个人身上寻找长处、优点，来证明自己的喜欢是正确合理的。相反，如果我们讨厌一个人，那么只会尽可能放大这个人的缺点，而不会有心思去发掘他的内在美。

3.5.2 广告中的情感关切

心理学家Ekman基于人类的6种基本面部表情，提出人类有快乐、悲伤、愤怒、惊讶、恐惧和厌恶6种与生俱来的基本情感[①]。德国心理学家普拉切克（Plutchik）则提出了八种相对的情绪：快乐对悲伤、愤怒对恐惧、信任对厌恶、惊奇对期盼。神经解剖学家发现，哺乳动物大脑中有三个独立的神经回路，分别控制三大类情绪反应：

（1）产生积极行为：快乐使动物乐于探索周围的世界。

（2）产生战斗或逃跑反应：恐惧、厌恶或愤怒，使动物判断迎战或逃跑。

（3）产生消极行为：悲伤、焦虑等，使动物行为僵硬、消极。

营销的核心目的是让用户产生改变，而要产生改变，就应该考虑

① Ekman, P. Basic emotions [C] // Dalgleish, T. & T. Power. The Handbook of Cognition and Emotion. New York: John Wiley & Sons, 1999.

激发人类“唤醒度高”的情绪。广告是欲望修辞，在广告创意中，能点燃人的行动的情感，基本上可以分为三种类型：[1]

1）追求愉快，逃避痛苦

对于能够给人带来即时的、直接的生理享受的消费品，主要诉求愉悦、快乐，比如软饮、零食之类。乐事的“片片，刻刻有乐事”，可口可乐的“要爽由自己”，奥利奥的“玩在一起”，德芙的“纵享丝滑”，彩虹糖的“碰上彩虹，吃定彩虹”等，都属于这一类。

2）追求希望，逃避恐惧

对于不能带来即时利益，需要一段时间才能见效，或是需要消费者付出时间、精力成本的产品，主要贩卖希望，如护肤品与美妆、减肥用品、学习类产品等。用了我的产品，你会变得更美、更强壮、更有品位、更富有、更聪明、更有魅力……例如Nike的“Just do it”，李宁的“一切皆有可能”。

今天的知识付费类产品，更会通过制造用户的焦虑和恐惧，来贩卖希望。例如，尚德机构的两张地铁广告，可以算是先给你一巴掌再给个甜枣的典范了。第一则文案：“这个世界在残酷惩罚不改变的人。尚德机构，学习是一种信仰！”第二则，“每个时代都悄悄犒赏会学习的人。尚德机构，学习是一种信仰！”

潘婷的You can shine系列的励志广告片非常动人。潘婷的思考出发点是，如果你拥有一头亮丽的秀发，你就能在人生中充满自信，你最闪耀，“You can shine（你能型）”，这就是希望。

再如巴黎迪士尼的一个广告，让梦想成真。小鸭子从小看漫画书，唐老鸭成为它儿时的偶像，之后历经了成长，终于在迪士尼见到小时候的偶像唐老鸭，在这里，迪士尼就是让梦想成真的地方。

---

① 空手．做出刷屏级创意的6大哲学（上）［EB/OL］．［2018-06-08］．https://baijiahao.baidu.com/s? id=1602680845911136413&wfr=spider&for=pc.

3）追求认同，逃避孤离

对于那些非个人使用，需要社交参与的产品（在众人面前使用，或与他人分享的产品），则通常诉求认同。比如金六福的“回家，是给亲人最好的礼物”，孔府家酒的“孔府家酒，叫人想家”，麦当劳的“让我们好在一起”；麦氏咖啡的“好东西要和好朋友分享”，尊尼获加的“朋友给我鼓舞，我朝梦想迈进”等。爱情、亲情、友情类的创意，都是在制造用户的归属感，让用户产生强烈的情感认同。

再如英国百货公司约翰·李维斯的广告。约翰·李维斯作为英国最大的百货商场，每年都在沿袭礼物与情感关怀的路线，在每个圣诞节前投放唯美的圣诞广告，号召人们，“Show someone they're loved in Christmas（在圣诞节向人们展示爱）”。怎么样向别人表达爱呢，是通过礼物这个桥梁。由于每年的广告片都创意精良，感人至深，让观众对约翰·李维斯诉求的圣诞节投其所好的情感关怀感同身受，而这种美好情感的投射，又进一步加强了人们对选择礼物与约翰·李维斯百货商场的强关联，这也正是广告背后的目的。

3.6 创造意义：挖潜需求，点石成金

人，是需要意义的生物。我们生来就会从意义中找寻存在感和生命价值。打造品牌是构建一个品牌的人格化属性，而意义是一个伟大品牌的起点。一个品牌，在人们生活中代表什么？扮演什么角色？人们如何看待它的存在？它的话语和价值观又给人们带来了什么？这都是我们要思考的品牌意义之所在。

今天的产品，在摆上货架前，就已经被分门别类，人们依据每个产品所表征的意义按图索骥，这个时候，产品，就变成了人们欲望的对象。当产品被消费，人们便会在使用中赋予产品更多的意义。随着

时间的流动，产品在人们生活中找到位置，在人们心目中落脚，这时产品便形成了公共化意义。而当产品被挪用为文化，品牌由此诞生。当然，这些意义，并非仅仅靠产品的物理功能所呈现，它必须经过品牌的表征，消费者的理解、接受，再度阐述。

在广告中，创造意义通常可以借由两种方式，其一，展现理想生活图景；其二，构建美好生活理念。

3.6.1 展现理想生活图景

法国社会学家鲍德里亚认为，广告是自我实现的预言[①]，广告通过向消费者展示在“别处”的美好生活，激发人们对美好生活的向往，同时产品作为美好生活的重要组成也被赋予了一定的品牌意义和符号价值。所谓展现理想生活图景，不仅仅是展现美丽的画面，更重要的是其中关于“美好”意义的负载，为消费者提供了什么样的意义所指及认同。

例如我们日常会看到很多SUV的广告，大部分SUV广告都是充斥着大漠、戈壁、草原、盘山公路等诸般场景，毫无例外都在诉求汽车卓越的越野性能。画面确实很壮观、很美，但是，如果说第一则“车到山前必有路”的创意的确打动人心，而当这样的创意俯拾皆是，令人产生了审美疲劳，又何谈创意的有效性呢？再者，从消费洞察来看，消费者买SUV就是用于越野吗？当然不是。80%的人买SUV不是用来越野的，而只是喜欢它们高大威猛的样子，以及当堵在路上的时候，比前后车更好的视野。大多数SUV车主，开车去到最远的地方恐怕也就是周末带孩子去近郊游玩，偶尔过个水坑，跃个土坡。所以，这样别无二致的广告，看多之后，也就很难唤起心里的那

① 鲍德里亚. 消费社会［M］. 刘成富，全志钢，译. 南京：南京大学出版社，2014.

点激情了，不同的广告画面不过是车标名字不同罢了。这就是品牌诉求中的思维惯性，毫无创新性意义可言。①

但也有与众不同的案例。2017年儿童节，JEEP自由光上线的一条广告，标题是“看过世界的孩子更强大”，正文是——

“他不怕黑，是因为你曾在漆黑的夜里带他看过最亮的星；

他更有主见，是因为你带他发现过的世界比课堂大得多；

他比同龄人更爱问为什么，是因为你早就为他打开了好奇的大门。

未来的他，勇敢无畏，抵得住风雨的侵袭，探索世界的边界；

未来的他，心里住着远方，冲出山湖海的栅栏，领略万物生灵的神奇；

未来的他，好奇心不灭，对未知的一切保有热忱，直到寻到答案。

因为现在的他，正随你踏上旅程，看最美好的世界。

看过世界的孩子更强大！ Jeep。”

看过文案，会让我们感慨，这才是SUV真正的意义所在啊——带孩子去见识更大的世界，而不是空谈什么自由、远方、驭天下、行无疆……这样充满意义的广告才更为打动人。

很多时候比起拥有，人们更害怕失去。心理学当中，有一种损失规避心理，是指人们面对类似数量的收益和损失时，认为损失更加令他们难以忍受。这是因为比起收益带来的快乐，我们更在意损失带来的不快乐。所以生活中我们都怕错过一些重要的东西。如果不自知就无所谓，但一旦知道就会想方设法地去得到或者去做得更好。所以，我们经常会听到，“如果上天再给我一次机会，我一定会……”这样

① 空手. 做出刷屏级创意的6大哲学（上）[EB/OL]. [2018-06-08]. https://baijiahao.baidu.com/s? id=1602680845911136413&wfr=spider&for=pc.

的经典段子。广告中的诉求可以利用人们的这种心理，充当提醒失去的那个人，从而创造需求。

我国香港的一个楼盘愉景湾就是这么卖光的[①]。愉景湾是香港大屿山的一个楼盘，环境优美，像个世外桃源一样——里面规定不能开车，空气非常好，有海滩，有大量的绿化带，自成一景，因此吸引了很多外国人入住。但由于位置很偏，升值潜力不大，对大部分争分夺秒和重视投资的香港人来说，愉景湾不是首选。而且，大环境让营销更加难做，1997年经济危机后，香港经济一直下滑，房地产交易量大幅下降，失业率7%，40 000户人有“负资产”，人们对前景非常悲观，对楼市甚至抱有恐惧感。愉景湾的销售对象是香港一家三口的中上阶层家庭。在这种经济形势下，诉求户型、环境、低利率都没用，消费者在等，等经济好到让他们安心。

那么，逆向思考，什么是人们等不了的呢？孩子的成长。父母都明白，父母与孩子之间关系最为亲密的时期，其实只有童年时光。孩子到了中学阶段，有了自己的思考和玩伴，亲子关系便逐渐变得疏离。当孩子长大成人，就会独立开启属于自己的人生旅程。虽然童年在人的生命长河中仅占据短短数年，但过得快乐抑或艰难，对人有着深远且持久的影响，而这个时期父母有着极大的掌控力。认识到这一点，创意人员将诉求点变成了：“童年是短暂的，现在就要给孩子最好的”。

在电视广告“父子篇”里，看到的是大多数爸爸们都会为小朋友拍摄的成长记录，同时画外音展示一封爸爸给孩子的信：

“就在这几年，只是这几年。

多谢你，令我改变。

① 吴荣茵. 奥美高管告诉你什么叫消费者洞察［EB/OL］.［2014-04-11］. https://www.topys.cn/article/13661.

突然之间，我觉得自己好重要。

不知什么时候开始，我变得很中意笑。

有时好傻地想，真是不想你大得那么快。

不知道将来会怎样，

只知道今天，我要给你一个最好的童年。

愉景湾，海澄湖畔一段。”

第一波广告播出去，一期住房三个星期卖完。本来定好打第二波广告的，被迫取消。所以挖潜需求，创造意义，是真能够点石成金，创造真金白银的。

3.6.2 构建美好生活理念

除了展现理想生活图景，创造意义更深层的含义是构建美好生活理念，即通过宣扬某种正向的理念或价值观，构建美好生活和品牌精神的联结。广告通过传导某种品牌理念或价值观，给人们一种全新的看世界的角度，或对美好关系、美好生活生发新的憧憬与激励性力量。

我们平时看过很多洗衣粉广告，大多数是诉求洗衣粉、洗衣液的产品功能卖点，如去除污渍、清香柔顺、不伤衣物、不伤手、安全无残留等，相对同质化。创意稍好一些的会对产品功能卖点进行夸张手法的对比图解，比如一颗固态的西红柿投入洗衣液水中立刻被溶解，斑马身上的部分斑马纹被“洗”掉等，这种更为新颖，有创造力。但这些都还不算伟大的广告，广告因意义而伟大，同样是洗衣粉广告，奥妙的广告创意就因为意义的赋予而令人印象深刻。

和其他洗衣用品品牌广告不同，奥妙不再执着于对产品差异化卖点的挖掘，而是将目光转向了消费者，其核心创意概念是“Dirt is good（脏是好的）”。文案如下：

“污渍很好。

我们相信污渍有益于孩子们。为什么？因为每次孩子们衣服上沾满灰尘和污点，你就知道他们经历了一次冒险。通过脏乱地玩，进行体验式学习对孩子的成长至关重要。

更多地了解为什么污垢对孩子有益，还有玩耍的好处。”

注意，Dirt is good，不只是奥妙的一条广告语，更是通过广告的演绎使之升华为一个伟大的教育理念[①]。它告诉父母要让孩子尽情释放自由天性，让他们大胆地去探索世界，衣服脏了无须担心，有奥妙帮你（这是经由广告推演出来的结果）。围绕着这一核心概念，奥妙衍生出诸多的创意和传播内容。

在奥妙的一则电视广告中，孩子们约定好第二天要去户外打排球，结果推门一看却发现外面一片银装素裹，球场已被厚厚的积雪覆盖，孩子们会选择放弃吗？没有，他们拿起铁锹，带上工具，将球场清理出来，继续最初的约定。虽然孩子们弄得满身都是泥巴，却收获了欢乐。广告最后的一句话文案是："No ‘white’ can stop freedom"。这里的“white”意指双关，既是白雪，也是指干净的衣物无法阻挡自由，强化了Dirt is good的创意内涵。

后来奥妙又更进一步，拍摄了一条描绘孩子刚刚出生时候场景的广告。广告中展示了白种人、黑种人、黄种人，每一个新生儿出生时无一不是身上遍布血污、胎液、胎粪……广告文案说："No one comes into this world perfectly clean（没有人是干干净净来到这个世上的）"，所以不要怕脏。这样的一则广告片显然将Dirt is good的理念进一步升华到一个人生哲学的高度。

相信无论谁看到这些广告，都会深受震撼，同时对这个差异化诉求的洗衣粉品牌心生敬佩，这就很好地建立起了品牌和消费者之间的

① 空手. 传神文案［M］. 北京：机械工业出版社，2021.

情感联结。

再来看奔驰卡车的一组广告。这组平面广告每一帧画面都是户外极致开阔和沁人心脾的美丽景致，画面下方有一句极简文案。这个系列的文案是笔者迄今为止看到最好的一个关于卡车的创意概念。

“白领将车开向停车场。卡车司机把车开向朝阳。

卡车司机脚下是整个世界。来，成为一分子。”

“谷歌街景只是为白领设计的。

卡车司机的脚下是整个世界。来，成为一分子。”

“在一间办公室里，你看到更多办公室；在一辆卡车里，你看到更多世界。

卡车司机的脚下是整个世界。来，成为一分子。”

“让岁月消逝在枯燥的计划里，还是，让它沉醉在如画的风景里。

卡车司机的脚下是整个世界。来，成为一分子。”

这组广告不仅以开阔无界的美丽画面和简洁精到的对比文案，带给我们以美的享受，更是以其内在的含义为我们重新建构了卡车司机的生活，改变了我们对这一职业的认知，以及促使我们重新思考生命的意义。这充分体现了广告的观念引导职能，其背后就是意义带给产品及人们的重要价值。

3.7 戏剧性：以故事力增强内容力

每个人生来都喜欢听故事。这是源自个人对世界和人的好奇，王小波说，“一个人只拥有此生此世是不够的，他还应该拥有诗意的世界。”[①] 所谓诗意的世界，就是世俗世界、现实世界之外的世界。故事世界里的各种浪漫、冒险、奇幻等，可以为我们编织、展现这个世

① 王小波. 万寿寺［M］. 北京：北京十月文艺出版社，2017.

界以外的平行空间，让我们获得更多源自故事的知识实践与情感体验。

故事有教化的功能，通过故事能将人们凝聚在一起，形成有共同信念和信仰的强大部落。例如阅读我国远古的一些神话故事，更能激发我们同为中华儿女的同根同源的凝聚力与民族情结。而广告的生发作用，首先是吸引关注，唤起好奇心，进而，培养消费者对品牌的信任感乃至形成品牌信仰，把“哦，知道了”转化成，“哦，我也想试一试”。而戏剧性是展开故事，吸引关注的一种方式，集中表现为出乎意料却又在情理之中的矛盾性、曲折、不平常的特性。

3.7.1 与生俱来的戏剧性

广告产品中有与生俱来的戏剧性。广告大师李奥·贝纳认为，“产品即英雄”，每一样产品本身都具有“与生俱来的戏剧性”，“我们最重要的任务是把它发掘出来并加以利用，而不是投机取巧，或依靠雕琢的技巧及牵强的联想。我不认为你一定要做得像他们所谓的‘不合常规’才有趣味。一个真正有趣味的广告或播词及广告影片是因为它自己本身难得一见才‘不合常规，不落俗套’。”[①] 换言之，李奥·贝纳所强调的“戏剧性”，是从产品本身看待产品的一种特殊方式，“产品本身所具有的能使它在市场中长期生存的东西……目的是赢得市场。把握这种东西，无论它是什么，并使它引人注目。”为此，李奥·贝纳提出要“不断注意听取那微笑的心声”，要让自己浸透在商品的知识中，对商品和买商品的人有深度的访问，直至能在脑中将他们如何使用这种商品，以及这种商品在哪些方面能引发兴趣清晰地描述出来。这样的创作理念在李奥·贝纳的许多食品广告中得到鲜明的体现。

---

① 狄龙. 怎样创作广告［M］. 刘毅志，译. 北京：中国友谊出版社，1991.

李奥·贝纳曾为绿巨人豌豆罐头创作过广告。当时市场上罐头类的宣传，大多是类似“新鲜罐装”这样同质化的宣传，要么是“在蔬菜王国中的大颗绿宝石”一类的虚夸之词，抑或“豌豆在大地，善意充满人间”一类的假大空的表述。李奥·贝纳开创了全新的表意方式，他写作的标题“月光下的收成”既有浪漫气，又有新闻价值，文案正文也简洁自然：“无论日间或夜晚，绿巨人豌豆都在转瞬间选妥，风味绝佳……从产地至罐装不超过三个小时。”语言风格清新自然，同时还传达出了产品的戏剧性，从中，消费者收获的不仅是可信的信息，还有温馨浪漫的感受。

同样经典的，还有大卫·奥格威为劳斯莱斯做的广告。奥格威在写作文案前亲自参与驾乘汽车，在实际体验中，发现劳斯莱斯车静得出奇，车内唯一的声音来自驾驶前舱中间放置杂物位置的电子钟，于是，把这个细节放到了文案中：

“这辆新款劳斯莱斯在时速60英里时，车上最大的噪声来自电子钟。

是什么使劳斯莱斯成为世界上最好的汽车？

‘其实没有什么奥妙，无非是对细节的一丝不苟。’

劳斯莱斯公司一位著名的工程师这么说。”

这个有趣的细节构成对劳斯莱斯车本身戏剧性的表达，使得劳斯莱斯车的高端品质从侧面得到了验证。

北京星河湾的一则广告，标题是“一夜之间，北京的井盖全消失了”，显然是一则能够引发悬念的标题。这是一则定位高端人士的豪宅广告，但是通篇文案没有讲尊贵、高端、奢侈、稀有、品位，而只是讲了一个细节：特殊工艺铺就的路面，没有井盖，降噪80%。仔细想想，这不就是豪宅吗？“井盖不见了”，这本身就具有戏剧性，对消费者有想要一探究竟的吸引力。

再比如雀巢奶粉的广告。标题很有戏剧性，“向凌晨4点起床的奶牛致敬”，奶牛为什么要在凌晨4点起床？因为“这是采集鲜奶的最佳时间。”这其实就是在讲奶粉工艺的细节，试图以此唤起用户的好奇心。

3.7.2 情境展现的戏剧性

戏剧性需要通过情境来展现。换言之，通过戏剧化的故事来展示产品特点或表达相应的理念，在故事的推进中展示戏剧性，这种诉求也能呈现出极强的表现力与说服力。

欧派智能家居的系列中秋节广告片以“狼人的中秋烦恼”为主题，展示狼人在中秋节与家人团聚时的种种不便，最终借由欧派定制家居为其圆满地化解了难题，让一家人欢乐团圆。这个系列广告片曾经刷爆全网，整体风格有爱又有趣，既有脑洞清奇的创意，又有魔幻主义的演绎手法，还有电影大片级的质感，连续3集，都收获了很好的反馈。这个广告片最成功的地方就在于，以“狼人”这一家庭中的特殊角色与正常人物角色相处切入，通过充满喜感的夸张手法表现矛盾冲突，狼人经历的种种困难和难堪正是当下现实的诸种投射，精准地戳中中国家庭相处的痛点。而短片传递的“每个家都值得特别的定制，每个人都值得独一无二的团圆”这一品牌理念，既折射现代社会的新团圆观，强化家庭文化，也与观众产生了强烈的情感共鸣，让消费者记住了“有家有爱有欧派”的核心主题。欧派家居也通过这个系列广告片成功构建起了与社会大众的联结，实现了一次与消费者的沟通升级。

阿根廷经济报的一则广告，同样极具戏剧性，同时略带荒诞感。律师代表逝去的富翁来宣布遗嘱，由于遗产众多，聆听受赠的亲人先后因过于激动心梗而亡、被狗扑倒、被苹果卡住、在帮助别人的过程中不幸坠楼、被打火机抛掷而周身起火，顷刻之间屋内的人都发生了意外，唯独幸存了一个角落里听音乐的年轻人，他略带惊愕，嘴角不自觉地上扬，这时候人物左边出现点睛之笔的文案旁白：“极少数的人会像片中人一样意外发财，剩下的人就好好工作以及看我们的报纸吧。”

还有一则可口可乐的广告，是一个社会性的实验，主题叫作“这顿晚餐不开灯”。视频从一开始说明由来，“只需要7秒钟就可以从一个人的外表产生偏见，我们邀请了六位陌生人，在‘不同的灯光下认识彼此’。”随即展现的场景是六个人在黑暗的环境中“相遇”，而交谈的场景可以通过红外线摄影机进行录制。镜头交错展示交谈的场景及之后的补采评论。接下来工作人员把灯打开，当看到彼此的那一刻，大家都露出了惊讶的表情，因为真实的形象和自己刚刚根据交谈构建的形象有极大反差。真正点睛的是下一步，工作人员请受试者拿出椅子下的东西，打开盖子是两个没有名称的红白罐饮料，转动罐体，上面印着的一句文案令所有人深思，“Lables are for cans，not for people（标签是给罐子用的，人不该以貌取人）”。这个真实的实验，通过戏剧性情境的设计，不仅给人启示，更让人记住了可口可乐“Open your heart”的品牌主张。因此，戏剧性，是一种非常好的说服性力量，它可以通过深化感知来增强我们的印象。

3.8 制造话题：有争议才有关注度

近年来，话题性越来越为广告界所青睐。和传统媒体时代相比，今天的营销环境发生了极大的变化，DDB全球CEO查克·布莱默（Chuck Brymer）说，“过去我们到达一个消费者的目的是把品牌的故事告诉他，而现在我们到达一个消费者，是为了让他再把这个故事告诉别人。到达本身不再是目的，目的变成了促成分享和参与。”①

的确，在过去的工业时代，品牌几乎只要做好电视广告就能够解决所有的营销问题，而在移动互联网时代，广告发生作用的模式变了，不再主要依赖时段，而是转向依赖流量。甚至现在很多品牌也出现了流量困局，消费者的微粒化、触点零散化，致使广告发生作用越来越难。这时候，品牌更需要和消费者、用户、粉丝来一场合谋，广告主题只有经过消费者的二次、多次发酵传播才能实现更大的影响。它反映的就是品牌热度、话题热度。因此，话题性成为广告界的纷争之地，而话题性的一个重要面向，是争议性。毕竟，品牌传递信息的目的是赢得用户认同，但有争议总好过毫无波澜。

3.8.1 有争议的文案，好过无人问津的文案

就这一问题，我们以曾经很有争议性的两则金融广告来进行解析说明②。

2017年有两个金融广告先后引发热议，一个是京东财富的“你不必成功”。还有一个是蚂蚁财富的“年纪越大，越没有人会原谅你的穷”。京东财富的主题是“你不必成功”，文案很长。

“你不必把这杯白酒干了，

喝到胃穿孔，也不会获得帮助，不会获得尊重。

你不必放弃玩音乐，不必出专辑，也不必放弃工作，

不必介意成为一个带着奶瓶的朋克。

你不必在本子上记录，

大部分会议是在浪费时间，你不必假装殷勤一直记录。

① 宇见. 广告机构势在必行的未来：连接者［EB/OL］.［2014-05-29］. https://www.huxiu.com/article/34578.html.

② 空手. 怎样写走心的文案？|之三 是非心［EB/OL］.［2018-02-13］.https://mp.weixin.qq.com/s/76aIDIjN9TvcvvvsOBXcIQ.

你不必总是笑，

不必每一条微信都回复，不必处处点赞。

你不必有什么户口，也不必要求别人要有什么户口。

即便生存不易，也不必让爸妈去相亲角被别人盘问出身。

你不必买大房子，不必在月薪一万的时候就贷款三百万。

三十年后，当孩子们问起那些年你有什么故事，你不能只有贷款。

……

你不必背负那么多，

你不必成功。”

文案的核心意涵是，你不必那么辛苦那么努力，不必背负那么多、做违心的付出，你不必成功，就简简单单地生活，做最轻松的自己。广告刊播之后，一半的人深有共鸣，然而另一半的人却疯狂吐槽这是碗毒鸡汤。“你不必成功”，说起来云淡风轻，但当真实的生活碾压而至，难道都要诉求京东金融的分期解决吗？显然不现实。

可能蚂蚁财富对于京东金融这种不健康的价值观也看不下去了，很快出了一套广告稿，你不必成功？那可没有人会原谅你的穷哦：

“你每天都很困，只因为你被生活所困。

全世界都在催你早点，却没人在意你还没吃早点。

世界那么大，你真的能随便去看看吗？

懂得父母催你存钱的好意，但更懂得自己光是活下来，就已用尽全力。

只有在请假扣工资的时候，才会觉得自己工资高。

你所谓的工作‘稳定’，只不过是一直在工作，并没有让你自由。

一年有26个节日，你都不会去过，但你不会错过节日里的每一分钱红包。

……

年纪越大，越没有人会原谅你的穷。”

蚂蚁财富的这套文案我们前文也提到过，确实过于真实与扎心，通过恐惧诉求唤起人们对穷的恐惧，然后产生理财的需求。但是真实得有点太过，伤害到了部分人的自尊心，甚至被人们称作毒硫酸，最后逼得蚂蚁财富道歉，支付宝发撇清声明表示广告与自己没有关系。但是不可否认，这是一套成功的文案。因为，有争议的文案，好过无人问津的文案。

但是需要明确的是，这里的“有争议”是指说好说坏各有阵营，如果一个广告会招致所有人的反感，比如狂轰滥炸求关注的，比如想方设法打不健康价值观擦边球的，再比如三观恶俗引争议的，那就是低俗垃圾广告了。例如，靠电梯广告“咆哮”出圈的铂爵旅拍，涉嫌物化、冒犯女性，自诩女性“职场救身衣”的内衣品牌Ubras，以及被消费者骂上热搜，不仅收“智商税”，还涉嫌贩卖女性焦虑、塑造刻板印象的“五个女博士”的广告等，消费者对三观不正的广告越来越没有耐心，而铂爵旅拍一类的反复轰炸虽说在扩大知名度方面可能是有效的，但对需要不断累积美誉度的品牌，显然有着负面的影响。

3.8.2 有争议的性别政治

两性关系是社会永恒的热门话题，而两性话题，一直是广告中特别有争议性的社会议题。在广告中通常需要通过性别角色来推广品牌或产品，性别角色指的是社会中对所谓“男性化”和“女性化”的行为标准的期待。Eisend（2019）指出，关于广告中性别角色的研究主题主要包括性别角色的评估、性别角色的广告效果以及性别角色对消费者的影响。[1] 通常而言，消费者对广告中性别角色的评价是积极还是消极，取决于广告中展示的形象是否符合消费者的认知图式和期望，只有当消费者感知到的性别角色与他们的认知图式一致时，才会产生积极的广告效果和产品评价。[2] 从这个意义而言，广告通过展示性别角色可以强化社会中男性和女性的性别角色与性别特质，并且，这种性别角色一定是有时代性的，不同时期的展示形象有所不同。例如，我们在传统媒体时期看到的很多广告中都体现了模式化的女性形象：贤淑、温情、被动、娇弱，言外之意女性的价值就在于美丽、温婉、顾家、被呵护、被欣赏，而男性则是两性关系的主宰。比如早期文案之神尼尔·法兰奇为芝华士写作的文案：

“不得不承认，人生实在不公平。”

“如果女人如此简单就好了。”

“造物主一定是个男人。”

“五份工作，三辆车，两个妻子，狗只有一个。”

这组广告曾经被誉为经典，但放到现在，一定会招致强烈的批评。

作为当时对于男权意识的回应，广告中也有女权意识的反映。比如健士力女士黑啤的广告语，“女人需要男人就像鱼需要自行车一样”，再比如柯凯伊女装的视男性为玩物的组图广告也曾引起人们长时间的争论，从而在起到广告效应的同时还获得了一种新闻效应。

随着社会的发展，女性的地位日益提高，广告在张扬女性价值的反映上有了更深刻的洞察。例如多芬的一则广告，多芬邀请美国罪犯肖像艺术家Gil Zamora，在完全看不见彼此的隔离状态下，找来7位女性描述自己的外表，Gil根据描述画出画像A。之后，找来7个陌生

---

① EISEND M. Gender roles [J]. Journal of Advertising, 2019, 48 (1): 72-80.

② ORTH, U R, HOLANCOVA D. Men's and women's responses to sex role portrayals in advertisements [J]. International Journal of Research in Marketing, 2004, 21 (1): 77-88.

人，从他人视角来描述刚刚的7位女性，画出画像B。结果画像B比画像A要漂亮得多。这个广告告诉我们，女人总在低估自己。在这个总在售卖美丽的世界，女性背负着过大的心理压力。所以，多芬在这里送上一碗热汤，告诉你，“你比你想象的更美丽”，从而让女性正视自己的容颜与价值。

2020年，有一个内衣品牌大火，品牌名叫内外，它的一则广告，“没有任何一种身材是微不足道的”也引起了很大的热议。视频广告中展示的身体看上去的确不如模特的身体那么赏心悦目，但这正是广告的价值所在，内外敏锐地捕捉到越来越多的女孩儿在与平胸、粗腿、皱纹、肚腩的死磕中，陷入“bodyshame（身体羞耻）”的情绪低谷，进而丧失生活的热情，于是它通过反向推进的方式告诉我们，那些男性凝视下“不完美”的存在，实际上也可以被接受和热爱。我们都应该接受真实的自己，焕发出独立自信的美。内外的其他平面文案，也非常能焕发女性内心的力量：

“我们各自属于某种少数，因为我们有太多独特之处。”

“挺好的大胸大臀，身上的肉都有精气神儿。”

“允许自己作为这样的自己，而不是某个特定的样子存在。”

我们说，广告不仅有商业价值，同时也有文化价值、社会价值，而对正向价值观的呈现，促使人们对美好生活的追求与向往，恰恰也是好广告的一种内在价值。

4

顶尖文案的写作技巧

在了解了营销沟通的深层原理及文案创作的多维法则之后，我们就可以开始深入挖掘文案的写作技巧，我们从品牌名称的创作、广告文案结构各要素的写作、新颖文案的展示以及具体创作中的修辞和陌生化等方面，逐层剖析。

4.1 品牌钩子：如何取一个好的品牌名

在品牌的诸多要素中，品牌名称是品牌的核心要素，是形成品牌概念的基础。《定位》里说："给产品起个好名字，是定位时代唯一能做的最重要的营销决策，好名字是长期成功的最佳保障。"[①]

为什么呢？定位理论的提出者艾·里斯给出了答案，他说，"实际上被灌输到顾客心目中的根本不是产品，而只是产品名称，它成了潜在顾客亲近产品的挂钩。"在营销和品牌传播的内容中，排第一位的永远都应该是名字，好的品牌名称传播成本低，营销效率高，符合商业运作的终极逻辑，对品牌的发展有着至关重要的作用。

4.1.1 好名字的特征

对于品牌而言，取名字的本质需求在于降低传播成本。这包括两个方面的要求，其一，降低认知成本，一看就懂，一听就能记住；其二，降低扩散成本，即方便转述、容易搜索、易于传播。

根据这个标准，一个好的品牌名，应该具有以下几个基本特征：简单易记；有美感联想意义；有市场适应性。[②]

1）简单易记

首先，一个好的品牌名应该简洁、独特、新颖、响亮，突出地

① 里斯，特劳特．定位［M］．邓德隆，火华强，译．北京：机械工业出版社，2021.

② 小马宋．那些让文案绝望的文案［M］．北京：北京联合出版公司，2015.

表现为四个方面：（1）通俗易懂；（2）具有行业相关性；（3）短；（4）使用现有通俗词汇。

第一条，通俗易懂。比较下面三组名字：

苹果醋与发酵苹果汁

大自然的秘密与生物健

优信、瓜子二手车与人人

觉得哪个更好呢？苹果醋优于发酵苹果汁，大自然的秘密优于生物健，瓜子二手车优于人人，更优于优信，相信大家都有这样的共识。

第二条，是具有行业相关性。

再看一组品牌名：

小米、锤子、猎豹、豌豆荚、小白熊、苹果、土豆

这里面都是我们耳熟能详的词汇，要么是动植物名称，例如猎豹是浏览器，小白熊是家用小家电的品牌；要么是很熟悉的一些概念名词，如小米、锤子、豌豆荚、苹果、土豆等。这些我们日常生活中本就很熟悉，所以作为品牌名自然能看一眼就记住。虽然这组品牌名称通俗易懂，但存在一个问题，如果我们不熟悉品牌本身，我们并不知道是卖什么的，比如，小白熊这个品牌如果没有用过，就很可能不知道它是何种品类的品牌。因此，更高级的品牌名称还需要有行业相关性。比如可口可乐、农夫山泉、三只松鼠、鲜橙多，再比如互联网行业的一些命名，淘宝网、支付宝、大众点评等，不仅通俗易懂，而且一看就知道行业属性，这是更高阶的命名。

第三条，是短。一般而言，越短也越容易记。据调查，一般2~4个字的名字最容易记，例如新浪、百度、搜狐、谷歌、微软、雅虎等。一个很有意思的现象是，即便是四个字命名的品牌，消费者在实际使用中通常会简述为2个字来指称，例如暴风、阿里、阿迪、滴

滴、美图等。但是，短，不是绝对的。上文说，品牌命名要尽可能降低传播成本，如果品牌的名字长，却非常独特、好玩儿，消费者乐于传播，那么长命名反而成了品牌的个性化符号，例如，叫个鸭子，张君雅小妹妹、小茗同学等。

第四条，使用现有通俗词汇。这个衡量的标准主要是方便认读、方便转述，便于搜索。取名字尽量不要用生僻字、生造词、多音字，佶利迩、犇鱻羴、豳风堂、乐缌、飑斓，这些品牌名都是现实生活中的真实品牌名，但是我们发现，有些字真的咬不准怎么发音，它们正确的读音分别是，佶利迩（jí lì ěr）、犇鱻羴（bēn xiān shān）、豳（bīn）风堂、乐缌（lè sī ），这个“乐”还是多音字，这也会给消费者的认读带来麻烦，最后这个是飑斓（biāo lán）。所以，我们看，作为品牌名，消费者如果连读都读不对，无法有效传播，又何谈流行呢？下面这组，同样是小吃，小笼包、麻辣烫、驴肉火烧、羊肉泡馍都很火，但是甏（bèng）肉干饭、biangbiang面这些很多人不认识，电脑也打不出来，注定流行度没有那么广。再比如，天才小熊猫、冷笑话、少林修女这都是好记、好拼写的公众号或网红名字，但是老金扯谈、顾异的、罗辑思维，这种如果在手机上搜索，不能一下子拼写出来，就会为品牌初期的传播制造一些困难。

2）有美感联想意义

好名称的第二个特征是有美感联想义。这里的美感，可以是语言美、文字美、韵律美、寓意美等。

比如，韵律与视觉并重的品牌名：海飞丝、飘柔、香雪海、奔驰；

韵律与意义并重的品牌名：可口可乐、百事可乐、汰渍、耐克、回力、春兰、帮宝适、美加净、精工、宝马。

可口可乐，最初在中国市场的中文名翻译为“蝌蚪啃蜡”，今天看来的确不知所云，令人不忍入口。后来，可口可乐公司在全国范围内征集新的品牌名，一位身在英国的上海教授蒋彝，最终创作出了这个迄今为止被广告界公认为翻译得最好的品牌名——可口可乐，喻指口感好，同时又使人舒心快乐，好的品牌名为可口可乐打开中国市场奠定了基础。

再比如，宝马，宝马公司如果直译过来是叫巴伐利亚发动机厂，所以它1992年之前在中国的品牌名叫“巴依尔”，起初在中国市场没有多少影响，但是改成宝马之后，使它同时具有了速度和高贵两个方面的含义，兼具了有形和无形利益，一下子拉升了宝马在中国市场的认知度和认可度。

汉语的博大精深，使得很多非常简单的外国品牌名，经过精妙的音义转换，都具有了非常传神的联想义：

Bush & Lome（博士伦，建立了眼镜和求学的正向内在关联）；

Head & Shoulder（海飞丝，有了秀发的联想义和画面感）；

Revlon（露华浓，作为化妆品品牌，李白的诗歌“云想衣裳花想容，春风拂槛露华浓”与之有着非常精妙的内在契合度）；

Carrefour（家乐福，把百姓对于美好生活的想象都蕴含在品牌名称中）；

Pampers（帮宝适，相对于英文单词“娇纵”的意义，帮宝适更突出了产品的功能属性及结果）；

Tide（汰渍，结合“汰渍来，污渍出”广告语的宣传，品牌的洗衣效果深入人心）。

3）有市场适应性

好名字的第三个特征是市场适应性。这主要是指适应时代的变化、市场的变化；适应市场中消费者的阅读语感；以及适应潜在市场消费者的文化价值观念。[①]

首先，要适应时代的变化、市场的变化。在过去的商业时代，品牌命名并不会对品牌传播带来很大的影响，就像很多历史悠久的国外品牌名称，名字起得都很随意。那时没有现在如此发达的物联网，消费者要购物，需要到村里或镇上的商店现场购买，而且可选择的品牌有限，同一个品类，商场的货架上可能就那么几个品牌，只要有品质保证，就不愁没有销路，因此那时候名字并不是很重要的传播要素。现今的营销环境则大大不同，同质化的产品越来越多，品牌数量呈指数级增长，人的心智资源又是有限的，好的品牌名称就变得越来越重要，不仅要简单易记，还要独特、新颖。

品牌命名需要符合时代的变化、市场的变化。新时期各个城市都在争相打造自己的创意文化品牌形象，不同行业店铺的品牌名称也成为城市传播的重要符号。笔者三年前曾到访重庆的弹子石文化街，对那里餐饮品牌的名称印象深刻，大多命名都很有特色，能激发消费者的自发传播，比如，**受气牛肉**、**马路边边**、**猛虎玫瑰**、**村外有星光**、**挑食的祝小姐**等，这些都很好地适应了消费升级时代人们更注重情绪价值和心理价值的命名特点。

其次，要适应市场中消费者的阅读语感。随着经济水平的不断提升和企业实力的日渐增强，我国的一些企业也纷纷推进国际化的发展征程，其中就涉及进入新市场的品牌名的转译问题。有些早期开展国际化的企业品牌为我们提供了成功的范例，比如海尔、海信、美的、联想等，不仅品牌名转译成功，还通过广告语将品牌名及其品牌精神进行了有意义的诠释，例如，海尔的“Haier，and higher”，把奥林匹克精神的更高、更强融入品牌名的诠释中去，既体现了企业蓬勃向上

① 凯勒. 战略品牌管理［M］. 卢泰宏，吴水龙，译. 3版.北京：中国人民大学出版社，2009.

的精神，也更有利于记忆。海信把Hisense诠释为“high sense”，美的Midea将品牌名诠释为“My idea”，这些都是很成功的意义转换，联想的Lenovo属于新造词，名称中融合了Legend（传奇）和Novol（新颖新奇）的意义，也是非常成功的英文名转译。

但是也有一些负面转译的代表，比如全聚德，英文品牌名直接以拼音代替，显然没有进行过任何市场调研，国际知名品牌中几乎没有一个是以Q打头的，因为Q不常用，也不好发音，在欧洲国家，Q的发音为Kvi，十分拗口。国际知名品牌大多是以M、K、F、D、O、B等打头，因为读起来响亮。再者，品牌名太长，Quanjude，至少三个音节；最重要的是，里面的Jude，在英文中是犹大的意思，这样的名称让信仰基督教的人看了，会有非常不好的联想义。此外，东阿阿胶，这个集团的名字和品牌名称也都被直接转换成了拼音Dongeejiao，但这样的发音，外国人读起来既拗口，又不知所云，完全没有突出“阿胶”的品牌特性。

最后，要适应潜在市场消费者的文化价值观念。这也主要体现在出口商品的品牌名称设计上，要注意和各地的社会文化传统相适应，不要违背当地的风俗习惯和各国的宗教信仰，特别是谨防触犯各地的忌讳。我国的白象牌电池在东南亚各地十分畅销，因为“白象”是东南亚地区的吉祥之物，但在欧美市场上却乏人问津。究其原因，是因为“白象”的英文名“White Elephant”在英文语境中表示“累赘无用、令人生厌的东西”，自然不会获得消费者青睐。

4.1.2 取名字的方法[①]

以上我们分析的是一个好名字的价值和基本特征，那么，如何才

① 空手. 品牌名称：如何起一个好的品牌名?［EB/OL］.［2022-05-25］. https://www.cmovip.com/mobile/detail/21014.html.

能取一个好的品牌名呢？依据上文好的品牌名的特征，我们提炼了四个取名的步骤及路径，分别是发掘核心特征、构建意义关联、运用价值表述、规避负面联想。

1）发掘核心特征

广告大师李奥·贝纳认为，产品即英雄，广告人就是要发掘每一件商品背后的戏剧性，找出产品激发人们兴趣的魔力，再将其提炼出来，使产品成为广告中的英雄。起名字，首先也需要把自己浸透在产品之中，找出产品最本质的特征，发掘它能够启发消费者购买，或者让消费者产生兴趣的根本与内蕴价值。

下面我们来解析一些好的品牌名。“鲜橙多”，是我国台湾统一集团在20世纪80年代就创始的商标名称，产品在2001年在大陆市场推出。这个名字最大的特征，就是能够直指卖点，“鲜”能突出品质，有吸引力，“橙”能够瞬间建立人们的认知，让人理解这是一款橙汁，“多”是个修饰性的词，暗示瓶子里营养多多，维C多多，口感浓郁。所以，这样的一个名称，能够在第一时间在人们脑海中建立产品的深刻印象，并且与其他产品形成区隔。好名称+好味道，使得很多年来，鲜橙多都是橙汁品类的代名词。这个品牌名称也历经40余年考验，依然是好名称的代表。

再比如，“瓜子二手车直卖网”，瓜子的确很通俗，容易记，但这个名字里，重点不是“瓜子”，而在于“直卖”，它和网站的广告语“没有中间商赚差价”完美配合，一下子就突出了自己相对于竞争对手的差异化价值，这是其他宽泛地称自己为“交易平台”的网站完全无法比拟的。

“东方树叶”，这是农夫山泉于2011年推出的首款无糖茶，这款产品推出后，它的口感饱受诟病，还在2016年被网友票选为“中国最难喝的五款饮料”之一。因为长时期以来，人们已经习惯了由茶粉添加糖水组成的糖茶，而东方树叶属于天然的茶叶浸出，不含糖，基本上就是茶放凉的味道。虽然多年来销量惨淡，但农夫山泉一直没有放弃东方树叶，并凭借其品牌长期主义，终于在2019年，顺应了国内无糖消费的潮流，成为无糖茶品类市场占有率第一的品牌。“东方树叶”这个品牌名称本身，从“××茶”的同质化命名中跳脱出来，围绕“神秘的东方树叶”，强调它的天然、健康和原汁原味，因为茶本质上就是一种树叶，一种来自东方的树叶，“东方”这两个字，既是地理概念，也是文化概念。所以东方树叶，最能代表茶的根本特征。与此同时，东方树叶瓶身的整体设计也是在彰显对茶本质的回归。为了让一瓶好茶可视化，东方树叶首创透明茶饮包装、研发独有抗氧化技术，使瓶身透明，茶汤澄透，又兼有稳定性。标签设计采用浮世绘风格，文案上，赋予产品可琢磨的故事性与场景性：

“公元1267年，蒸青绿茶东渡日本；贞观十五年，红茶经茶马古道传入西域；17世纪，中国乌龙风行英伦；传统的中国茶，神奇的东方树叶。”

因此，东方树叶从命名到包装设计、文案、视觉识别都是在放大茶的本味这一关键信息，这也是该款产品的核心特征。

同样有特色的还有**百词斩**，一个背单词的APP软件。这个产品对于品牌名称中的“斩”字是有整合设计的，如每背会一个单词，就给它潇洒地斩掉，一个“斩”字，让背单词充满了愉悦感，而且很有画面感，并且，整个产品围绕“斩”，还做了各种音效、动作，广告语也是“**斩断你与英语的多年恩怨**”，让人用一次就能记住。

2）构建意义关联

这方面可以分为两种：一种是产品名称自带意义关联，一种是附加情感意义关联。

名称自带意义关联相关案例比较多，有的品牌名的文字本身就有联想意义，例如：海飞丝、飘柔、娃哈哈、蓝月亮、前程无忧、三个茶匠等；有的品牌通过在品牌名后面加上品类名强化关联，比如海底捞火锅、雕爷牛腩；还有的是通过具体形象来关联产品属性，比如小熊快跑，这是一个健身软件的品牌名称，名字本身会让人产生小熊奔跑的画面，和健身APP有一定的关联度；猎豹浏览器强调的是快，七匹狼男装则以狼的精神让人产生对男装品牌的相应联想。

分享两个有意思的命名。有一款茶饮品牌叫小茗同学，这是统一2015年推出的一款饮料，品类是冷泡茶，茶味比较淡，有点清新的果味，当然，它是甜的。统一对这款茶饮的目标人群定位是“95后”。从命名上看，小茗同学，茗，是茶的意思，但它也有谐音，小明，是我们在小学、中学课本当中，在班级当中常常看到的名字，加上“同学”两个字，更增加了校园的同学情怀和怀旧的情愫，还在大学读书或者刚走上工作岗位的“95后”自然会倍感亲切。另外，小茗同学卖萌的形象设计，大大的脑袋，调皮的表情，再加上饮料整体瓶身都是全包覆的高彩度的配色，让小茗同学在冰柜、货架上都非常醒目，识别度高。所以，命名+产品设计，使得小茗同学四字一出，就会让我们有丰富的感知，脑海中会有画面感。

第二个品牌名称是张君雅小妹妹，名字和产品本身没有任何关联，却通过打造经典的形象和故事，把意义附加给了产品，同样取得了很好的效果。张君雅小妹妹是我国台湾维力集团旗下一款休闲零食的品牌名称。这个命名方式完全颠覆了人们对食品名字的认知，通过一个幽默逗趣的广告人物，复古风再搭配台版的可爱风，以及一系列的广告和策划活动，塑造了一个和产品相关联的意象和图腾。产品最逗趣的除了张君雅小妹妹的爆炸头形象，还有她的语录，有网友说，很多人是冲着语录去买张君雅小妹妹的捏碎面，语录很能体现文案的台湾风：“手下留情、捏卡小力点”“再捏我，我会跟阿母讲哦”“脸被捏大，长大很难嫁耶……”张君雅小妹妹创造了一个产品救活一个企业的神话，就是依托这样的一个产品，特别的品牌命名加上逗趣化的形象，让曾经负债累累的维力一下子反败为胜，成为台湾少数几家成功重整的企业。

3）运用价值表述

所谓价值表述，是指把产品的价值和功能直观地表达出来。运用在品牌命名上，即通过明确价值的命名方式，提升消费者对产品的价值感知和信任度。

先来看两组对比案例：

人造黄油与植物黄油

麻辣鱼块、无刺鱼块与无刺鱼块（孩子放心吃）

第一组，人造黄油和植物黄油。作为消费者，看到这两个名字，毫无疑问会倾向于选择第二个。我们的主观印象中，藏着很多刻板印象的东西，比如“人造”这个词用在食物上总感觉不健康、不安全，但“植物黄油”在听觉印象上却并不反感，尽管二者是相同的东西，可却因命名直接导致顾客的好恶反应各有不同。

第二组，假设你带孩子去餐馆想点鱼，看到餐单上的名字，如果是这三个不同的名称，显然第三个会让我们直接下单。因为作为消费者，谁都不喜欢伤神费脑，在选择产品的时候，尤其是一些日用品、大众化消费品，一些直接在命名中说出产品价值的名字会第一时间被我们捕捉到，进而在无意识中影响我们的购买决策。

再比如，以下两组名称：

甜杏与水蜜杏

散养鸡与跑山鸡

严格意义上讲，这两组名称都不是品牌名，而是品类名，但是方法是互通的。那么上下两组名字，哪个更好呢？一对比就知道，后面的名称要优于前面的名称，为什么呢？后面的名称有画面感，有对熟悉事物或场景的跨界联想。看到水蜜杏，我们会想到水蜜桃，而水蜜桃最大的特点是啥？甜。所以，这里是把水蜜桃的甜嫁接到了水蜜杏上。跑山鸡和散养鸡这两个名称有没有区别？散养鸡是一种很笼统的说法，我们无法直接对应它的喂养环境，但是跑山鸡，却一下子展示了鸡的生长场景，更形象，更强化想象，这样更方便消费者构建认知，也更能激发他们的购买兴趣。

所以，在给品牌命名的时候，首先我们要把自己定义为一个消费者，选择我们自己、大众都能够看得懂并且感兴趣的语汇，以大众更易于接受的方式进行命名方向的思考，这就是价值表述的原则。

4）规避负面联想

品牌的命名一定要从文字意义、谐音、符号联想义等方面规避负面联想。

比如，同样是知名品牌，舒肤佳的联想义好于力士，荣耀的联想义优于锤子。锤子手机当年有一次在成都做推广的时候，就遭遇了尴尬，因为锤子在四川话中是贬义的色彩，“你懂个锤子”是“你什么都不懂”的意思，所以，大家都很尴尬，不知道该怎么去聊关于锤子的事情，在采访中，罗永浩也很苦涩地说，这个名字会换掉的。

俏江南餐厅，这个品牌的认知度在国内不算低。但除去名人效应的影响外，从名字上看，俏江南，是不是感觉像南方菜？但其实它是一家川菜馆，那如何补救消费者的认知偏差呢？俏江南的做法是在名字前面加了一个川剧变脸的脸谱，但是并不是每一个人对曲艺艺术都有清晰的认知，有很多人认为那是京剧的脸谱，以至于有人看到这个

logo组合，以为是戏剧演出的品牌。那如何改善呢？其实最简单的方法，是再加上个品类名，俏江南本身是高端餐饮定位，直接加川菜，叫俏江南川菜，会显得不够高大上，那我们可以把后面的品类名起得文艺大气一点，比如可以叫作“俏江南创意川菜”“俏江南海派川菜”“俏江南新派川菜”等，这样就能一定程度上避免之前的误会了。

河南南阳宛西制药生产的治疗痛经、月经不调的新中药，开始时起名为“痛经宝”，产品投放市场后，反应平淡，没有达到预期销售业绩。经过调查，消费者不喜欢这个名字，觉得过于直白、俗气、不优雅，甚至有点难受，一个“痛”字就给人带来了“压力”，让人很不舒服。于是，后来该厂为产品重起了一个名字，改叫“月月舒”，结果销量大增。这里，一个“痛”，一个“舒”，给人的联想是不一样的。

深圳机场在1998年曾定名为深圳黄田国际机场，可随后不久就发现不少到深圳的乘客，特别是我国香港地区乘客不愿意到这个机场来，他们宁可舍近求远地到广州白云国际机场乘机或降落。经调查才知道，原来“黄田”在闽南语中与“黄泉”谐音，乘客当然不愿意去“黄泉”机场，这名字实在太不吉利啦！后来，2001年10月，深圳黄田国际机场更名为深圳宝安国际机场。宝安与“保安”谐音，有“保护平安”之意，更名之后，深圳宝安国际机场接待的乘客明显增多。

金利来也有过类似的故事。一次，曾宪梓把他创业公司生产的两条上等“金狮”领带送给他的一个亲戚。结果人家不高兴地说：“我才不戴你的领带呢，尽输，尽输，什么都输掉了。”原来，粤语里“狮”与“输”读音相同。于是，这位董事长绞尽脑汁，想出一个万全之策，用意译与音译相结合的方法，把“Gold Lion”译为“金利来”，这才使得公司生产的领带大为畅销，成为知名品牌。

还要注意品牌转译名或英文缩写可能导致的负面联想。Cache-Cache是法国“博马努瓦集团”旗下定位于年轻女性的国际品牌，法语“Cache Cache”是英文“Hide and seek”的意思，中文义为“捉迷藏”，于是品牌在中国市场竟然直接意译为“捉衣藏”。但无论是原品牌名（容易误读为“擦车”），还是中译名，都容易令人困惑，不知所谓，无法给消费者带来美好的品牌联想。我国TCL的品牌释义变化过好几次，一开始是指公司生产产品的性质，Television Company Limited（电视有限公司），然后改成了Today’s China Lion（今日中国雄狮），后来又改成了The Creative Life（创意感动生活），本来觉得改得很完美，但万万没想到，TCL在输入法中一打字，出来的三个字是“太差了”“太丑了”“太长了”等，大多是负面语汇。HTC手机有着同样的烦恼，键盘一敲，出来是火腿肠……

所以，起名字确实不那么容易，需要关注很多的细节。更重要的是，名字起得再好，也得满足注册的条件，所以，你所起的每一个品牌名都要在中国商标网等网站进行查询，能够注册才能获得最终的商标保护。

4.2 文案结构：从创意金字塔延伸去

文案写作的目的在于说服与改变，所以它的创意结构和不同媒体环境下消费者的媒体接触及认知规律是紧密联系的。

4.2.1 不同媒体时代的传播模型[①]

改革开放以来，我们的营销环境可以大致分为三个时代：线下媒体时代、线上媒体时代和社群媒体时代，三个时代分别伴随着大众媒体技术、网络媒体技术以及社群媒体技术的发展而发展。在不同的媒

① 欧赛斯. 欧赛斯认知营销的整体逻辑［EB/OL］.［2025-02-21］. https://www.osens.cn/viewinfo/819.html.

体环境下，广告的传播模式也随之不断变化，具体而言，可以分为以下三种模式：

1）创意金字塔AIDCA模式

这是基于传统媒体时代、纯线下场景的广告传播模式。1898年，美国广告学家E.S.刘易斯提出创意金字塔AIDCA或AIDMA。该理论认为，消费者从接触信息到最后达成购买，会经历5个阶段：首先，注意（Attetion），注意到了广告，继而兴趣（Interest），通过阅读或观看广告对产品产生兴趣。这个环节之后的过程是有所中断的，因为那时还没有物联网，一时的兴趣还无法促成立即购买行动，但广告产生的印象会潜藏在潜意识里。直到有一天，对某个品类的产品产生了需求，也就是欲望（Desire），有了购买的欲望，那么，在线下同品类诸多产品中，具体选择哪一种呢？这个时候前期看过的广告会从认知框架中被激活，可能是广告语，可能是广告中的声音符号，会被提取出来，为自己的决策提供信心，这就是确信（ Conviction）或记忆（Memory）发生作用的过程，并最终影响消费者做出对广告中某个产品的购买行动（Action）（如图4-1所示）。

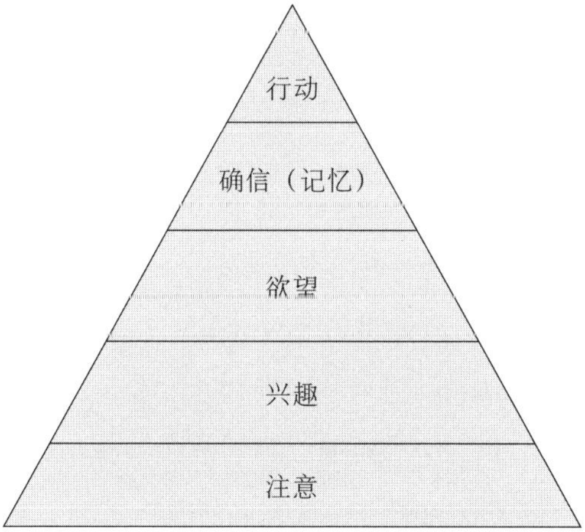

图4-1 “创意金字塔”

因此，传统媒体时代，广告对消费者的认知影响到实际购买，中间是有一个延宕过程的，广告其实是作用于人的潜意识，并在后续的购买行动中去影响决策。而在激发潜意识方面，文案起着非常大的作用。因为文案试图占有的是消费者脑海中的空间，就影响而言，据一项调查得出的结论，文案、图案最初引起人们注意的百分比为22%、78%，而在唤起记忆时，文字要占到65%，图案只占35%。[①]

我们刚刚说AIDCA这个传播模型是基于线下传统的、实体经济环境下的营销传播策略的系统概括。那它在当下环境中已经完全被淘汰了吗？答案是否定的，至少在以下两个具体环境中，该模型依然适用：首先，产品是高度渠道依赖的，比如便利店中的产品。这是线下购买环境的延续，决胜的关键往往就在客户决策的1分钟之内潜意识带给你的影响，这里AIDMA模型依然具有很强的应用价值；其次，高卷入度的商品（价格高，需要小心做决策），比如高档轿车、高档家具等需要线下体验后再决定购买，而且决策周期往往比较长，这时候AIDMA模型也依然适用。但显然，这个模型已经无法解释网络时代的典型消费特征。

2）基于网络购买消费者行为的AISAS理论

在2005年，日本广告公司电通株式会社提出了基于网络购买消费者行为的AISAS理论。这个模型的前两个阶段（Attention、Interest）和AIDMA模型相同，但在第三个阶段，消费者产生兴趣之后，会随之主动进行信息的搜索（Search），并在搜索比对信息之后，达成购买行为（Action）。最后一个阶段为Share，即分享，将购买心得和其他人进行分享。这一模型，更加准确地概括了在网络条件下，消费者获取、分享信息的能力和意愿如何影响了购买决策过程。这里

① 马中红. 广告文案创意新论［M］. 上海：上海三联书店，2006.

我们其实可以看到从S（Search）到S（Share）的循环，而口碑营销正是在这个基础上产生的。

图4-2 AISAS理论

传统媒体时代、纯线下场景的AIDMA，基本上是遵循倒金字塔的传播结构，而互联网时代、线上场景的AISAS则表现出两头大、中间窄，类似于日韩腰鼓模式的传播特征，传统的AIDMA依然在产生影响，但主要表现在前半段，后面则主要是基于口碑传播的营销效果。所以说，在传统媒体时代，广告传播出去基本就完成了营销的动作，但是现在广告传播出去，消费者接收到信息才仅仅是一个开始，更重要的是消费者对待信息的态度，能否产生二次传播和多次发酵，以及继续传播的话题度和热度。

3）SIPS模型

社交媒体的出现，使得在互联网上分散的、个人化的消费者又形成了新的聚合，填补了互联网媒体不能有效聚集流量的情况，传播模式也随之发生改变。

2011年，日本电通提出了社交媒体时代用于用户消费行为分析的“SIPS模型”。该模型认为社交媒体当中用户的消费行为经历了四个阶段：第一个阶段是共鸣（Sympathize），产品信息只有引起消费者的共鸣才会与企业进一步产生交流和互动；第二个阶段是确认（Identify），消费者通过外界确认引发自己共鸣的产品信息是否有价值，消除用户对产品的不信任；第三个阶段是参与（Participate），消费者的一系列参与行动极有可能引发购买行为；第四个阶段是共享和扩散（Share & Spread），良好的消费体验能够促使消费者自发进行社交化分享，产生二次推广（如图4-3所示）。

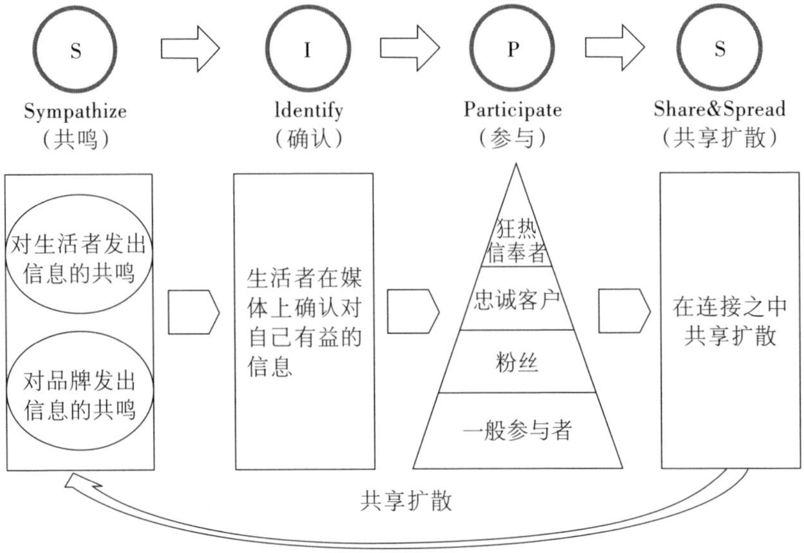

图4-3 SIPS模型

图片来源 欧赛斯. 欧赛斯认知营销的整体逻辑［EB/OL］.［2020-05-27］. https://www.osens.cn/viewinfo/819.html.

以上三个不同的媒体时代，对应着广告传播影响及用户消费行为模型的演变。这里需要注意的是，一种媒体的兴起，并非意味着另外一种媒体的完全消失，三种媒体环境在当下实际是共存的，因此三种传播模型也各自在不同领域发挥作用，而且，就一个品牌而言，它具体所处的媒介环境实际上也是有差别的。

4.2.2 文案的结构

互联网及社交媒体的大力发展，加速了广告传播的告知化回归。传统媒体时代，在信息不对称的情况下，我们可以通过广告氛围及意境的营造，诉求产品的稀缺、尊贵，塑造高冷、高价的品牌。但是互联网媒介环境下，数字赋权的消费者有了自由比较、自主选择产品的能力，他们更倾向于诉诸性价比、自我与品牌的情感链接及认同。所以，广告文案的写作也体现出了对传统广告本质——纸上推销术的回归，亦即要清晰、完整地呈现产品的特点，给消费者提供购买的理由，与此同时还要深谙消费者心理，以富于趣味性、创新性、亲近、真诚的方式与他们沟通。

就结构而言，当代文案的结构要素与AIDCA的传播模型表现出相近性，但表达略不同，下文会继续阐述。广告文案的完整结构要素包括标题、副标题、正文、口号、随文几个部分，每个部分分别对应AIDCA的各个功能。我们就一则具体案例来做分析，以下是广告大师威廉·伯恩巴克为奥尔巴克百货公司撰写的广告文案：

【标题】

慷慨地以旧换新

（这里的功能就是激发读者兴趣，Attention。）

然后，【副标题】

带着你的太太，只要几块钱……

我们将给你一个全新的女人

（继续承接标题，引发兴趣，Interest。）

【正文】

为什么你总是欺骗自己，认为你买不起最新的与最好的东西？在奥尔巴克百货公司，你不必为美丽的东西而付高价。有无数种衣物供你选择——一切全新，一切使你兴奋。

现在就把你的太太带给我们，我们会把她换成可爱的新女人——仅仅花几块钱而已。这将是你有生以来最轻松愉快的付款。

（这是通过幽默的表达说明奥尔巴克物美价廉的特征，唤起受众的欲望，Desire。）

【口号】做千百万的生意，赚几分钱的利润。

（广告口号就是广告语，这是对奥尔巴克经营特征的进一步说明与承诺，起到让人确信的作用，Conviction。）

【随文】奥尔巴克　纽约·纽瓦克·洛杉矶

（这是对消费者发起的行动感召。传统媒体时代都是线下购物情景，说明百货公司的地点，就是促成大家实地前往购买行动的达成，Action。）

所以，这篇文案的整体结构刚好对应AIDCA的各个部分。基于社交媒体上完整结构的新媒体文案也与此类似，只不过在如今的注意力经济时代，文案的写作更需要抓人眼球，不再是平铺直叙的表达方式，而是采用痛点前置的原则。我们就一则直播文案来进行说明。四只猫咖啡的直播间场景设定为室内环境，采用真人口播的方式，全文文案如下：

咖啡啊，真的没有必要到外面去喝。价格贵不说，还得花时间排队。

（这是Attention，通过痛点前置的方式，吸引平台用户的注意力。）

给您推荐一款咖啡，3秒就能还原咖啡馆现磨的口感。

（这是Interest，用数据对比激发用户的兴趣。）

不用加糖也不用加奶，冲泡的时候啊，是浓浓的咖啡伴着巧克力的味道，喝起来啊一点都不苦，就是这款云南的高山咖啡。

（这是Desire，用便利化操作、好的味道激发人们的购买欲望。）

关键呢，还是零反式脂肪酸，老人小孩都爱喝。

（这是Conviction，以绿色健康、适用所有人群为购买提供信心。）

您拍下30杯的拿铁咖啡，厂家再给您加30杯的蓝山风味咖啡，还要给您加30杯的特浓咖啡，还不够，下单再给您加30杯的美式黑咖啡，这两大袋再加两大盒，到手足足120杯，还要再给您加一套精美的咖啡杯。活动不是天天有，快去下单吧。

（这是Action，以极致的优惠政策来促发行动。）

4.3 以一敌万：写出你的文案金句

广告语又称广告口号（Slogan）、主题句（Themeline）、标题句（Tag-line）、金句等，是为了加强诉求对象对企业、产品或服务的印象，而在广告中长期、反复使用的简短口号性语句。

4.3.1 广告语是大众传媒的产物

传统媒体时代，广告语的作用无可替代，是重要的传播要素。因为广告语是有关品牌的价值提炼，是最具策略性、最集中、最可感的品牌信息，就如同人的眼睛。它基于长远的销售利益，向消费者传达一种长期不变的观念。很多广告语一用便是数十年甚至更久，例如耐克的“Just do it”，李宁的“一切皆有可能”等，某种程度上而言，它们不仅仅是品牌的广告语，还成为社会流行语。

但广告语是大众传媒的产物。换言之，当企业不再投放大众媒体广告（电视、报纸、户外、广播），传播从以广告为中心转变为以内容为中心时，广告语的重要性自然下降了。一个鲜明的对比：

脑白金、溜溜梅、恒源祥、耐克、麦当劳、可口可乐、李宁、安踏

Lululemon、戴森、大疆、海底捞、花西子、观夏、三顿半

上面一组品牌成就于传统媒体时代，它们的广告语我们都耳熟能详，但是下面一组新消费品牌，几乎没有一个广告语是我们能脱口而出的。那么广告语之于品牌就完全没有意义了吗？非也。移动互联网

时代，广告语或许不再具备外部传播价值，但是仍然具备内部战略牵引价值。

4.3.2 广告语的特性及价值

就广告语的特性而言，简而言之，广告语具有标志性、统一性、长期性，同时因其特性而决定了其意义和价值所在。

1）标志性（体现品牌战略/市场战略）

广告语是品牌重要的标志性符号，通常会建立一个独特的观念。广告语既可以体现品牌战略，如宝马的“纯粹驾驶乐趣”“BMW IS JOY”是定义品牌核心价值，“活出骑士风范”（芝华士）、“喝出男人味”“时间给了男人味道”（衡水老白干）是塑造品牌形象与个性，“A diamond is forever”（戴比尔斯）、“Think Different”（苹果）、“The best or nothing”（奔驰），是塑造品牌形象和表达价值观。广告语也能够体现市场战略，如“百事，新一代的选择”是指向核心目标人群，“去屑实力派”（海飞丝）、“农夫山泉有点甜”是构建差异化优势，“陆上公务舱”（别克 GL8）、“阿芙就是精油”（阿芙）则是明确品类和细分市场。总之，广告语传播的是企业或品牌最基本的诉求，广告语的长久价值与塑造品牌价值和定位市场差异性最为相关。

2）统一性（营销传播整合与指导）

广告语的价值诉求是企业形象识别系统中理念识别的重要组成部分。因而广告语在品牌各种宣传推广中都保持统一的形象，例如，耐克的“Just do it”在任何广告作品中，它的视觉形象都是保持一致的。整合营销之父唐·舒尔茨强调，企业要把所有营销活动看成一个整体，将不同的传播推广手段整合起来，向消费者发出同一个声音，

“力出一孔”才能效果最大化。[①] 但这“同一个声音”从哪里来？企业在各种推广活动、传播内容、销售政策中，又如何确保、规范传递的信息是“同一个声音”呢？这时，品牌有一句显性的广告语来代表这个声音就很有必要。在传统营销时代，品牌传播是中心化的，企业靠一条电视广告片、一套平面稿、一句广告语就能完成传播工作，让消费者对品牌形成长期认知和记忆，建立持续性沟通。广告语就是这“同一个声音”。例如，“农夫山泉有点甜”“天然的弱碱性水”“我们不生产水，我们只是大自然的搬运工”“什么样的水源，孕育什么样的生命”等，其实都是在表达农夫山泉“天然”的核心价值和品牌形象，界定“天然水”的品类认知，体现企业经营理念。统一的理念及调性经由广告语加以表达，对今日的品牌依然有着营销传播整合与指导的重要功能。

3）长期性（形成核心品牌标签）

广告语的长期传播，反复提醒，能帮助消费者形成长期印象和回想。例如海飞丝的“去屑实力派，当然海飞丝”，花西子的“东方彩妆，以花养妆”，都是在反复传播中，让我们记住了产品的特征或品牌的形象。在去中心化、多元化的媒体时代，广告语的指引价值更为重要。企业现今虽然传播的内容和信息更多了，但大多数内容都是碎片化、一次性的，根本无法和消费者建立稳固的、可持续性的连接。消费者对品牌只有短期记忆，没有长期记忆；只有短期印象，没有长期印象。要形成核心品牌标签，就需要更明确的品牌广告语或者品牌核心价值等发挥作用，所有内容都要围绕这些标签展开，内容营销的关键是中心化构成，去中心化分发。

① 舒尔茨，凯奇．全球整合营销传播［M］．黄鹂，何西军，译．北京：机械工业出版社，2011．

4.3.3 广告语的要求

广告语的要求主要体现在四个方面：利益化、沟通化、口语化、独特化。

1）利益化

由于广告语是品牌主张的核心载体，在广告中起到关键的作用，所以好的广告语要切合品牌或企业所要传播的定位。比如，“怕上火，喝王老吉”（王老吉），“Think small”（大众甲壳虫），“保护电器保护人”（公牛插座），“头屑去无踪，秀发更出众”（海飞丝），这些广告语都清晰地表达了产品利益，产品有什么价值，带给用户什么好处，品牌理念是什么。

另外，在利益化方面，在广告语中嵌入品牌名是一件一举多得的艺术，因为广告语的目的就是让人知道、记住你是谁，品牌名的嵌入更有利于品牌的传播。例如，“今年过节不收礼，收礼只收脑白金”（脑白金），“好空调，格力造”（格力），“三棵树，马上住”（三棵树漆），“不是所有牛奶，都叫特仑苏”（特仑苏）。

2）沟通化

广告语必须有冲击力、感染力，体现消费者洞察，直指目标消费者内心。例如，“突破渴望”（百事），“我就喜欢”（麦当劳），“喝了娃哈哈，吃饭就是香”（娃哈哈），“人头马一开，好事自然来”（人头马）

3）口语化

通常消费者对待广告的态度，不是漠然，就是愤怒[①]，消费者极少有刻意去记忆广告文案的，除非广告语能在不经意间就被记住，或者能够得到大众的喜爱并乐意用于日常表达中。所以广告语

① 苏立文．文案发烧［M］．赵萌萌，译．北京：中国人民大学出版社，2010.

一定要朗朗上口，易读易记，要有流行语的潜质。一个基础的要求就是，要简短、信息单一、没有生僻字、易发音、无不良歧义。比如说，联想“只要你想”，可口可乐“要爽由自己”，美特斯邦威“不走寻常路”。

有助于记忆的有效手段有押韵、重复和套用。这一点在中英文中都是适用的。“Be sure with Pure”（有“纯洁”真放心）比“Be certain with Pure”要好，“Pick Planters Peanuts”（选庄稼人的花生）比“Choose Planters Peanuts”要好。中文中一些优秀的广告语，“人头马一开，好事自然来”（人头马XO酒），“万事皆可达，唯有情无价”（万事达卡），“世事无绝对，只有真情趣”（轩尼诗XO酒），也都使用了押韵、重复等手法。

4）独特化

广告的目的在于打动人心，好的广告语不只是有文采，还要有回味。比如，“Think different”（苹果），“知识使你更有魅力”（中国时报），“世界上最重要的一部车，是爸爸的肩膀”（中华汽车），“山高人为峰”（红塔山）。这些广告语都是立足生活又高于生活的独到见解、观念主张、人生哲学，更能激发关注与思考，因而具有打动人心的力量。

4.3.4 广告语的创作方法

广告语的创作，从过程上来说，主要有三个步骤：明确创意方向、找对沟通技巧、不断锤炼优化。

1）确定最重要的信息内容

在信息内容方面，可以选择企业形象、品牌形象，或者产品特性等，围绕某一个方向进行创意与构想。具体来看——

企业形象方面：包括企业的目标、宗旨、精神、服务原则、对消费者的承诺、对社会的承诺等。例如："原来生活可以更美的"（美的），"让我们做得更好"（飞利浦），"选品质，选雀巢"（雀巢），"有家就有联合利华"（联合利华）等。

品牌形象方面：如果企业的品牌及其相关要素的定位十分准确，品牌定位、品牌个性和观念与目标消费群体的感情联系等都可以作为广告语的内容。例如，"让建筑赞美生命"（万科），"Just do it"（耐克），"永不止步"（安踏），"Nothing is impossible"（阿迪达斯）。

产品特性方面：这方面可以选择产品与企业的优势，如技术优势、材质优势、功能优势、服务优势等。例如："关心牙齿，更关心你"（益达），"药材好，药才好"（河南宛西药业），"清新口气，你我更亲近"（绿箭），"回甘就像现泡"（茶里王）。

2）寻找与消费者沟通的最佳方式

写广告语，需要尽量使用消费者喜欢并且认同的话语方式，以下是几种广告语写作的沟通方法。

其一是返璞归真法。广告语要易于传播，首要的要求就是口语化，要用通俗易懂的语言来与消费者进行沟通。例如："爱心妈妈的选择"（舒肤佳），"嚼炫迈，根本停不下来"（炫迈），"安全与耐用"（VOLVO汽车）。

其二是幽默引人法，就是用诙谐的语言，让消费者在欢笑中接受广告所传递的信息。例如："何必受冷气的气"（汽车取暖设备），"我的名声是吹出来的"（电风扇，谐音双关）。

其三是唤起共鸣法，就是用感性诉求的方式，唤起目标受众的内心体验与共鸣。例如："一缕浓香，一缕温暖"（南方黑芝麻糊），"不做下一个谁，做第一个我"（耐克），"不在乎天长地久，只在乎曾经拥有"（铁达时），"活出感觉"（箭牌5无糖口香糖）。

其四是烘云托月法，就是从侧面来烘托产品（服务）或企业的优点。例如："福日牌电视机维修部的工作最清闲"（福日牌电视机，诉求质量），"梅赛德斯加油站职工等啊等啊等啊等"（梅赛德斯汽车广告，诉求省油），时隔十多年后，梅赛德斯又出过另外一句广告语，"梅赛德斯汽车跑啊跑啊跑啊跑"来致敬前一句广告语。

其五是正话反说法，就是利用反向诉求的方式来激发消费者的认同。例如："杉杉西服，不要太潇洒。"（杉杉西服），"Be stupid"（迪塞尔牛仔），"学琴的孩子不会变坏"（山叶钢琴）。有时候反向诉求，反而有一种力量，会让说服的思路得以拓宽。

其六是赞赏顾客法，就是通过赞扬消费者的方法来让消费者获得心理满足。例如："你有好眼力，菲尔曼有好价钱"（菲尔曼眼镜），"世界为你倾倒"（青岛啤酒），"因您而变"（招商银行）。

3）提炼最精粹、最到位的语言

我们确定了要创意的方向，选好了沟通的方式，接下来，就需要对语言进行持续的锤炼、修饰与润色，而锤炼语言的过程，实际是一个词语的选择和组合过程，我们可以尝试通过以下几种方法进行写作：

其一是填词联想法。举个例子，假设现在有一个新建成的商场，这个商场名字叫作"星座"，建成之后，要进行招商，吸引商户进驻，现在需要为其拟定一则招商广告语。应该如何创意呢？

我们可以设想一下，商户加入商场的最终目的是什么呢？当然是盈利。由此我们可以制造一个句式，"加入星座，还你__"，这里就需要填入一个词语，这个词语和星座相关，又有盈利的意义。可以是什么词呢？随后就可以尽情地想象，或和团队进行头脑风暴。宇宙太空当中，除了星座，还有什么呢，星球，太阳，月亮，地球，木星，金星……金是不是和赚钱有关？但是金星是一个个体概念，商户有很多，怎么体现规模效应呢？和金对应的——银——银河有规模效应，而且，传统风水中历来以水为财。最佳的答案就找到了，把银河填进去，“加入星座，还你银河”，广告语就出炉了。

其二是造句比较法。在不同的想法中，选取一个最优的选项。欧安亚是一家电工电气企业，假设要为它创作广告语，现在已经有三个选择，由你来选一个最佳的，你会选择哪个呢?

a.“安全到位欧安亚”

b.“安全有保障，生活更辉煌”

c.“安全电工欧安亚”

第1个很简洁，第2个朗朗上口，但是第3个最佳，因为“电工”在这里是一种隐喻的说法，将产品拟人化，让消费者对产品有了可感的形象，这样更能激发消费者的安心与信任。

其三是谈话游戏法。所谓的谈话游戏，就是当你实在没有思路，一筹莫展的时候，不要一味地纠结于当前的困境，陷入长时间的困惑状态中停滞不前，而应该尝试转换下环境，比如和朋友们进行轻松的对话交流，从不同的观点和视角中汲取养分，以寻求可能的灵感突破。就像詹姆斯·韦伯·杨说的，创意应该有个孵化的过程。笔者曾经带学生到大连华牧安格斯集团为其进行策划创意服务，起初对于广告主题的确定一直没有定论，正是在师生的反复探讨交流中，大家抓住了在家为家人做牛排更“用心”这一概念，完成了“用心生活，安格斯”“精致好生活，用心安格斯”等文案及策划案的写作。

4.4 激发兴趣：如何写作爆款标题

经常会有人混淆标题和广告语。标题与广告语的确有相似之处，但在功能与创作中也有本质的不同，具体见表4-1。

表4-1 **标题与广告语的差别**

差异	标题	广告语
内容	与广告具体内容紧密相关	长期观念，与广告具体内容的联系并不紧密。
传播目标	吸引和引导诉求对象继续接触广告内容，注重即时的作用	传达长期不变的观念，注意对消费者观念和品牌形象的长期效果
使用范围	只在一则具体作品中使用，与广告具体内容密不可分	较长时期内持续使用，适用于任何媒介、任何形式的广告
出现的位置	一般在平面广告最醒目位置和广播电视广告的开头	一般在广告结束位置
形态	视创意具体需要	力求简短

综上，标题和广告语最本质的区别在于，广告语是整个广告战役的统帅，广告标题则是每个具体的广告中最重要、最核心的灵魂所在。

4.4.1 标题如何激发兴趣

法国广告评论家罗贝尔·格兰曾经说："我们呼吸着的空气，是由氮气、氧气和广告组成的。"当今时代，广告无处不在，在铺天盖地的信息洪流中，只有有创意、能够迅速引发消费者关注的广告标题，才能够吸引消费者在周围巨大的信息噪声中耐心地多看几眼。

大卫·奥格威曾说，"一般而言，读标题的人较之读文案内容的人多五倍。——读者看到语义不清的标题，绝不会停下来深思解答。"[①] 在如今这个快节奏的时代尤为如此。那么，标题如何做到激发兴趣呢？你的标题需要激发读者的相关性理解，进而深化他的情绪和感受。在标题的创作中，以相关性心理来激发兴趣，我们可以从以

① 奥格威. 一个广告人的自白［M］. 林桦，译. 北京：中信出版社，2008.

下几个方面着手。

1）图形化文字优先原则

观察下面一组数字的对比，哪个看着更丰厚？

一万元 与 10 000元

直觉感觉后者更丰厚，对吧。

以下的两则标题在吸引注意方面有何不同？

“新赛季七大最有价值瞬间：超越的瞬间”

“三菱EVO20年拉力偶像进化史”

第二个标题更吸睛。理由就在于第一个标题都是文字，而在第二个标题中有数字和英文单词。要知道，在标题的创作中，文字和视觉之间有个中间地带，“1234567890”“&*%￥:?!”等数字、符号、英文字母之类，我们把它们称作图形化文字。一方面，图形化文字更简洁、更直观、更容易记忆，另一方面，图形化文字在一个标题中起到跳脱的作用，容易被看见。所以，在标题的写作中，我们采用图形化文字优先原则，但关于数字的应用，需要适度。例如以下两则标题：

“考上清华的30 000条路径”

“考上清华的3条路径”

作为读者，你会选择哪条阅读呢？一定是3条路径，而不是3万条路径。数字在这些文案中，发挥了跳脱的功能，有新颖的元素在，因而会吸引到消费者。但是数字的应用要有个限度，如果过载了，会让读者感觉把控不了而放弃阅读。

2）代入感

让消费者对标题有代入感，是激发他们兴趣的前提。代入感可以分为三种类型：

（1）情绪的代入感。比较下面两组标题，我们更容易被哪个标题所吸引呢？

“今天天气真好”　“吓我一跳，今天天气真好”

“去京都吧”　　　“对了，去京都吧”

这组对比标题是日本文案达人佐佐木圭一在《文案就该这样写》中所列举的两个标题。显然，我们都对后一个标题更有感觉。不同在哪里呢？这两组当中，前一句都是普通的陈述句，很难让人产生代入感。但是后一句，“吓我一跳”这个引导语表达了强烈的情感，能起到引导关注的效果。而加上“对了”这个引导词，像是一个人有意提醒自己的自言自语，让一个普通的陈述句具有了故事性，因而增加了阅读兴趣。所以，我们在标题的撰写中，也可以通过两个短句的组合，在前面加上引导语，从而强化情绪的代入感。

（2）情境的代入感。我们来对比两组标题。

“夜拍能力超强的手机”　　　“能够拍星星的手机”

“传承制造经典”（芝麻糊）　“小时候妈妈的味道”

感受到其中的差别了吗？“超强”是个很模糊的概念，消费者感知不到，但“能够拍星星”就一下子对应了具体应用的情境，进而制造了兴趣与需求。“传承制造经典”自说自话，不痛不痒，但“小时候妈妈的味道”却能勾起很多人对小时候的美好回忆。所以，我们写作标题，一定要具体可感。关于这一点，我们再来对比马蜂窝的标题：

“长沙美食之旅——马蜂窝蜂友聚会，长沙旅游攻略”

这样的常规性描述较难激发读者的阅读兴趣。但下面的标题却因为加上了具体情境及对旅游目的地的自我认知，让人看着既亲切又有趣味性。

“日本初体验，暴走13天（大阪、京都、东京、奈良、长崎、白滨、富士山全走遍）”

“一觉醒来，已是关西，站在屋檐下大口呼吸——京都、奈良、大阪、金泽，日本旅游攻略”

“独行印度30日——随便一躺，口袋里掉出5卢比，印度自助游攻略”

“一个人的国境之南，自拍神器有时比男友靠谱，云南自助游攻略”

我们日常说话也是如此，马丁·路德金的演讲为什么那么富有感染力和煽动性，就是因为同样的表达，让他说出了画面感，听众能够透过文字感受到那一刻的美好。

“我希望追求平等，减少种族歧视！”

“我梦想有一天，在佐治亚的红山上，昔日奴隶的儿子将能够和昔日奴隶主的儿子坐在一起，共叙兄弟情谊。”

同样，求婚的语言是最需要情境化表达的，同样的意思，不同的表达方式，带给人的感受却大相径庭。

“我们一定会幸福生活，白头到老！”

“我想在我们老的时候，仍然能牵手在夕阳的余晖下漫步海滩。”

（3）心理的代入感。很多时候，对标题的感兴趣与否，取决于是否是相关人群，或具备相关心境。例如，“我很怕爸妈跟我说，你是家里的主心骨了”“如何度过二十多岁这段又穷又迷茫的岁月”，刚入职场，需要辛苦打拼的年轻人一定会有共鸣。“像我这样脸皮薄的人”，因为脸皮薄而遭遇各种状况的人一定会对号入座。“连续喝一个月奶茶，有什么后果”“没有一个追星女孩是废物”，心有灵犀的人一定会有共鸣。“对不起，我们不要四六级不过的同学”，如果你正好四六级没过，又要找工作，看标题一定会心里一惊，然后赶紧点进去看看。这都是心理代入的相关性选取与关注。

3）故事性

每一个有故事的标题都会包含吸引读者继续阅读的“钩子”，比如下面的标题：

“我的朋友乔·霍姆斯，他现在是一匹马了”（箭牌衬衫）

“我发现了琼的秘密”（奥尔巴克百货）

“三毫米的旅程，一颗好葡萄要走十年”（长城葡萄酒）

“踩惯了红地毯，会梦见石板路”（万科）

“等什么？阿嬷只等最好的杨梅”（阿嬷手作）

或是出于悬念，或是对聆听故事的好奇，故事性标题对消费者有着独特的吸引力。

4）戏剧性

戏剧性和故事性的区别在于，戏剧性会在语句中呈现出更直接的矛盾冲突与戏剧化效果。戏剧性标题的写作可以从以下几点着手：

（1）强制你的读者面临一次矛盾选择。比如虎扑体育的标题，“妙招还是昏招，地雷签还是中彩签”“改朝换代的时刻到了，还是你还早十年呢”“为兄弟两肋插刀或插兄弟两刀”。

（2）矛盾体现在维度的错乱。例如一张图片中一群猴子在前景泡着暖烘烘的温泉，背景却是厚厚积雪覆盖下的雪山；另一张图片中，画面主体是一条硕大的鲨鱼，围绕其后的是成千上万条的小鱼，这从体量上呈现了强烈的对比。

（3）标题体现出单一维度上的信息冲突。例如，“我真讨厌异地恋，可我是真喜欢你”“你努力合群的样子，真的好孤独”“家喻户晓的品牌为什么还要打广告”这些标题由于前后反差对比极具心理冲击力。

（4）格式化先入为主的看法沉淀。例如，“家里人给他买了房，他却觉得自己一无所有”“你越不啃老，你爸就越容易中年危机”“你的勤奋正在毁掉你自己”“凡事只知道问度娘？怪不得你时间成本那么高”这样的标题因为不符合我们先入为主的印象，所以会引发关注。

5）附着力

所谓附着力，是指把产品与消费者熟悉的事物构建关联。“智能电视机顶盒，自由遥控你的电视”，看完会很懵，什么叫自由遥控，但是改成“智能电视机顶盒，让电视1秒变电脑”，一下子就懂了，因为我们都有使用电脑的经验。乔布斯在发布第一代iPhone时，并没有直接推出iPhone讲解产品功能，而是说，要发布3个产品：1个电话、1个大屏幕iPod、1个上网设备，这3个产品都是大家熟悉的。然后乔布斯才说，实际上我们只发布一个产品，它具备上面3个产品的功能，那就是iPhone。一下子就能让人们了解到新一代iPhone的本质和功能。

6）借力

所有营销都是基于对人性的洞察。这里的“借力”主要指针对人性的弱点（心理需求）来写作标题。

人性有很多的弱点。营销很多时候都是借力人性弱点来达成目的。例如：

“这么好的文案，为什么不是我写的？”

“美人那么多，她红凭什么？”

“美人一抓一大把，凭什么她能当明星？”

这是利用了嫉妒。

“读者妹子火眼金睛鉴定过的英美好剧（附在线看地址）”

“一双穿十年，秋冬最实用懒人靴挑选技巧”

这些标题是利用懒惰。第一则标题中，括号内的内容才是真正具有杀伤力的。

“每天1小时，30天如何成为1/10 000的PPT大神？”

“掌握这5个要素，写推理故事就不用发愁了”

这两个标题利用的心理弱点是爱走捷径。

“完美是给别人看的，快乐是自己的”（王菲）

“我喜欢Ella的40岁”

这是利用了八卦心理，明星的一举一动总在牵绊着粉丝和群众的心。

“一条豹纹内裤，让我失去了所有客户”

这显然是利用了猎奇。

“别扯了，这世上根本就没有怀才不遇”

“我不羡慕秀恩爱的情侣，我嫉妒以前的我们”

现代社会的人们有着诸多的焦虑和无措，需要寻找认同和释放的出口，这些“丧”文案恰恰可以给人出口。这里借力的人性弱点是不安。

“晚是世界的晚，安是给你的安”（小林漫画）

“你这么甜，一定是蜜桃派来的吧？”

“爷爷，你的黑猫警长更新了”

每个人都需要甜蜜、开心、怀旧等情绪的抚慰。有关美好感情、美食的标题，同样可以吸引受众的关注，前提是要有创意性的解读。这里借力的弱点是柔软。

7）文字自带“注目”属性

有的文字本身就有引发关注的特征，尤其表现为一些有威胁属性的词汇。

例如，麦肯公司的招聘广告，“麦肯不要人——专要人妖、色魔、吝啬鬼、丑八怪”。麦肯是想通过一组性格鲜明的反常形象，巧妙地反映公司想要招聘的广告人员是具有专业水准和经济头脑，能超负荷进行广告创作，又有与众不同创意的“特殊人”。这里人妖、色魔、吝啬鬼、丑八怪本身就具有注目度，会吸引读者继续阅读。

4.4.2 标题写作经验与注意事项

写作标题需要注意以下方面：

1）长度适中

标题写得太短不能圆满地表达观点；太长太拗口，又会让人失去继续阅读的兴趣。但长度并不是评判一个标题好坏的唯一标准。就像下面这组对比标题：

“我和海南有个约会”

“1 100元就能畅游海南5个去处”

哪个标题更好呢？第1句看上去貌似更浪漫。但我们会因为浪漫点击标题进去查阅正文吗？一般不会。第2句，“1 100元就能畅游海南5个去处”，这是非常大的一个利益点，如果我们正好有出行需求，还没确定具体地点，极有可能会点进去看看具体内容。

标题最重要的功能是吸引受众去看正文，所以，长度只是技巧的要求，最终要以有效性作为评判标准。而依据美国纽约零售业研究院的调研结果，长标题，只要有新内容、新信息，常常比短标题推销的商品多。所以，在这一点上，标题的写作和广告语的写作要求是不同的。

2）文图要配合

广告中的文案和图片是相互阐释、互为支撑的关系，文图配合共同形成完整的创意。例如，一则内衣品牌在情人节所做的广告，画面上表现的情境是，一个身着时尚内衣的漂亮女孩儿通过扔花瓣来确定最终爱情的结果，我们印象中的语言应该是，“他爱我，他不爱我，他爱我，他不爱我……”一个肯定，一个否定交替，但是这则广告的标题与众不同，这个女孩说的是，“He loves me…he loves me hot（他爱我，他爱死我了）”，看了让人会心一笑。广告实际想表达的是女性穿上 M&S 内衣之后的内在魅力和自信心爆棚。标题的写作很好地配合了画面创意的表达。

再比如一则大众汽车的广告，画面上大众汽车正在山间行驶，标题只有两个字，“山羊”，一下子就能让消费者联想到汽车卓越的越野性能。但如果标题是“大众汽车正在爬山”，对画面进行简单重复，那会让整个创意了无生趣。

3）避免使用笼统或泛泛的词语

比较下面两组标题：

“它带给我一流的头发”/“它使人的头发质地柔软、熠熠生辉，恰似绿草地一般清新芬芳”

“超级纯净”/“27 层净化”（纯净水）

“最长的轿车”/“比普通车长一倍”

“18.3% 的建筑密度”/“只允许五分之一的地面生长房子”

显然，后一句的形象化、具体化展现远胜于前一句的笼统描述。

此外，运用泛泛语汇的文案往往平白无趣，缺乏创造性，例如下面几则：

“我们从事商业贷款已经有数十年的历史”（美国银行）

“古典音乐改变了我的生活”（音乐电台）

“任何货车都不能和菲亚特货车比美”（菲亚特）

那么，我们可以做何修改，能够让它变得有创意呢？

第一句，转换成文图配合，文案是“我们在俄勒冈州第一次做商业贷款时，这棵树还只是一棵幼苗”，画面是一棵枝叶繁茂的参天大树，如此不仅表达出了银行的悠久历史，还让读者有了画面感。

第二句，“古典音乐改变了我的生活”表述过于个人化，不容易建立起受众的相关性感受。但如果在中间加两个字，“古典音乐如何改变了我的生活”，这里就有了故事性或方法论的内容，更容易激发消费者的阅读兴趣。

第三句，原句感觉过于王婆卖瓜，狂妄自大，表达也有点生硬。但如果转换视角，把他比改成自比，“**唯一能和一辆菲亚特货车比美的是另一辆菲亚特货车**”，语义没变化，却会因为幽默的诉求而收获好感。

4）不再时髦的东西不要用

对此，《文案发烧》的作者苏利文曾说：“记住，任何你认为已经看见过的东西，都要抛弃；那些你从未见过的呢？当你看见时，你也就知道了，它会让你毛骨悚然的。”[①]对于一些过时的词语和过时的创意方法要谨慎使用。比如，以前曾流行过对成语进行化用的创意方法，例如：“默默无蚊”（蚊香）、“制冷鲜锋”（冰箱）、“咳不容缓”（止咳药）等创意表达，但这种创意方法已经过于老旧，且对青少年学习成语有不良影响，早就不再使用了。我们要尽量避免再进行这样的创作。移动互联网时代，新的亚文化语言及网络流行语频出，广告标题的写作要紧跟时势，尽量使用时尚的语言，并合乎新的价值理念。例如韩束的标题“**致同龄人：跳出舒适圈，值得羡慕；找到舒适圈，也值得欣赏**”，珀莱雅“**敢爱，是爱情里最大的冒险；敢不爱，是爱情里最大的自由**”就很契合当下年轻人的心理所需。

5）避免使用否定词

广告的本质是形塑人们对美好生活的向往。因此，广告中的否定诉求一定要谨慎使用，因为可能造成不愉快的品牌联想。消费者的消费心理很微妙，有时候文案的善意提醒也可能会引发心理的抵触，例如，光明牛奶曾经在包装袋上标明“不含抗生素”来说明自己奶源的品质，但事实证明，这反而成为部分消费者不愿意去选购光明奶制品

① 苏立文. 文案发烧［M］. 赵萌萌，译. 北京：中国人民大学出版社，2010.

的理由。

6）运用“计谋”，跳出版面

所谓的计谋，既有对文字本身的创新性应用，也有对消费者心理的深刻洞察。例如，“每一道风景都伴着一间漂亮的房间”（某豪华度假饭店），通过简单的语序变换，就让消费者感受到了度假饭店的秀丽风景。

“悬崖百丈冰，犹有花枝俏”（冰箱），巧妙地运用诗词进行相关性联想，巧妙地表现出冰箱的功能性利益。

“大丈夫流血不流泪”“男子汉抛头颅洒热血”“一身义胆满腔热血”（公益献血广告），把献血和侠肝义胆、热血本性相连，大大增强了感召力。

“按捺不住，就快滚”（鼠标）这句也采用了幽默诉求，把鼠标的特征活灵活现地表现出来。

“如果这个价格没吓着您，那就意味着要么您很有钱，要么您对待烹饪很认真”，这是某个售价较高的铝制炊具品牌所作的广告，二选一，无论哪一种，都体现了对顾客的赞赏。

4.5 展开劝服：用销售说服的思路布局内容

正文是文案结构要素中销售劝服的主体内容和关键。社交媒体时代的文案风格和传统媒体时代有很大差别，但在展开劝服的结构和本质方面有共通之处。前文介绍过传统媒体时代的创意金字塔 AIDCA 模式，其中广告语主要承担的是 C/M（Conviction/Memory），即确立信心或唤起记忆的功能，而标题+正文部分基本遵循的就是 AIDA 模式，亦即我们所说的销售说服的思路。

4.5.1 广告正文的结构及说服思路

从内容结构及信息组织而言，正文主要包括三方面的内容，首先，要有一个承接标题的开头，它的作用是继续保持读者的兴趣；其次，就是进一步展开诉求，呈现诉求重点及其支持点或者解释；最后，结尾是发起行动号召，唤起感应。下面我们以传统媒体时代夏士莲人参长发洗发露的一则文案为例进行解析：

标题：还是喜欢长发的你

正文：穿什么样的衣服，化什么样的妆，由我来决定。我想怎么样就怎么样！他，一点都没问题！可是我每次逗他想剪掉长发，他都坚定地对我说，“不！”（这句话是对标题的承接，这里是以一对情侣之间的故事引出正文，进一步激发兴趣。）满足长发所需营养，幸好有夏士莲人参长发洗发露。它蕴含丰富人参精华，能从发根至发梢充分滋润营养秀发。令我的秀发长得再长也能持久健康亮泽。让我想留多长就多长。（这是对诉求重点的进一步展开，说出了夏士莲人参长发洗发露的利益点及其支撑理由。）其实喜欢长发的除了他，还有我自己！（这句话是唤起消费者的感应，激发同样喜欢留长发的女孩子的共鸣，同时起到号召购买的功能。）

我们再以一则某社交媒体上的榨汁机文案来做个对比：

大部分人买榨汁机就图个方便好用，想喝就榨还清洗方便。但果汁和果渣分离这一步需要滤网，清洗滤网简直是噩梦啊有没有？

（这句以痛点前置的方式吸引平台用户的关注。）

PS：不怕告诉你们，我之前的榨汁机用几次就不用了，就是因为清洗太麻烦，榨完必须用刷子立刻刷干净，刷完还得组装……

（现身说法，引发共鸣，延续兴趣。）

而这台机器，容器本身就是杯子，所以，清洗时，只需用水冲一冲杯子和搅拌刀头就行了，简直不要太方便！

（引出诉求重点，表明利益点和购买理由。）

真正的好东西，好用，也好下次用，不是吗？

（唤起感应，促成行动。）

可以看到，社交媒体时代的文案正文话语风格更具亲切感，更接地气，但其展开销售的思路布局和传统媒体时代的文案是一脉相承的，因为正文的本质功能就是展开劝服、加强刺激、培养购买欲望和号召行动，形态常新，但本质不变。

4.5.2 正文开头是重中之重

前文提到正文的三方面内容，第一步就是要有一个承接标题的开头。在《创意之道》这本书中，广告人史蒂夫·海顿曾说："你的文案内文的开头第一句可能比标题重要得多。"[①] 言外之意是，广告正文中的开头是重中之重，广告人要使它简单有趣、富有吸引力，因为只有先拥有一个好的开头，才能吸引读者进行下一步的阅读。

那么，如何写作一个好的开头呢？标题和正文的第一句通常存在承接关系，例如下面这三组POLO汽车的文案。

1）标题：钟爱一生

正文：一见钟情之后，我们在乎的是长久的信任与承诺。

2）标题：天下无双

正文：并不是每一辆车，都配得上这样的赞美。

3）标题：从不偏心

正文：谁能保证，对每一个所爱的人，都能公平一致？

可以看到，第三则和前面两则的承接关系是有区别的，前面两则

---

① 英国D&AD协会. 创意之道：全球32位顶尖广告文案的写作之道［M］. 台北：滚石文化股份有限公司，1997.

是顺着标题的思路往下走，第三则则是和标题相反方向的表意。我们把前两种承接表达的方式叫正破题，第三种叫反破题。

所谓破题，就是在开头第一句承接标题，解释标题。分为正反两种，正破题就是顺延思路的继续阐释，反破题则是指不在同一思维路向的解释说明。

标题：如果比尔·盖茨读完大四

正文如果正破题应该怎么写呢？应该顺着标题的思路往下想，这样的结局会是什么。我们知道比尔·盖茨在哈佛大学读了一年就退学了，那么如果他正常毕业，会发生什么不一样的结局呢？也许世界会多了一个合格的大学毕业生，少了一位首富。

标题：10个商人9个坏

现在我们要进行反破题：不在同一思维框架下表意。可以怎么表达呢？

“商人我做第11个。”这句话其实已经跳出了10个商人9个坏的表意框架，新开辟了一个思路，又由做商人这个事件把前后两句关联起来。

再来看一些案例。

标题：当你只是第二，你会更加努力，否则

正文：小鱼必须不停地游。大鱼总在不停地追逐他们。

这个属于正破题。

标题：我的鸡吃得比你还好

正文：你的问题是，你能随心所欲吃你想吃的。我的铂迪尤鸡没有这样的自由，我给什么它们就吃什么。而我只给它们最好的。

在这个开头中，承接标题的思路转换了两次，开始貌似是反破题，后来实际回归到了正破题。

4.5.3 正文的内容叙事类型

概而言之，正文的内容叙事，主要包括以下四种类型：

1）写作事实

大卫·奥格威给劳斯莱斯汽车撰写的著名的长标题“这辆新型‘劳斯莱斯’在时速60英里时，最大噪声来自电子钟”，承接标题的正文开头，先是提出问题，“是什么让劳斯莱斯成为世界上最好的车？”然后引述一位劳斯莱斯知名工程师的话：“没有什么神奇的，只是对细节够耐心和专注而已”，然后奥格威洋洋洒洒地陈述了有关“劳斯莱斯”车的细节。文案很长，共用了794个英文单词。这则文案的正文主要是基于事实的陈述，在正文的开头就通过引证工程师的话来验证标题，然后再以细节展开具体诉求。类似这样的文案就是写作事实。

2）写作故事

大卫·奥格威给奥斯汀汽车写作的文案：

标题：我用驾驶奥斯汀轿车省下的钱送儿子到格罗顿学校念书——来自一位外交官的匿名信

正文：最近我们收到一位曾为外交事业建功立业的前辈的一封信。“离开外交部不久，我买了一辆奥斯汀车。我们家现在没有司机——我妻子承担了这个工作。每天她载我到车站，送孩子们上学，外出购物、看病，参加公园俱乐部的聚会。”我好几次听到她说：“如果还用过去那辆破车，我可对付不了。”而我本人对奥斯汀车的欣赏更多是出于物质上的考虑。一次晚饭的时候，我发现自己在琢磨：“用驾驶奥斯汀轿车省下的钱可以送儿子到格罗顿学校念书了。”

这则文案是从一开始就介入了一个使用者的故事。通过作为消费者的夫妇俩不同层面的需求和使用感受来双重引证汽车对自己的好处，这种消费者的视角、故事化的写作方式更容易引发共情和信赖。

3）写作痛点

标题：我害怕阅读的人

内文：不知何时开始，我害怕阅读的人。就像我们不知道冬天从哪天开始，只会感觉夜越来越漫长。

我害怕阅读的人。一跟他们谈话，我就像一个透明的人，苍白的脑袋无法隐藏。我所拥有的内涵是什么？不就是人人能脱口而出，游荡在空气中最通俗的认知吗？像心脏在身体的左边，春天之后是夏天，美国总统是世界上最有权力的人。

但阅读的人在知识里遨游，能从食谱论及管理学，八卦周刊讲到社会趋势，甚至空中跃下的猫，都能让他们对建筑防震理论侃侃而谈。

相较之下，我只是一台在MP3时代的录音机，过气、无法调整。我最引以为傲的论述，恐怕只是他多年前书架上某本书里的某段文字，而且，还是不被荧光笔画线注记的那一段。

这是奥美广告为天下文化出版公司的25周年庆创作的长文案，该则文案曾获业界著名的创意大奖。这则广告正文的写作方式显然和刚刚的讲事实、说故事是不一样的，它采取的是写作痛点的方式。这里设置的痛苦场景就是，你看到在社交场合别人谈笑风生，自己却无话可讲，后面的文案还强化了严重的后果，如果不读书，就会继续被边缘化，被社会所淘汰。所以这则经典的文案，是利用人们担心自己在交际中因为涉猎较少而说不上话的窘迫，从而唤起人们去读书的渴望。这种反向诉求、写作痛点的方式，比直接告诉消费者读书能给他们带来什么要高明有效得多。

4）写作憧憬

方太水槽洗碗机的一则文案：

标题：**妈妈的时间机器**

内文：**妈妈想把阳台变成花园，帮她洗一次蔬菜碗盘。她就能多点时间和金边吊兰多一会儿交谈。**

这段文案呈现的氛围非常温馨。画面上妈妈的形象是惬意的、明快的，广告标题是“妈妈的时间机器”，正文以拟人的视角，强化了产品功效带给妈妈的影响，妈妈的自由和美好，一下子把人们带入一种对幸福生活的想象。所以，这里的文案，写作的是一种对美好生活的憧憬。

总之，关于正文的开头，从承接逻辑上而言，可以正破题，也可以反破题。从内容叙事上而言，可以写作事实、写作故事、写作痛点、写作憧憬。新媒体时代的文案，内容叙事更加多元，例如一些逗趣的、个性的、悬念的、段子类、废话文学、发疯文案等，无论写什么内容，能够吸引消费者继续阅读或观看，并能最终转化为对广告的关注，这样的文案就都是好文案。

4.5.4 正文的“滑梯效应”以及如何达成这种效应

在《文案训练手册》一书中，文案作家、广告人约瑟夫·休格曼认为①，文案写作最理想的状态是，消费者开始阅读文案时能频频点头，认同文案所说的一切，对所营造的销售环境感到适宜，于是就达成了一个关键效应——滑梯效应。

什么是滑梯效应呢？休格曼解释说，我们都有过这样的经历，从滑梯上面向下滑的时候，动能就产生了，你试图抓住扶手来停住却失败了，尽管你竭尽全力阻止自己下滑但还是无休止地滑下去，这就是滑梯效应，也是文案要达到的效果。

所以，一则好的文案，里面所有的元素都必须产生滑梯效应，标

① 休格曼. 文案训练手册［M］. 杨紫苏，张晓丽，译. 北京：中信出版社，2015.

题必须非常有力，让人印象深刻，让读者不得不去阅读副标题，第一句话、第二句话同样引人入胜，这样读者才能一句一句地读下去，一直到结尾。

那么，如何达成文案的滑梯效应呢？广告中的两种基本的诉求方式分别为理性诉求和感性诉求。理性诉求指的是广告诉求作用于目标受众的认知领域，通过科学、公正、严肃的手段与方法传播企业形象、产品特征与服务特点，引导消费者经过概念、判断、推理、演绎、归纳等理性思维活动，冷静、理智地做出购买或使用决定。感性诉求则是通过表现与企业、产品或服务相关的情绪、情感因素来传达信息，以此对目标受众的情绪、情感带来冲击，唤起目标受众的情感认同，进而产生购买产品或接受服务的欲望和行动。但理性诉求和感性诉求不是截然分开的，二者之间可以有效转化，综合起效。我们通过具体的案例加以说明。

1）理性诉求文案

先来看两则大师文案。一则是伯恩巴克为甲壳虫写作的文案。甲壳虫Think small的系列广告曾被评为20世纪最经典100个营销广告策划案的第一名。长达17年间，美国报纸杂志共计刊登了250多则甲壳虫平面广告，广告的风格都是一致的，都是采用黑白极简版面搭配长文案的风格，每一则文案都只以甲壳虫的一个功能点做创意宣传，广告效果深入人心。时至今日，我们仍然能够从它的文案策略中获得启发。

画面：隆重的送葬车队。

解说："迎面驶来的是一个豪华轿车送葬车队，每辆车的乘客都是以下遗嘱的受益人。"

男声旁白："我，麦克斯威尔·E.斯耐弗利，趁自己尚健在清醒时，发布以下遗嘱：给我那花钱如流水的妻子留下100美元和一本日历；我的儿子罗德内和维克多，把我给的每一个5分币都花在了时髦车和放荡女人身上，我给他们留下50美元的5分币；我的生意合伙人朱尔斯的座右铭是‘花！花！花！’我什么也‘不给！不给！不给！’；我的其他朋友和亲属从未理解1美元的价值，我就留给他们1美元；最后是我的侄子哈罗德。他常说：‘省一分钱等于挣一分钱’，他还说：‘叔叔，买一辆大众的甲壳虫一定很划算’，我把我所有的1 000亿美元的财产留给他”。

文案非常戏剧化，以“遗嘱”为创意题材，写一个亿万富豪临终前还念念不忘甲壳虫车，一方面暗示了大众甲壳虫车同样受富人的青睐，另一方面把产品功能巧妙地融入故事中，说明大众甲壳虫车是值得信赖的汽车，它能给你带来巨大的收益。因为故事本身充满着趣味性，这就给读者的阅读带来愉快的体验，消费者会在开心一笑的同时记住产品。

另一则是沃尔沃的文案：

标题：那就是我，紧张地躺在崭新的沃尔沃740车下

正文：几年来，我一直在广告中吹嘘沃尔沃的每一个焊点，都足以承受整辆车的重量。有人认为我应该自己来验证我所说的话，于是，我们把车悬挂起来，而我爬到了车子底下。

沃尔沃当然实至名归，我也还活得好好的。

但这故事的关键在于：沃尔沃740虽有不同的外形，快速又省油的发动机，全新的内饰以及悬挂系统，但某种程度上，它仍和昔日的沃尔沃一样。它制作如此精良。你可以将生命托付于它。我明白这点，也刚刚这么做了。

这是《创意之道》中，英国设计与艺术指导协会的一个案例[①]。文案既有可读性的故事，同时又展示了一个已验证的极端实验。通过

① 英国D&AD协会. 创意之道：全球32位顶尖广告文案的写作之道［M］. 台北：滚石文化股份有限公司，1997.

这样的实验来证明沃尔沃对于安全的极致标准及品质保障，进一步增强了沃尔沃安全诉求的说服力。

上面两则文案都是在说产品的功能利益点，也就是说都是基于理性诉求的写作方式，但是它们没有直白地进行表达，而是把利益点融于故事中，实现了不着痕迹地诉求。

2）感性诉求文案

以下两个案例也都是长文案。第一则，是梁朝伟代言的一支眼霜视频广告：

“好久不见，最近好吗？我知道你一定很累，你就是这脾气嘛。

前几天我看了一部电影，女主角和你很像，凡事追求完美，无论多辛苦，对身边的每一个人都会带着笑容，生怕别人担心，很像你吧？所以立刻想到你……

你跟我的记忆里一模一样，只要一笑，就是那个不服输的小女孩，倔强、干净、不信邪，让时间一点办法都没有，这才是最值得珍惜的。

你一直在追求完美。其实完美很简单。当我看到你的眼睛我就看到丸美……”

这支广告片足足3分钟，一直在拍摄梁朝伟的眼睛，拍摄手法非常大胆又让人印象深刻，影像风格是黑白的，但是配上有温度的文案，就让很多人深受感动。广告片里的梁朝伟就像久违的朋友，向你温柔问候，“好久不见，最近好吗？”“你跟我记忆里一样，只要笑起来，就是那个不服输的小女孩”“就算你衣食无忧，也觉得你处处需要照顾”……每一句话都能击中女性的软肋，观众的情绪都沉浸在梁朝伟的暖心抚慰中。整整三分钟的片子，直到最后一帧才展现出品牌信息，“丸美眼霜节，现已张开”这个时候，观众的情绪，也自然而然地过渡到对丸美的好感之中。上文中曾说到圣诞老人的逻辑，虽然最后露出的是广告信息，但是由于前面已经铺排了那么多的感动，这种受到关怀的心理会左右我们将好感延伸到对产品的认知中。

另外一则是号召给无家可归者捐款的慈善公益广告。主题是“The homeless voice（无家可归者的告白）：不要让我变成更坏的人”。这也是非常长但又很有看点的文案：

“让我们讲清楚。我没有太多的时间了。外面很冷，我开始变得越来越不起眼。你准备把自己的钱给谁？是那些可怜的非洲小孩吗，他们离你数万公里远，他们是又饿又渴，可是当一大批政界人士和名人在鼓吹这些的时候，他们是不是正要赢得选举，或者准备出一张新专辑呢？想把钱捐给癌症、白血病、阿尔茨海默病？你会因癌症、白血病、阿尔茨海默而死，在你的捐赠能带来什么特别有效的研究成果前。捐给第三世界国家的教育？这让你感觉很棒，不是吗？这让你觉得自己无比正能量，不是吗？你可以想象未来，而我却只能想想下一分钟。你要拿自己的钱去阻止全球变暖吗？用你的房顶、床，还有24小时的热水？告诉我你为什么要担心地球的冷和热呢，如果你想的话，就这么把你的钱烧掉吧。你准备去拯救鲸鱼、熊猫、猞猁、苏门答腊虎？好吧，不过如果你需要它们，它们不会为你的生活做出任何贡献，它们会把你撕碎。只有人才能救人，即使你不喜欢他们，拯救他们也不会让你看上去那么酷。你还要把钱捐给跨国的慈善机构？把你的钱花在我身上吧，还有像我一样的人。如果你不想让我把钱花在吸烟和喝酒上，那么把这些钱给那些可以帮我逃离这片地方的人们吧。因为我没剩多少时间了，待在这里的每一秒，都让我成为一个更糟糕的人。”

这是在慈善类宣传中非常具有开创性意义的一则广告。它没有像传统意义上的慈善广告那样赚人的眼泪，诉求无家可归的人多么凄惨，也没有煽情地告诉捐助者，如果你帮助了别人，人生会得到多少升华。如果我们看前面还感觉有点无关痛痒，那么，最后一幕，乞丐含泪望着镜头，“把你的钱花在我身上吧，还有像我一样的人……因为我没剩多少时间了，待在这里的每一秒，都让我成为一个更糟糕的人”，以及随后出现的字幕，“拯救人类，当你失去了一切，就很难保持你的人性了。”看到这里你还会无动于衷吗？其实这里才是整支广告的点睛之笔，亦即如果前面的论述未能充分触动你，那么不妨从另一个角度思考：无家可归者的困境其实与我们每个人都息息相关。当一个人被逼到生存的边缘，当最基本的尊严都难以维系，人性的底线就可能被突破。试想一下，如果越来越多的无家可归者陷入绝望，社会将面临怎样的安全隐患？因此，对这些无家可归者施以援手，不仅是对他们的救赎，更是在守护我们共同的社会秩序，是对自己的保护。我们反复强调，对文案创意而言，最重要的一点是唤起受众的相关性感应，这个广告的终极诉求其实就是用相关性威胁来唤起捐助意识。

丸美眼霜和无家可归者的告白这两则广告，没有诉求产品的利益点，而是采用情感诉求的方式，通过对目标受众的情绪、情感带来冲击，来唤起情感感应，进一步增强说服力。

所以，真正有滑梯效应的文案，要么是基于理性诉求的智慧型文案，要么是基于感性诉求的走心型文案。无论哪一类，都需要对产品力、沟通力、故事力、情感力的深入洞察与发掘。

4.6 零度文案：冷漠也是一种沟通

什么样的情感文案更打动人呢？这里不仅仅是关乎文字本身，还暗含了文字内的语气、语调和语态带来的影响。

著名广告策划人丰信东在他的《文案写作辞典》当中提出“零度文案”的概念。他认为，一篇文案里包含着语气、语调和语态[①]：“我们的很多广告看上去太假，原因在于语气失真，要么语气助词使用得太多、太滥，要么过于夸张地使用语气助词。广告允许适度夸张，但是不能不论什么风格的广告，都要把语气夸张到底。”“我们的广告又常常失之于高调。总把自己当成面向成千上万人的高音喇叭，但是受众实际欣赏或阅读的时候都只是一个人，顶多几个人。”“在语态上，我们不能用将来进行时或正在进行时说话，那样就表明了你和消费者一样，还没用过这个产品，应该多用过去进行时，比如卖洗发水，要站在自己已经连续使用它一个月的时态来说话，卖期房，要站在三年后这里已经住满人的时态来说话。”

说话的时态给人的感受是很隐蔽、很微妙的，但它给人的影响却是真实具体的，所以，丰信东认为，广告的真实感不是来自内容，而是来自语气、语调、语态这些细节。

4.6.1 什么是零度文案

零度文案不是要零语气、零语调、零语态，而是要写出一种距离，即说话内容与说话语气、语调、语态之间的距离。距离越远，文字蕴含的内在张力越大。零度文案的奥妙在于，在阅读过程上和消费者保持同调。因为，任何消费者在接触广告时，多少都是有所戒备和保持警惕的，使用和消费者同步的语气、语调和语态，更利于消费者解除戒备、进入阅读，从而达到广告目的。

我们来看一则典型的零度文案案例。芝华士酒（Chivas Regal）的一则长文案。

“因为我已经认识了你一生；

---

① 丰信东. 小丰现代汉语广告语法辞典［M］. 北京：东方出版社，2020.

因为一辆红色的Rudge自行车曾经使我成为街上最幸福的男孩；

因为你允许我在草坪上玩蟋蟀；

因为你总是在厨房里腰上围着茶巾跳舞；

因为你的支票本在我的支持下总是很忙；

因为我们的房子里总是充满书和笑声；

因为你付出无数个星期六的早晨来看一个小男孩玩橄榄球；

因为你坐在桌前工作而我躺在床上睡觉的无数个夜晚；

因为你从不谈论鸟类和蜜蜂来使我难堪；

因为我知道你的皮夹中有一张褪了色的关于我获得奖学金的剪报；

因为你总是让我把鞋跟擦得和鞋尖一样亮；

因为你已经38次记住了我的生日甚至比38次更多；

因为我们见面时你依然拥抱我；

因为你依然为妈妈买花；

因为你有比实际年龄更多的白发，而我知道是谁帮助它们生长出来；

因为你是一位了不起的爷爷；

因为你让我的妻子感到她是这个家庭的一员；

因为我上一次请你吃饭时你还是想去麦当劳；

因为在我需要时，你总会在我的身边；

因为你允许我犯自己的错误，而从没有一次说‘让我告诉你怎么做’；

因为你依然假装只在阅读时才需要眼镜；

因为我没有像我应该的那样经常说谢谢你；

因为今天是父亲节；

因为假如你不值得送Chivas Regal这样的礼物，还有谁值得？”

这是广告文案大师David Abbott为芝华士撰写的父亲节文案，也是他广受褒扬的经典作品之一。关于这段文字，他本人曾解释说：“这篇广告是关于Chivas Regal的，但也是关于我和我父亲的。这么做是一种冒险。读者的体会各不相同。在某些人眼中，它可能是感伤的，而另一些人则可能认为它是生动的。如果你认为需要一个标题，你就会发现为什么我没有写。”

这篇文案记叙了一名中年男子怀着感恩之心重拾38年来关于父亲的点滴记忆。冷冷的追忆风格，只说故事，不煽情，也不叫卖，就是一个普通的人，一种日常的再现，一段娓娓的述说，轻而易举地突破了对广告敏感度高的受众的心理壁垒，让人很容易就被带入文字所创设的情境之中，让受众连带着关心、感动和认同，甚至由人及己地引发更多联想。全篇以大量的生活情景片段做渲染和铺垫，不动声色地向受众发动情感攻势，层层铺叠，直到最后，才水到渠成、顺水推舟地点明广告的主题：父亲节，送礼物就送芝华士。这也是为什么这则长文案没有标题的原因，因为广告的内容在最后点明才更突出效果。再者，长文案没有标题，会更让人有一探究竟的欲望。

这则文案无疑是动人的，甚至让人感同身受。它使得广告和受众之间在情感上达成了趋同，无论是否能促发购买行动，但是在对待品牌的态度上倾向于认同与好感，这就为提升产品的美誉度和促进日后购买创造了可能。

4.6.2 保持客观、理性和近于冷漠的调性

美国心理学家马斯洛指出：“爱的需要是人类需要层次中最重要的一级，人有爱、情感和归属的需要。”情感是蕴含于字里行间，游离于内容和形式之外的因子，却可以在每个人的灵魂深处找到共鸣。

所以，创意人总是不遗余力地在产品之中附加人类情感，如亲情、爱情、友情，情感诉求的广告也往往有着巨大而持久的情感影响力量。

但是，情感诉求的广告一定要谨记零度文案的法则，过犹不及，不要因为煽情而变得矫情，文案的内容要更动情、更用心，但调性上要尽量显得无动于衷，保持客观、理性和近于冷漠，这样看的人才能被深深地触动。当然，这里的冷漠是指把感动与否的权力让渡给消费者，不要妄图去强制影响对方的情感。此外，社交媒体时代更趋向于逗趣化文案的写作，新奇的创意、幽默化的表达能够让消费者自发地玩在一起，这是感性诉求的更高境界。

4.7　另类文案：颠覆创意与新奇制胜

在文案方面，还有一些另类文案，通过颠覆性创意，往往能达到出奇制胜的效果，也值得我们关注，主要有以下几种。

4.7.1　悬念文案

悬念文案，顾名思义，就是通过设置好奇的钩子，抛出问题，不给予即时的解答，激发人们对广告的关注情绪，在揭开悬念的过程中，让消费者对产品留下深刻的印象。

悬念是叙事性文学常用的一种表现手法。小说或影视剧经常有到了某个关头，情节故意卡住，对矛盾或问题不加以解决，以此吸引继续阅读的设计。

悬念文案不是什么新的创意风格。早在20世纪30年代，乔治·葛里宾就为箭牌衬衫创作了“我的朋友，乔·霍姆斯，他现在是一匹马了”这样的悬念标题，画面上是一位男士站在一辆马车前，文案表现的是他与马的谈话，在谈话过程中，他了解到这匹马真的是他的朋友乔，并且乔竟然是因为棉布衬衫的领子经常收缩，最终窒息而死！文案这时候通过对话引出产品，“天哪，乔，你为什么不把你衬衫的事早点告诉我？我就会告诉你关于箭牌衬衫的事，它们永远合身而不收缩，甚至织得最紧的深灰色棉布也不收缩……”把产品的优点蕴含于离奇的人马对话中，非常引人入胜。

悬念文案运用得好，会有很强的趣味性，并且会吸引受众的有意关注，通过受众的参与性阅读来达成对产品的深刻认知。

现代新媒体文案创作中也有很多悬念风格的表现。例如一则公众号文章的标题，“她一声不响地坐在船舷上，愁眉不展，眼睛里还噙着泪水，船一摇晃，泪珠便直滚下来”，这里以人物某一时刻的神态描写为悬念，会激发读者联想，她为什么会哭呢？这是怎么回事呢？继而吸引继续阅读正文。一个医疗机构的系列广告，标题分别是“歇业！不久之后”“破产，我们希望”“企业关门！现在的任何时候”，“歇业”“破产”“企业关门”这样的字眼无疑会迅速吸引读者，而后面的半句话，“不久之后”“我们希望”“现在的任何时刻”，更是让读者不明所以，又迫切地想知道原因，读到正文才明白，原来是这家医疗机构一切都以病人的利益为出发点，由于提供的医疗服务太好，人们只需进行一次治疗，它就可以歇业了。同时，在每则文案的最后，提出口号，“医生将让你远离医生”。正是基于对消费者利益的考虑，使得广告的诉求能够被消费者欣然接受，同时认可了这家医疗机构的价值理念。而悬念标题无疑在其中发挥了一击制胜的作用。

4.7.2 意识形态文案

意识形态文案和我们脑海中所理解的意识形态不同。我们所理解的“意识形态”是指那些与社会权力的维护和再生有着某种联系的感觉、评价、理解和信仰的模式。意识形态文案源自我国台湾意识形态广告公司的执行创意总监许舜英，她的作品在概念沟通、表现形式、美学风格上具有强烈的先锋性和实验性。文案反映了人物复杂的精神世界，广告通常以异于传统视觉表现的画面配以富于哲理的旁白，给人一种震撼性和强烈的态度感知。

比如，这一则：

“有了胸部之后，你还需要什么？脑袋！

到服装店培养气质，到书店展示服装”

有人评价许舜英，“许舜英不是广告人，是跨界的哲学家”。这则文案是1998年我国台湾中兴百货春装上市的文案，实际上，书店、服装店的这种交叉策略，即便到今天，也依然会给人强烈的情感刺激。要知道，我们今天实体书店的转型，主要就是向休闲娱乐场域转型，将书店、服装、咖啡、创意产品等依据美学原则巧妙地融合在一起，比如诚品书店、方所、钟书阁等。从这个意义上而言，许舜英的文案是非常有先见的。

再来欣赏几则文案：

标题：季节共识

正文：我们不爱梅雨绵绵的烂天气，更讨厌一下毛料一下T恤的反复，

我们不约而同带着发春的猫到兽医院，醒着时都会倒背春眠那首诗，

我们心情因此晴朗，掏空百货公司满足家里的衣柜。

标题：爱美的小孩不会变坏

正文：她拿手的除了银粉妆的画法还有研究威尼斯的建筑旋律；

他能分辨Dolce & Gabbana与D&G打扮的差异同时是个诗人；

她热爱购物以及帮助别人购物却是红牌财务规划经纪人；

她是个大费周章经营叛逆外表的慈济终身会员；

爱美的孩子不会变坏，

她只是尊重别人的视觉，

顺便，美化环境。

阅读意识形态文案，会感觉有一种迷幻的气息在，文学与现实、美学与幻想深度交融，这里面既有理性内容，即理智思想，也有非理性内容，如幻觉、呓语、情感波动等。实际我们看到的就是个人自我意识的张扬，是很多人共通的“内心独白”。这些意识形态文案虽然内容看上去拼贴凌乱，缺乏内在逻辑关联性，但是我们却能从中感受到特殊的意念与韵味。文案以一种独特的气息让创意在画面中重生。它彰显出一种对自我意识的张扬，对人类自身价值的反省，反映出一种非常强烈的态度和价值主张。当年正是凭借这一系列的广告，中兴百货的销量翻了28倍，被称为“中国广告界的哈佛案例”。

4.7.3 鬼畜文案

鬼畜作为一种搞怪的视频类型，最早得名于弹幕网站bilibili一个名为“最终鬼畜蓝蓝路”的视频。之后，网上就开始出现不少通过视/音频剪辑，一再重复画面而成的视频。作为一种视频制作手法，鬼畜视频的代表特点为画面和声音重复率极高，且富有强烈的节奏感。鬼畜视频的三元素：一是音频起伏比较明显的音乐，二是能表达主题的画面，画面里的动作最好要有魔性，三是撰写有洗脑力的文案。

鬼畜视频在2016年开始应用于广告中，并大获成功，我们来看两个案例。

首先是2016年优信二手车的一个鬼畜视频，以下是它的文案：

“上上上上，上优信二手车。

上上上上，上优信二手车。

上上上上，上优信二手车。

二手车，二手车，优信二手车。

二手车，二手车，优信二手车。

二手车，二手车，优信二手车。

上上上上，上优信二手车。

开好车，上优信二手车。

开好车，上优信二手车。

上上上上，上优信二手车。

……（重复5遍）

买辆放心的！”

当年优信二手车以3 000万元的价格买下《中国好声音4》巅峰之夜的60秒广告，每秒钟价格高达50万元，创造了中国电视史上最贵单支广告纪录。这3 000万元到底花得值不值，实际效果或许只有优信二手车自己知道，但从舆论反响来看，优信二手车还是取得了相当大的成效。而优信之所以推出这样一则魔性十足的广告，也是希望在短短60秒的时间内，让优信二手车这个品牌彻底被国人记住，当下的广告目的算是达到了。

小茗同学冷泡茶也有鬼畜视频：

“冷的，冷泡的。

冷的，冷泡的。

小茗小茗，

冷泡冷泡，

小茗同学，小茗同学。

冷的，冷泡的，冷……泡。

小茗同学，冷泡茶。

认真搞笑，低调冷泡。”

作为冷泡茶品牌，小茗同学在人物性格塑造上强调冷幽默，这既和产品本身有所呼应，也为品牌定下了调性。“小茗同学”将目标受众人群定位于“95后”年轻人，一个想要吸引年轻人注意的品牌自然会借助各种新鲜的方式、新鲜的概念来营销，这波“鬼畜”风也给小茗同学带来了一波关注度。

4.7.4 原生广告

原生广告是一个在2012年提出，并在2013年之后在全球媒体界爆红的概念，目前没有很明确的定义，大体是指，让广告作为内容的一部分植入到实际页面设计中的广告形式。[①] 这里的重点是，广告即内容，在不影响用户体验的前提下，完美融入广告信息，并让用户在愉悦中感受并记住广告中的产品。

原生广告和传统广告存在区别，传统广告是在内容中充当干扰的角色，由于突然出现、格格不入而容易吓跑用户。但原生广告则充当内容的一部分，在形式上完美融入，并且因为它的注目性可能会吸引用户主动点击。

我们今天常常说的广告段子，实际就属于这一类。看广告段子，我们既是在娱乐，也在潜移默化中关注到了产品信息。更精妙地，有些人的广告段子，以纯故事的形式展开，读者需要非常仔细地查阅内容来确认到底是在给谁做广告，而这种参与找答案的乐趣，也会让读者对广告信息记忆犹新。

比如，微信公众号“天才小熊猫”就是一位有名的段子手，他通过“段子+故事”的模式，巧妙地将段子融于创意，故事性的情节、天马行空的脑洞、图片为主的排版，加上网络化的语言，让很多读者

① 李斌. 原生广告是难以规模化的广告形态［EB/OL］.［2013-09-16］.https://www.yangfenzi.com/keji/3932.html.

看得饶有兴趣，以至于都在公号下方评论区恳求天才小熊猫加快广告更新速度。

他的广告段子都很有脑洞。例如，“千万不要用猫设置手机解锁密码”，这是一条典型的“天才小熊猫式段子”：主人公在把玩一台指纹解锁手机时，使用了猫的指纹。当晚，他忘了给手机充电，于是第二天不得不抱着一只猫跑去公司上班。在经历了被地铁拒载、被出租车司机嘲笑、被同事围观的一系列挫折后，噩梦没有结束，由于PPT文件储存在手机里，开会的时候，他不得不在众目睽睽之下，再一次展示用猫爪来解锁的行为。其实，这是一条手机广告，但由于故事的奇异性和趣味性引得粉丝纷纷评论和转载。最终这个段子被转发近20万次，阅读近亿次。

再比如，天才小熊猫在微博上分享自己在闲鱼上转卖二手物品的经历。他自称把自己搞坏掉的破洞沙发挂在闲鱼上卖，还美其名曰“适合痔疮患者”，但让他感到意外的是，一位买家二话不说就买了，还接连买了他的两个人体模特，还索要他个人放在阳台上的一些私人物品。这也太奇怪了！天才小熊猫百思不得其解，决定调查一下，驱车来到快递邮寄地址，那里竟然是一个郊外的垃圾转运站，这让天才小熊猫感到毛骨悚然，难道这个人，根本就是不存在的吗。直到后来，他被拉到了一个小区群里才真相大白，那个人竟然是自己的邻居，就住在自己楼的对面，因为不堪忍受对面阳台的男模特和头戴红内裤的泰迪熊而出此下策……内容本身非常值得品读，一方面会让读者体验到读故事的乐趣，另一方面会让人们对广告有一个新的认知。

以上我们分析了四类另类文案，分别是悬念、意识形态、鬼畜、原生，它们要么基于对用户心理的深刻洞察，要么是在文案沟通、美学风格上具有强烈的先锋性，要么在创意形式上魔性有趣，要么以原生内容呈现故事，四种类型都体现了文案创作的新风格，都具有正文阅读的“滑梯效应”。

4.8 巧用修辞：让文案活起来

修辞我们都不陌生，是中学语文的必修课。那么，修辞对文案的作用是什么呢？我们说，广告的基础是传递信息，本质是改变与说服，那么要达成更好的改变或说服效果，就需要我们的信息传递更富于戏剧性与吸引力，而在这方面，修辞有着独到的作用。可以说，修辞是文案美化、使文案能够活起来的重要因素。我们可以从增强形象类和加强语势类两个方面来看修辞对文案的作用。

4.8.1 增强形象类修辞

1）比喻

比喻就是在两个不同事物之间打比方，是用浅显的、熟悉的、形象的事物去说明或者描写深奥的、陌生的、抽象的事物。比喻的作用在于：（1）把事物描写得更具体、更生动；（2）把深奥的道理说得更浅显、更易懂。比喻由本体和喻体构成，它将两个本质不同的事物联系到一起，并且找到了二者之间的相似点，由此戏剧性就产生了。

“世界上有一种专门拆散亲子关系的怪物，叫作‘长大’。”（中国台湾奇美液晶电视）

这里是把长大比喻成“怪物”，“怪物”本身带有一种情绪意义在里面，所以使得语言背后的意义更令人深思，反之，如果只是平铺直叙——长大，总是让父母和孩子变得疏远，语言平淡，也就没有那么动人了。

“为她准备一对世界杯专用耳塞。”（DTC钻石广告，图上为两颗钻石）

这里的本体是钻石，喻体是耳塞，相似之处是都能堵住太太的牢骚，而且显然钻石的效果更好。

以下广告语都因为采用了比喻的手法而更显生动：

“做人就像剃须，进退都要拿捏好分寸。”（飞利浦）

“有时候孤独像关节炎一样痛。”（公益广告）

“整个城市就是我的咖啡馆。”（7-11 city café）

“世界上最重要的一部车是爸爸的肩膀。”（中华汽车）

“我们这里的空调冷得像你前女友的心！”（格力空调）

这些文案中因为有比喻，所以让所描述的事物都更具体可感了。

2）比拟

比拟类同于比喻，分为拟人和拟物，拟人是把物当成人来写，赋予事物以人格化特质，它能使语言生动，引起读者的丰富联想；拟物是把人当成物来写，这种表达也会因为语意的新鲜感给人留下深刻的印象。

在广告中拟人化运用得更多一些，比如我们通常说的品牌建设，其实就是进行品牌人格化的塑造，赋予品牌以形象、情感、个性和价值观，从而形成品牌的个性化。

长城葡萄酒的文案，“三毫米的旅程，一颗好葡萄要走十年”，这个标题在拟人的同时，也采取了对比的手法。三毫米和十年，距离如此之短，时间却如此之长，这种巨大的反差，会让读者看到第一眼内心就充满好奇。看完之后才知道，“三毫米”指的是酒瓶的厚度，一颗好葡萄能够走进瓶壁成为葡萄酒需要十年的漫长历程。所以，这篇文案全篇是以葡萄为主人公，拟人化地讲述了一颗葡萄如何经历重重考验成为葡萄酒的故事，拟人化的经历也让我们感知到葡萄酒制作的工艺与品质。

广告大师乔治·路易斯，为沃夫·斯密特伏特加创作的系列平面文案：

第一个星期的广告上，一瓶直立的伏特加对着一颗甜美红番茄说："嗨，你这个正点的红番茄，我们两个在一起可以调成血腥玛利。我可和别的家伙不同！"

番茄红美人说："我喜欢你，渥夫·史密特，你的确有品位。"

第二个星期的广告上，一个平放的伏特加对着一颗成熟橘子说："我可是个很有品位的人，我要发掘你的内在美，使你名满天下。还不快滚过来亲我一下。"

橘子回答道："那上个星期我看到跟你在一起的女人，她又是谁？"

接下来几个星期，柠檬、洋葱、橄榄等酒吧调酒要用的"美人们"轮番登场，它们都和渥夫·斯密特说着性暗示的双关语。乔治·路易斯用一两句话就把玩世不恭的渥夫·斯密特、一往情深的红番茄、醋意横生的橘子描写得活灵活现，并且通过广告传达了产品信息：渥夫·史密特伏特加是有品位的，而且只有它才最适合调酒。性元素的诉求方式大大加强了人们对广告的关注度，很快使得产品大获成功。这里，正因为广告的男女主角不是真实的人，而只是采用拟人的手法，所以使得广告极富挑逗性却不让人觉得低俗。

日常生活中也有很多优秀的比拟文案。一个卖糖葫芦的推车前挂了个牌子，上面写着，"生活中的一个一个挫折，就像冰糖葫芦样，竹竿刺进了身体，却成为一生的脊梁！"看到这样的文案，即使当时没有吃糖葫芦的打算，也会想买一串表示支持，因为对文字背后的意义深感共情。

3）对偶

对偶是用结构相同、字数相近的一对短语或句子，来表达相对或相近的意思，尤其是将两种事物或观念加以比较的修辞方式。此类文案形式上追求对偶，意义上形成对比，从而使得句子读起来像是某种哲理，给人以耐人寻味、思想深刻的感觉。

铁达时手表曾经的一个非常经典的广告片，从故事到拍摄包括主演，都堪称完美。这则广告是灵智广告公司（Synergie）创意制作的，灵智广告的创始人我国香港广告才子朱家鼎在53岁时就因病去世，而他的妻子是当时香港影视明星钟楚红，二人的爱情曾为人津津乐道。这个广告片中的经典文案“不在乎天长地久，只在乎曾经拥有”，也因为他的离去，更蒙上一层悲剧色彩。

以下都是经典的采用对偶修辞手法的广告语——

“喝孔府宴酒，做天下文章。”（孔府宴酒）

“钻石恒久远，一颗永流传。”（戴比尔斯钻石）

“头屑去无踪，秀发更出众”（海飞丝）

“苦苦的追求，甜甜的享受。”（伊利苦咖啡）

4）对比

对比是把不同的事物或事物的不同方面放在一起加以对照比较，使事物的特征更加鲜明突出。对比分为自比与他比。自比，是将同一事物的不同方面作比较；他比，是将不同的事物作比较。用在广告中，对比的手法会令产品的形象更鲜明，消费者的感受更强烈。比如，别克君威的“不喧哗，自有声”，沃尔沃的“别走路，去感受路”。

再来看几个民间文案，大学生食堂档口前挂了个牌子，“除了爱情，每件事我都愿意排队”，食堂的阿姨好高明，这样的劝解比直接说有效太多了是吧?

“工作再忙，别忘看房，毕竟涨100万比挣100万容易多了”，看完中介的小广告，是不是顿时觉得很扎心?

花店的广告也很有意思，“你的情敌已经订花了，你还在打王者荣耀”，属于幽默式劝服。

最后一个，卖橘子老奶奶的文案，一位白发老奶奶坐在她的橘子摊儿旁，橘子上插着一个厚纸板，上面写着“甜过初恋”，寥寥几个字，不仅勾勒出橘子的甜蜜，更由于白发苍苍的老人和“初恋”意象的彼此观照，令人心生万千感慨。

所以说，如果仔细观察，源自生活的文案比广告中的更动人，当然，前提还是先要学会广告思维，只有浸润了生活的智慧和真情实感并深谙消费者心理，才会有这样的神来之笔。

4.8.2 加强语势类修辞

1）排比

排比是把三个或三个以上内容相关、结构相同、语气一致的短语或句子连在一起，以表达一个相关的意思。

排比能显著增强气势，加强语气，是演讲中最常用的技巧，能使得内容变得煽动性十足。比如马丁·路德·金的经典演讲“我有一个梦想”，他的演讲中有多种排比句式，如短语排比、句子排比、段落排比，尤其是在演讲中反复高喊I have a dream，使得听众跟着演讲者一起群情激昂。

（1）短语排比

“一起工作，一起祈祷，一起斗争，一起坐牢！”

（2）句子排比

“让自由之声从纽约州的崇山峻岭响起来！

让自由之声从宾夕法尼亚州的阿勒格尼山响起来！

让自由之声从科罗拉多州冰雪覆盖的落基山响起来！”

（3）段落排比

“我梦想有一天，这个国家会站立起来，真正实现其信条的真谛

‘我们认为真理是不言而喻，人人生而平等’。

我梦想有一天，在佐治亚的红山上，昔日奴隶的儿子将能够和昔日奴隶主的儿子坐在一起，共叙兄弟情谊。

我梦想有一天，甚至连密西西比州这个正义匿迹、压迫成风，如同沙漠般的地方，也将变成自由和正义的绿洲。”

文案中的排比也可以加强语势，让文案看上去因为富于节奏感而更有力量。《国家地理》频道2010年的形象广告，因为层层推进的排比式文案，赢得了2010年国际电视宣传与营销联合会Promax最佳文案奖。整则文案，朴实又环环相扣，非常精妙地诠释了《国家地理》频道的精准定位，最后的文案“Live curious（好奇地活着）”，对受众是一种很好的感召。

“If you are alive， you breath.（如果你活着，你呼吸）

If you breath， you talk.（如果你呼吸，你说话）

If you talk， you ask.（如果你说话，你询问）

If you ask， you think.（如果你询问，你思考）

If you think， you search.（如果你思考，你探索）

If you search， you experience.（如果你探索，你体验）

If you experience， you learn.（如果你体验，你学习）

If you learn， you grow.（如果你学习，你成长）

If you grow， you wish.（如果你成长，你期许）

If you wish， you find.（如果你期许，你发现）

If you find， you doubt.（如果你发现，你质疑）

If you doubt， you question.（如果你质疑，你提问）

If you question， you understand.（如果你提问，你理解）

If you understand， you know.（如果你理解，你知道）

If you know，you want to know more.（如果你知道，你想知道更多）

If you want to know more， you are alive.（如果你想知道更多，你活着）

Live curious.（好奇地活着）”

步履不停的文案以“你……时”开篇，不断推进消费者的情绪，让消费者去留意那些日常中被忽视的风景，文案写得很美好。

“你写PPT时，

阿拉斯加的鳕鱼正跃出水面；

你看报表时，

白马雪山的金丝猴刚好爬上树尖；

你挤进地铁时，

西藏的山鹰一直盘旋云端；

你在回忆中吵架时，

尼泊尔的背包客一起端起酒杯在火堆旁。

……”

另外，在文案中除了概念性排比，还有场景性、事件性排比，就是将有某种联系的不同人物的场景或事件各自成段形成的排比文案，这主要体现在系列文案的创作中。比如这组蚂蚁金服的文案：

“自从姑娘教会我用支付宝寄快递，最喜欢隔三岔五给她寄吃的，想不到她不回家也能吃到我亲手做的腊肉，就很开心。”

“以前玩航模，总被人说不务正业，今年用花呗租了架无人机帮村里的乡亲们洒农药，大家都夸我‘厉害’。”

“自从孙女给我弄了支付宝，每天早上来买饼的年轻人翻了倍，他们夸我，‘阿婆你好潮啊！’”

2）反复

反复是指为了突出某个意思，强调某种感情，重复使用某个词语或句子，以加深印象。反复分为连续反复与间隔反复，连续反复是指相同的词语或句子无间隔地重复，间隔反复是指相同的词语或句子间隔出现，中间有其他词语或句子隔开。

比如，奔驰在2018年为其关注全球女性的项目拍摄的广告片以不同女性之口，说出了独属于她们的宣言，文案充满独立自信，展现了现代女性的价值观。例如，“她有三千烦恼更有万千解药”“买包解决不了的问题，背包试试”“做好大孩子，才能养好小孩子”，几句文案在意思上有反差，形式上有重复，让文案读起来颇有哲理意味。最后的广告语是，“遇见知己，更看见自己”，文案简洁有力，鼓励女性做自己，收获了很多女性的共鸣。

再比如别克英朗的广告，“你说要好看，其实是要成为他们的骄傲。”“你口口声声的安全，其实是因为所有重要的都在车上。”“你说空间要大，其实是，你喜欢一家人挤在一起”，这其实是通过系列广告形成的排比效果，但是这里面的广告语“懂你说的，懂你没说的”属于间隔反复。

以下这些优秀的文案也都运用了反复的修辞手法：

“将所有的一言难尽，全部一饮而尽。”（红星二锅头）

“改不了加班的命，就善待加班的胃。”（方太蒸箱）

“自律给我自由。”（keep）

“十年的账单算得清，美好的改变算不清。”（支付宝）

“长得漂亮是本钱，把钱花得漂亮才是本事。”（全联）

“答应孩子早点回家，你却提着早点回家。”（某地产）

3）双关

双关是指利用词语同音或多义的条件，使一个语词或句子在特定语境中产生双重意义，有谐音双关和语义双关两种，利用同音构成的双关叫谐音双关，利用多义构成的双关叫语义双关。

双关使语句有双重含义，言在此而意在彼，从而使语言表达变得含蓄幽默，同时加深语意，给人以深刻印象。例如，近年来市场上非常火的一个皮靴品牌Timberland，它在中国有一个令人叫绝的双关语中文名——“踢不烂”，这一命名既是Timberland的中文音译，又体现了它结实耐穿的特点——怎么都踢不烂。此外，Timberland在2018年还拍摄了一部品牌宣传片，来诠释踢不烂的品牌精神。全片没有任何人物出镜，只有一双鞋子作为主角，配以旁白讲述这双鞋子的心路历程，角度很新颖，广告片里的品牌文化非常有感染力。文案全文如下：

“忘了从什么时候起人们叫我踢不烂，而不是Timberland。

从那阵风开始，当我被那阵风亲吻，被月光、星光、阳光浸染，被一颗石头挑衅，然后用溪流，抚平伤痕。

当我开始听到花开的声音，当我不小心闯对路又认真地迷过路，当我经历过离别又曾被人等待，当我需要、被需要。

我知道，已和一开始那双崭新的Timberland完全不同。

在时光里，我变旧、变皱，用伤痕覆盖伤痕。每天，当太阳升起，我又是全新的。

我走的时候，叫Timberland。回来时，才叫踢不烂。

但踢不烂的故事还远远未完成，踢不烂，用一辈子去完成。”

这里的“踢不烂”，不仅指鞋子踢不烂的好品质，同时双关了踢不烂的人生态度与精神，因而网友觉得它直击心灵、很治愈。这个品牌的官方中文名实际叫“添柏岚”，“踢不烂”本来是网友的戏称，可官方却顺着这个路子重新梳理，通过创意故事引发更大的传播，“踢不烂”也因此成为Timberland的超级符号，深受消费者青睐。

以下两则广告也运用了双关：

Jeep的一则平面广告，画面上就是一款怀旧版的Jeep汽车，右上角的文案是，“最初的那些动力，不用加油却陪你走了最久”，“动力”

和“加油”都是双关的词语，“动力”是产品功能持久的卖点，同时又是情感层面的“加油”，文案很有温情，容易让人产生信任感。

李维斯牛仔的文案“不同的酷，相同的裤”中的“酷”与“裤子”的“裤”谐音，既体现了李维斯牛仔裤是一种酷的象征，又表达了年轻人敢于炫酷、主张独特个性的精神。

这些也都是很好的双关文案：

“别说你爬过的山，只有早高峰。”（mini cooper）

“好险，有南山！”（南山人寿）

“买保险就是买平安。”（中国平安）

“管用五十年。”（日丰管）

4）顶针

顶针是指用前一句的末尾做后一句的开头，以使相邻两句首尾蝉联。顶针的设计能够让句子结构整齐、语气贯通，读起来朗朗上口。顶针主要用于广告语的写作当中。

“今年过节不收礼，收礼还收脑白金。”（脑白金）

“车到山前必有路，有路必有丰田车。”（丰田）

“大石化小，小石化了。”（治结石病广告）

“多喝水没事，没事多喝水。”（瓶装水品牌）

“去哪里不重要，重要的是去啊。”（阿里旅行）

5）回环

回环和顶针有点像，是指前后两个句子的语词顺序互为逆反，具有回环往复的修饰效果。

“痛则不通，通则不痛。”（广州追风透骨丸）

“美味源家乐，家乐添美味。”（上海家乐系列调味品）

“万家乐，乐万家。”（万家乐热水器）

“服月月舒，月月舒服。”（月月舒颗粒）

"客上天然居，居然天上客。"（天然居酒楼）

最后这则文案"客上天然居，居然天上客"，后句是对前句的依序完全回环，同时又巧妙地表达了对顾客的赞叹之意，尽显了创意的精妙。

4.9 陌生化：新奇唤发感知

"陌生化"最初是一个文学理论，是由俄国形式主义评论家什克洛夫斯基提出来的，最早应用于诗学领域。这个理论强调的是在内容与形式上违反人们习见的常情、常理、常事，同时在艺术上超越常境。它的基本构成原则是，通过表面互不相关而内里存在联系的诸种因素的对立和冲突，制造"陌生化"的表象，进而给人以感官的刺激或情感的震动。①

《心理学纲要》指出，人们对外界的刺激有"趋新""好奇"的特点，而那些"完全确实的情境，也就是没有什么新奇、惊奇、挑战的情境是极少能引起兴趣或维持兴趣的"。换句话说，只有新奇的东西才能唤起人们的兴趣，并保持兴趣，而"陌生化"正是化熟悉为新奇的利器。

4.9.1 语言的陌生化

我们先看几个语言陌生化的诗歌案例：

"我们这样站着/温柔地呼唤风/像呼唤姑娘们/使大地上所有的树木都涨满绿色的帆。"（江河《让我们一起奔腾吧》）

"黄昏蹒跚在苍茫的原野上。最后看见它好像醉汉似的颓然倒下，消失在黑夜里了。"（黄药眠《祖国山川颂》）

① 李建中，李远. 论"陌生化"和"象征化"的异同［J］. 中国文学研究，2017（4）：63.

“我是你河边上破旧的老水车，数百年来纺着疲惫的歌。”（舒婷《祖国啊，我亲爱的祖国》）

这些诗句中很明显运用了比喻、拟人等修辞手法，虽然这会增加读者理解诗歌的难度，延长了感知时间，却因为陌生化的语言使人们在反复品味中获得一种审美愉悦，这就是陌生化语言的独特魅力。

4.9.2 广告语言的陌生化

广告语言的陌生化，其本质也是突破语言的固有约定，超越日常语言传播的常规习惯，通过重新构造语言的事实陈述方式，瓦解人们对语言的常规反应，从而唤醒感知力，引起人们的注意和探究行为，促使无意注意向有意注意转化，让人们充分领略广告的内容和主题。

广告语言陌生化的具体途径主要有三个：语义陌生化、语音陌生化、语符陌生化。①

1）语义陌生化

分为两个层面：一个层面是语义修辞的“陌生化”，是指运用常规修辞辞格来取得的语义关系的“陌生化”，我们上文说的修辞就是属于这个范畴；另一个层面是指语义超常搭配，即打破语词之间固有的搭配方式，使新的语词搭配方式呈现出一种超越常规的语义关系，从而引起受众的好奇，进一步探究广告的内容。

具体来看，上述两个层面内容可以从以下7个方面予以体现：

（1）别解。所谓别解，是指在语用环境中，故意不顾词、语、句的原有意义，而是重返字面意义，以改变表意方向的一种修辞方式。

例如，伊莱克斯冰箱的广告语，“众里寻他千百度，你要几度就几度”。众里寻他千百度，本来是千百回的意思，这里别解成了温度。

---

① 袁义. 试析广告语言中的陌生化［J］. 山西大同大学学报（社会科学版），2008（2）：54-55.

我国台湾三味矿泉水，“四大皆空”，原本是佛教用语，所谓“四大”，指的是构成世界的四种物质：地、水、火、风。“四大皆空”就是指世界上的一切都是空虚的，是有关世界观的事。这里却用来指矿泉水的洁净卫生（无色、无味、无菌、无尘），属于大词小用，读后令人哑然失笑，印象深刻。

（2）拈连。拈连，又叫“顺拈”，指甲乙两个事物连在一起叙述时，把本来只适用于甲事物的词语拈来用到乙事物上。运用拈连，可以使上下文联系紧密自然，表达生动深刻。

例如，“活着的蔬菜，活着的味道”（味之素味精），“活着的”这一定语适用于蔬菜，有生命的生物，这里拈连给了味道。

“喝牛奶，喝新鲜，喝营养”（统一特级鲜乳），后面的新鲜和营养同样被拈连了“喝”这个动词。

“买保险，买安心”（保险公司），“安心”不是买来的，这里是拈连了一个结果。

（3）移就。所谓移就，是指甲乙两项事物相关联，把原属于形容甲事物的修饰语移来形容乙事物。移就会让文案更加具备新奇性，吸引消费者的好奇心。

比如，“冬日阳光从窗外溜进来，暖洋洋的情绪在家里悄悄滋生”（东润枫景），“身体有风，情绪微凉”（味丹青草茶饮料），都是把形容环境的词用来修饰人的情绪。

一则卫龙食品的广告，白色背景上展示着一根辣条，以及它的分解式的营养成分表：能量1527千焦（364.7177千卡）、蛋白质9.9克、碳水化合物48.6克……，这种分解介绍、性能配比的描述方式有没有觉得似曾相识？我们在前面章节中提到过，这里其实是模仿了苹果品牌的描述方法和设计风格，跨域使用的手法让消费者觉得很新鲜，话题性十足，起到了很好的传播效果，同时苹果品牌高端的定位调性也符合卫龙食品打造高端辣条的市场策略，属于巧妙借势。

（4）移觉。移觉又叫通感，是指在叙事、状物时，凭借人们各种感觉间的息息相通，用一种感官上的感觉来比喻另一种感官上的感觉。换句话说，就是让听觉、视觉、嗅觉、味觉和触觉等不同感觉相互沟通起来。

移觉是一种奇特的比喻，能使语言富于形象性，增强感染力。

“牛奶香浓，丝般感受。”（德芙巧克力）

“酸甜写在脸上。”（黑松葡萄柚汁）

“好吃看得见。”（华丰方便面）

“打开你的耳朵。”（有声书软件Storytel）

（5）移用。移用是指对于一些有固定的意义和用法的词语，利用这些词语的特点，临时改变它的用法和词性，从而收到一定的修辞效果。

比如，古词今用：“三碗不过冈”，这里的三碗指的是假酒、伪酒、劣酒，在公益广告创意中生发了新的意义。

异词汉用：“Just ADSL IT”（上海电信），看到会立刻想到 Just do it，这里的异词汉用其实也正是想达到这种效果，让你记住它。

方言通用：易福芬退烧药电视广告文案：

“螃蟹甲：咋的了哥们，让人给煮了？

螃蟹乙：哪呀，发烧了！

螃蟹甲：快整点易福芬吧！这玩意儿贼拉好使！”

易福芬的这则广告是把人们熟悉的东北方言应用于螃蟹的对话中，听起来很有喜剧效果。

（6）飞白。飞白是指明知错误（音误、形误、义误）而不予改正，还故意将错就错地加以记录或援引的一种修辞手法。

比如斯达舒的电视广告中，老妈对孩子说，“你爸胃病犯了，快去找斯达舒！……不是四大叔，是斯达舒”，这里就是故意说出品牌名“四大叔”的谐音，来加强受众记忆。

再比如冯小刚和周星驰曾拍摄的一个康师傅茶饮料的广告片，侠客冯小刚进一个小店，说，来，给我“沏杯茶”，店小二周星驰很快摆上“七杯茶”，通过语义上的误会来制造戏剧效果。

（7）活用成语。

包括以下三种：

第一种，套用成语，例如“随气应变”“见浊使舵”（松下空调），但现在这种创意方式所见不多了。

第二种，扩展成语，主要在于成语扩展后和产品的巧妙契合性。例如，“露露一到，众口不再难调”（露露杏仁露）、“出口便成章”（口述记录仪）、“聪明何必绝顶，慧根长留”（生发精）、“朝不九晚不五的打工人”。

第三种，借形，是完全使用原成语，但是语义已经结合产品特征赋予了新的意涵。比如“一毛不拔”（梁记牙刷）原意是极为吝啬，这里是指牙刷的高品质。“热气腾腾，蒸蒸日上”（电饭锅），语义结合产品有了全新的解释。

2）语音陌生化

语音陌生化主要通过语音韵律（音乐性或音乐美）求得广告语言的“陌生化”效果，包括节律“陌生化”（平仄，同音相配等）和声韵“陌生化”（押韵、双声叠韵等）等方式。

广告中常用的首先是同音相配：

“药材好，药才好。”（仲景药业集团）

“用心的妈妈会用锌。”（三精葡萄糖酸锌）

“朴雪口服液，补铁补血，效果真的不错。”（朴雪口服液）

这里面前后句都有同音或近似音形成的节律陌生化，在好记的同时，也能激发联想。

其次，押韵是撰写广告语常用的手法，能让广告语听上去朗朗上口。

“一品黄山，天高云淡。”（黄山烟业）

“不在乎天长地久，只在乎曾经拥有。”（铁达时表）

“东西南北中，好酒在张弓。”（张弓酒）

“音乐与我同在，MTV无可替代。”（MTV音乐频道）

3）语符陌生化

语符陌生化，是指改造广告语言文字符号的视觉形式，使广告的语符形式相异于常规的日常语言的“陌生化”方式，主要通过视觉形式的文字符号的变化来实现，诉诸人们的视觉，包括语符变异、语符与辅助符号的结合、语符的图像化等。

（1）语符变异

是指语言符号的合成、转化、新变化等情况，包括语词变异和字符变异。

有一则中华好风尚主题公益广告：

“沃：土地肥，肥沃，沃土；灌溉，浇，沃田；姓。

世界没有水，剩下的是什么？

夭：未成年的人死亡，夭折，夭亡。”

它的表意方式是首先对“沃”进行字义阐释，中间一句主题文案：“世界没有水，剩下的是什么？”然后对“夭”进行字义阐释。这里其实就是通过对字的拆解，来达成广告的警醒目的。

WWF世界自然基金会的一则环保公益广告，画面上前后写了四个字：“森 林 木 十”。前三个字的逻辑关系，显然是木越来越少，最后的一个字是十字，再加上影子，很容易让人联想起十字架。这个广告的传播目的显而易见，就是保护树木，保护森林，关注森林资源的可持续发展。

麦当劳，曾推出“我就喜欢”系列文案，文案的标题初看很令人不解，比如其中的三则三幅，分别是“我就喜欢没骨气”“我就喜欢娘娘腔”“我就喜欢被人指指点点”，看完整的平面广告及文案才会令人恍然大悟。

“我就喜欢没骨气。

骨软下去的时候，意志渐渐强大起来。

身体被呼吸充满的时候，思绪回到真空的状态。

时间并没有在这里停留，只是怕打扰，这一片宁静的呼吸。”

原来说的是做瑜伽。

“我就喜欢娘娘腔。

娇、润、脆、柔……

我承认，我没有男子气概。

从胡琴拉起的那一刻开始，每个身段，每个眼神中，我希望观众看到的，仅是一个苏三，一个白素贞，因为打动人心的是性格，不是性别。”

原来是演青衣行当的男生。

“我就喜欢被人指指点点。勿是开玩笑，帮俄指压按摩格个师傅啊，老来三咯！伊拿俄只脚底板，变成只遥控器，十几只键，阿里对牢阿里，伊闭牢眼睛还点得出！勿要太适意哦！”

原来说的是按摩。

这个系列文案的标题，也属于语符的变异，有点类似我们之前提到的飞白的手法，故意把词从历史的禁锢中解放出来，给它新的解释和赋予，从而吸引继续阅读。

（2）语符与辅助符号的结合

语符与辅助符号的结合，是指文字符号与数字符号、运算符号、图形符号等的融合。我们来看案例。

DDB广告公司虎年的形象广告，画面上只有一个“彪”字，仔细观察，发现“虎”字上面的三个撇是以翅膀的形态展示的，创意思想不言而喻，广告公司作为服务性行业，它的寓意是虎年为客户们如虎添翼。

丰田的一个广告，画面上是个繁体的“車”字，但是，中间的田字和其他笔画是用不同的字体展示的，所以，在繁体的“車”中，我们一下子就能拆解成什么字？——丰田。这个案例既有对语符进行拆解的应用，又有繁体字“車”作为图形符号的认知，很好地呼应了“车到山前必有路，有路必有丰田车”的创意诉求，创意思路非常巧妙。

（3）语符图像化

语符图像化是指用相应的图像来取代广告中的文字符号，以此来获得超越常规的创造性效果。

2008年北京奥运会的logo的独特之处在于，logo里的小人，既是一个北京的“京”字，同时还是一个张开双臂在奔跑中的人，既可以解读为拥抱胜利的姿态，也可以是热情的欢迎与拥抱。

玉兰油的广告暗藏玄机，整个画面只有中上部一个“47”的数字，右下方是产品图片和文案。在画面中间“47”中“7”的横线位置，滴了一滴玉兰油的面霜，所以数字看上去变成了“41”，配合画面上的广告语，“Correct your age（纠正你的年龄）”，广告诉求不言自明，玉兰油可以使你更年轻。

一个橙汁的广告，为了说明自己的100%原汁，用橙子的形象表现妈妈的乳房，旁边的文案是“mother nature”，让图文自然建立起关联——就像妈妈的乳汁那样天然。图文结合，实现了很好的诉求效果。

最后，需要强调的是，所谓的陌生化是为了服务于广告说服的目标，它只是我们诉诸说服效果的工具和手段，不能以图害义，也必须杜绝“形式自恋”，防止解读难度过大而出现理解障碍，此外，还要注意格调的适度，摈弃“哗众式陌生化”。

5

内容创意的互文性、夸张与隐喻

在研究了顶级文案九个方面的写作技巧之后，我们还需要在文案的内容创意方面，做进一步的深入探讨。其中，内容创意中的互文性、夸张和隐喻，是特别值得我们关注的内容，这些手法可以使内容创意更加生动、灵活、富有张力，增加内容的丰富性和深刻性。

5.1 互文性：创意越界的更高级形式

互文性理论是在西方结构主义和后结构主义思潮中产生的一种文本理论。这一理论的倡导者们认为，语言本体是世界存在的基础，世界上的每一件事物都是一个文本，于是世界就变成了一个无限的文本之链。一切的语境，无论政治的、经济的、社会的、心理学的、历史的还是神学的，都变成了一种互文本，这就意味着外在的影响和力量都被文本化了。[①]

5.1.1 互文性理论溯源

互文性这一术语最早由法国著名文艺理论家朱丽娅·克里斯蒂娃于20世纪60年代提出。在《符号学：意义分析研究》一书中，克里斯蒂娃这样解释互文性："任何作品的文本都是像许多行文的镶嵌品那样构成，任何文本都是其他文本的吸收和转化"，[②] 即指两个或两个以上文本发生的互文关系，一方面两个具体或特殊的文本之间可能构成某种关系，另一方面某一文本可以通过记忆、重复、修正，向其他文本产生扩散性影响。

互文性观点认为，任何文本都是众声喧哗的杂语世界。叙事

① 程锡麟. 互文性理论概述［J］. 外国文学，1996（1）：72.
② 朱立元. 现代西方美学史［M］. 上海：上海文艺出版社，1993.

学家杰拉尔·普林斯在《叙事学词典》中将互文性定义为，一个确定的文本与它所引用、改写、吸收、扩展或在总体上加以改造的其他文本之间的关系，他认为只有根据这种关系才能理解这个文本。[①]

罗兰·巴特（Roland Barthes）也曾探讨过文学语境中的“互文性”。他指出：“任何文本都是互文本；在一个文本之中，不同程度的并以各种多少能辨认的形式存在着其他文本。任何文本都是过去引文的一个新织体。”[②]

所以，杰拉尔·普林斯说：“你中有我、我中有你、相互衍生、相互暗指、相互包含，这便是互文。”

因此，一部作品并不单纯是某一作者的产品，而是它与其他文本之间、与语言结构本身之间的联系。后现代主义者认为没有真正独创的文本。所有文本都是“互为文本”，都是相关、参照于其他文本。由此看来，互文性现象是广泛存在的，任何一个文本形式都不是孤立的，不管是文学文本还是非文学文本，它都会与其他文本以某种特定形式存在联系。

5.1.2 广告为什么要互文

互文性理论同样适用于广告作品创作。广告文案其实就是广告作品的文本，为了达成广告目的，广告语言需要标新立异，引发参与，无论在语域还是语体上都具有极大的开放性和包容性。具体表现为文案由于诉求于不同的目标对象，因而各种语言表达方式、各类语体几乎无所不包，无所不为其用，而这各式各类语言、语体的相互交织、交融与混合，必然构成互文。

---

① Prince Gerald. A Dictionary of Narratology [M]. Lincoin: University of Nebraska Press, 1987.

② 王一川. 语言乌托邦 [M]. 昆明：云南人民出版社，1994.

那么，互文对于广告有什么意义呢?

1）互文能够焕发注意价值

例如2024年瑞幸咖啡为几个热门城市的门店推出了一组城市谐音梗文案，巧妙地将城市门店、地域特色与品牌联系到一起："苏州自有黄金屋""深圳不怕影子斜""怎么可以好喝到这个成都""没有买卖就没有上海""到点下班天津地义""人生就是吃喝拉萨睡""这味道真让人汕头"。这组文案既表达了品牌的门店规模，还突出了产品卖点，同时城市谐音梗的互文海报让消费者倍感亲切，拉近了品牌与消费者之间的距离，很大程度上焕发了消费者的有意关注。

2）互文能够提升联想价值

2020年中国银联发布一系列诗歌长河文案，并将一条写满古今诗句的长河，悬挂在张家界武陵源的峭壁上，"念着诗长大的孩子，遇到的每一条瀑布，都有三千尺。每个中国人，都曾在这条河上垂钓乡愁。那些穿透石头的象形文字，从《诗经》流到我们每根神经。低头的时候，就有一轮明月从秦朝留下来。一千年来，我们饮酒，望月，千金散尽，成为李白的一条支流。愿你握住千里烟波，一字一句，续写中国。"全文援引李白诗歌的意象，借用模仿，用号召力的口吻，呼吁受众积极参与到文化的传承上来，让读者产生深切的情感共鸣与文化触动，产生对文化传承的责任感与使命感。对文化的想象升华了整则文案的主题与情感内涵，具有深刻的文化价值与情感引导力。

3）互文还能够增强记忆价值

比如，一些产品的译名，P&G的中文名是"宝洁"，与日常生活中常用的词语"保洁"谐音，所以让中国的消费者一看就能记住。再比如"飘柔""海飞丝"，这些品牌的译名，不仅看了有联想，而且产品的作用也一目了然，让消费者看过几次就记住了。

5.1.3 广告的互文手法

好的广告互文就是能在第一时间激发受众的参与与联想，让人印象深刻。

常见的互文手法有三种，即引用、典故与仿拟。

1）引用

比如，杜康酒借用曹操《短歌行》中的诗句，“何以解忧，唯有杜康”，让受众对商品产生美好的文学想象。百事可乐与黑神话·悟空的联名宣传片，引用清代文人李汝珍的长篇小说《镜花缘》中的“尽人事，听天命”，将文案改编成“尽百事，胜天命”，不仅符合黑神话·悟空的游戏内涵和悟空的人物特性，还巧妙地将百事可乐的品牌名称融入进去，又体现了中国文化内涵，一举三得。

2）典故

星河音响的文案，“高山流水觅知音，星河音响成佳友”，借用我国春秋战国时期俞伯牙与钟子期的故事，引发大家的联想，消费者会潜意识中很自然地联想到，广告中的音响仿佛就是俞伯牙在等待知音的出现，而自己就是善解琴音的钟子期。

3）仿拟

“A Mars a day keeps you work， rest and play.”这是玛氏糖果的文案，看到会立刻让我们想到那句耳熟能详的谚语，“An apple a day keeps a doctor away”，无形中就加深了受众对这句广告语的印象。

5.1.4 广告的互文表现

广告互文的具体表现包括对传统文化元素的借用模仿、对流行文化元素的借用改编，以及广告语言的“内互文性”三个方面。接下来我们分别加以阐析。

1）对传统文化因素的借用、模仿[①]

（1）引用诗文名句

2020年我国台湾麦当劳发布一组题为“深夜麦当劳遇见孔老夫子”的图文漫画，在教师节重新激活经典餐点的讨论度，赋予品牌更多的连接与情感。创意人员从1.6万多字的《论语》中找出各种能巧妙联系到麦当劳餐点，以及让麦当劳消费者有共鸣的经典名句，赋予《论语》全新的现代解释。例如，“朝闻道，夕死可矣”变成了“朝闻到，cheese可以”，其含义从原本的“早上得知真理，当晚死去也未尝不可”变为“早上闻到福满堡cheese的香味，真的很可以”；“学而时习之，不亦说乎”变成了“share食惜之，不亦说乎”，从“学习并且不断温习，不也是一件愉快的事吗?”转化成“有朋友愿意点分享餐要好好珍惜，独乐乐不如众乐乐啊”；“子贡问政。子曰：足食，足兵，民信之矣。子贡曰：必不得已而去，于斯三者何先？曰：去兵。”到了这里孔子的回答却已经变成了“去冰，谢谢”。该系列广告巧妙地选取了儒家经典中的著名语句，通过对这些经典语句进行谐音替换与情境改编，将麦当劳的产品特色与传统文化紧密相连，其实质是以一种诙谐幽默的方式对经典进行 “恶搞”，这种创意改编顺应了当下轻松幽默、创意翻新的流行文化趋势，是对互文手法的巧妙运用。该系列广告获得2021年我国台湾广告流行语金句奖“年度十大社群文案”。

现今网络上基于对原作品的元素进行改编、仿作或引用的二次创作非常火爆，其原因就在于人们会在二次解读中生发出新的理解与趣味性，由独乐乐变成了众乐乐，大家在参与创作、解读、评论、转发的过程中重新解读内容，延展链接，从而获得更丰富的认知，收获共

① 李文斌. 试论广告语言的互文性特点［J］. 安徽农业大学学报（社会科学版），2008（5）：101-103.

创的快乐。其实，广告的互文也同样是这个道理。早期的文案大师希道尔·麦克马纳斯说："广告的效果应该建立在读者阅读时的心理暗示和自然联想上，在文案中要强调通过阅读者的二度创作来达成广告传递完美形象的目的。"那个时候的二度创作主要指阅读者自己对文字的深入解读和联想，从而对广告中的产品记忆深刻。新媒体时代让分享和传播成为可能，互文性创作有了更大的可发挥空间。

（2）对成语的引用

"一诺千金"（运通银行信用卡）

"项庄舞剑意在沛公。沛公酒，增美人姿色，壮英雄虎胆。"（沛公酒）

"身临其境"（新正电视机）

"得心应手"（天骄照相机）

其中，运通银行信用卡的广告整版用黑色做底，只是在广告的中心部位有一张金色的信用卡，下面只有四个字："一诺千金"。整个画面非常整洁、典雅，没有更多的语言，但一切却尽在其中；成语"项庄舞剑意在沛公"出自《史记·项羽本纪》，广告中是通过成语典故引出产品名称"沛公酒"，有助于人们通过联想记住产品；另外"身临其境"和"得心应手"都很巧妙地点明了电视机、照相机的功能，使得文案言简意赅。

"外强中干"（相机防潮箱）

"春风满面"（微风吊扇）

"两面三刀"（多功能菜刀）

"无中生有"（生发剂）

这一组和上一组不太一样，它用的不是原成语约定俗成的意义，而是借用字面意义与产品性能的相关关系，进行转义的理解。属于我们之前提到的陌生化中的借形。其中，"外强中干"本来是一个贬义词，形容人或事物表面好像很强很好，而实质非常虚弱差劲，但这里的意思是：这种相机防潮箱外壳非常坚固，里面也很干燥，是存放相机的最佳选择，很幽默风趣而贴切地强调了商品的性质与优点；“满面春风”一般形容愉快和蔼的面容，这里是用它的字面义“春风吹拂整个脸庞”，让人有如沐春风之感；“两面三刀”是贬义词，比喻人居心不良，当面一套、背后一套，但这里却是在形容“一把菜刀正反两面，具有多种功能”，反贬为褒、出奇制胜；用于生发剂广告的“无中生有”，显然已经偏离了其“凭空捏造”的常用义，用以展现的是该生发剂具有让秀发重生的神奇功效，非常生动而形象。

（3）引用典故

潮州市韩江酒楼的广告可谓引用典故的典范：

“韩愈送穷，刘伶醉酒；

江淹作赋，王粲登楼。”

这则酒楼的文案非常精妙，里面引用了四位历史名人的典故：著名文学家韩愈、“竹林七贤”之一的刘伶、擅长作赋的江淹，以及“七子之冠冕”的王粲。这四位古人，都曾因失意落魄而以一腔愁绪寄诗酒，文案借此将他们与酒楼巧妙联系起来。再仔细看一下，这里的“韩江酒楼”是内嵌于句子的首尾的，确实匠心独运。

一个某厂商荔枝罐头的广告用到了杨贵妃喜欢吃荔枝的典故。画面上先是唐朝杨贵妃千娇百媚的形象，她站在城楼上焦急不安，望眼欲穿。接着画面切换到盛产荔枝的南国，一名武士左手提着满篮令人垂涎的鲜荔枝，右手拿着马鞭，日夜兼程，身后扬起一路尘烟，不知情的老百姓还以为又发生了紧急战事。武士历尽千辛万苦，终于到了长安，杨玉环喜出望外。这时候画外音：“一骑红尘妃子笑，无人知是荔枝来。”

（4）引用俗语

“吃不了兜着走。”（饭店）

“天有不测风云，我有人身保险。”（保险公司）

“人靠衣装，美靠亮妆。”（亮妆化妆品）

“有电不亮无电亮。”（应急灯）

“大食化小，小食化了。”（江中健胃消食片）

“劝你不要，keep一套，饿了么一套。”（饿了么与keep联名）

其中，饭店的“吃不了兜着走”，是一个出于公益的品牌主张，号召消费者共同低碳，不要浪费。“天有不测风云，我有人身保险”，是要我们做好风险管理，一旦风险降临，保险可以帮助你降低损失。亮妆化妆品通过引用俗语，引导消费者认知“门面功夫”除了靠衣着还要靠装扮。“有电不亮无电亮”把一个平时有回旋的二选一，改造成了应急灯的即时补位，以备不时之需。“大食化小，小食化了”通过对“大事化小，小事化了”的借用模仿，替换一个字重新进行意义诠释。“keep一套，饿了么一套”改编自俗语“当面一套，背后一套”，前面加上“劝你不要”是想表达减肥的人应该迈开腿，管住嘴。

（5）引用格言

“沉睡是金。”（帮宝适儿童纸尿裤）

“生命在于运动。”（银燕牌冰鞋）

“真金不怕火炼。”（金正DVD）

其中，“沉睡是金”体现了一个非常棒的洞察——宝宝睡得好，妈妈就睡得好。这样的一句文案会对妈妈有很强的感召力。银燕牌冰鞋的文案没有诉求自己产品的质量，而是把格局抬高到关照消费者健康的高度。金正DVD产品品质已经成熟，所以“真金不怕火炼”。

（6）引用神话传说

绿箭有一则动漫版的广告“鹊桥篇”，引用的是牛郎织女的神话故事：七夕之夜，牛郎早早在鹊桥边守候着织女的到来。金风送爽，彩云飘动，美丽的织女如约而至。牛郎迎上前去，刚要亲吻织女，没想到织女掩嘴跑掉了，喜鹊们也飞走了，原来她闻到了牛郎的口气。正当牛郎不知所措之时，一只喜鹊衔来了绿箭口香糖，于是牛郎织女又可以共享“金风玉露一相逢，便胜却人间无数”的美好时光。这支广告其实运用了恐惧诉求，再美好的爱情也会被口气打败，那你还有什么理由不清新口气，绿箭一下呢？

一则洗发水的广告：美丽的公主不幸在森林中迷路了。疲惫不堪的公主倒在草丛中昏睡过去。年轻英俊的王子来到公主的身边，用花香唤醒了公主，并且将公主带到溪水边，用洗发水为公主洗发。洗完头发的公主，长发飘逸，神采焕发，与王子过着快乐的时光。这则洗发水广告，显然是运用了格林童话中公主与王子的神话故事。对神话典故的借用，有些是继续维持原本美好的样子，就像该则洗发水广告，有些是在里面加上了现代价值理念的内容，比如我们在第一章中提到的英国美发工具品牌GHD的视频广告，同样是借用灰姑娘的故事，但故事线却在最后呈现了反转，灰姑娘不再依附于王子，而是坚定自信地弃王子而去。古为今用的情节，同样给人以深刻印象。

2）对流行文化元素的借用、改编

（1）对流行音乐的借用

《酸酸甜甜就是我》（蒙牛酸酸乳）

《惊蛰令》（蕉下）

“你爱我，我爱你，蜜雪冰城甜蜜蜜。”（蜜雪冰城）

《我记得》（华为）

这里分为两种类型，一种是为品牌打造广告歌曲。例如，《酸酸甜甜就是我》是蒙牛为其酸酸乳饮品打造的广告歌曲，这首歌由张含韵演唱，广告歌曲的轻快旋律使得其传唱度非常高，而《惊蛰令》则是蕉下品牌为其轻量化全地形户外鞋创作的广告歌曲，谭维维演绎的民歌风格与品牌气质达成深度互文，不仅成功地为品牌注入了独特的文化内涵，还显著提升了消费者对产品的认知度，为品牌的发展注入了新的活力。

另外一种是对曾经传唱一时的流行歌曲中的部分歌词进行改编引用，比如，“蜜雪冰城甜蜜蜜”，就是借用了美国乡村民谣《哦，苏珊娜》的曲调重新填词。2024年，华为引用赵雷原创歌曲《我记得》，视频以“我们的声音里藏着什么，从出生起就让父母难以忘记”这一疑问句开头，视频中分别邀请了三位声线相近的参与者共同演唱这首歌曲，通过声像处理，将他们的声音分别设置在左中右三个方位，借助耳机的无损音质，呈现歌声中细微的差异，并邀请其中一位的父母从中找出自己孩子的声音。原歌曲《我记得》所蕴含怀旧、思念和温情的情感，与广告中母子间深厚的情感相呼应，使得产品与消费者的情感体验紧密相连。该广告短片借用这首歌曲，不仅触及了广泛人群的文化和情感记忆，唤起了许多人对自己亲情的回忆，也展现出华为不仅仅是科技创造者，也是有感情有温度有人文关怀的品牌。

（2）借用影视作品

借用影视作品也有两种类型，一种是对影视热点的借用，可以扩大广告的影响力；另外一种是对经典影视作品的致敬，借人们耳熟能详的作品来提升广告的文化品位。

第一种，例如商务通、银鹭花生牛奶的广告语，“呼机，手机，商务通，一个都不能少”“正点美味，一粒都不能少”，这很容易让消费者联想起张艺谋的电影《一个都不能少》。

第二种，例如电视剧《三国演义》播出以后，“三国”成为社会上的热门话题，善于借势的企业迅速出击，围绕三国出了一系列文案。比如酒类的“喝诸葛亮家酒，计上心头”“何以解忧？唯有汝阳杜康”，东风汽车的“万事皆俱备，成功靠东风”，胃药的“我是魏延（胃炎）我怕谁”“魏延（胃炎）不治，必成后患”等。

曾经还出过一个三国题材的电视广告，也是关于胃药的，画面开始是一个京剧打扮的魏延，在舞台上大喝“谁敢杀我”，喊到第三声时从天上掉下来一盒巨大的胃药，把魏延压在了下面……后来又有了一个版本，是京剧打扮的诸葛亮和姜维，姜维说：“军师，魏延他——”诸葛亮说：“魏延不治，必是后患。”姜维就要拔剑，诸葛亮伸手阻止，然后从袖子里掏出一盒胃药说：“治魏延（胃炎），要用它。”

凌仕香水的广告致敬了多部经典影片。这部广告片讲述男女主生命轮回多个世代都一见钟情，但就是爱情多舛而无法在一起，在最后的一幕中，再次重生到现代的男孩在便利店购买了凌仕香水，在身上喷完之后，奇迹出现了，女孩儿循香而来，二人相遇，最后打出广告语，“别把你们的相遇交给命运”。在这个广告中展示了多个场景，包括第四季冰河时期结束、庞贝维苏威火山爆发、十九世纪末伦敦街头、泰坦尼克号冰海沉船、第二次世界大战等，是对《庞贝城的末日》《埃及艳后》《泰坦尼克号》等影片的经典情节还原，进一步增加了邂逅的唯美与最终相遇的戏剧性。

（3）借用经典绘画作品

对经典绘画作品的借用，可以让创意更富于趣味性，消费者在对比中完成对产品的认知和解读。我国台湾世好啤酒要推广它的曲线形新罐装，借用了达利著名的画作《记忆的永恒》。在这幅画当中，流淌的时钟、怪诞的形象，如梦境一般的表达本身就具有巨大的吸睛效果，在这样的画面中放置一罐现代的啤酒，好像一下子把我们从梦境拉回现实，产生了独特的戏剧化效果，也因此让大家记住了世好新罐装。

一则提倡运动的公益广告，借用米开朗基罗的雕塑作品《大卫》，但展示的却是一个身材臃肿版的大卫雕像，配合下面的广告语“If you don’t move，you get fat（如果不运动的话，就会变胖）”，让人自省，连这么健美的大卫不运动都会变成个胖子，何况是自己呢？

3）广告本身的内互文性

广告本身的内互文性主要体现在竞争品牌之间的广告诉求。

例如，20世纪90年代我国的两个热水器品牌万家乐与神州，两个品牌各自定位不同，选取的品牌代言人也不同，万家乐邀请总是出演正面角色的大气典雅的汪明荃代言，神州则邀请著名谐星沈殿霞代言，这两位明星在当时都是非常知名且有影响力的。广告文案也很有意思：

“神州热水器，安全又省气。”

“万家乐，万家欢乐，岂止安全又省气。”

“全国质量评比，两个100分，双双荣获A级，神州牌热水器。”

“万家乐热水器，轻工部优，A级榜首。”

“万家乐崛起神州，挑战海外。”

“款款神州，万家追求。”

“我用过很多的热水器，万家乐是最好的。万家乐，乐万家。”

“讲究安全，追求完美，我说还是神州好。”

可以看出，两个品牌的文案之间彼此互文，以此针尖对麦芒，给消费者留下了深刻的印象。[①]

再比如，曾经有三种功效相似、同为解酒护肝的产品。海王金樽最先推出，“用海王金樽，第二天舒服一点”。云南天恒药业天恒海量则说，“天恒海量，第二天舒服多了”，以直接对决的态度，一针见血

---

① 需要注意的是，我国现在的广告法不允许做比较广告，因此上文的比较话语在今日已经不合时宜。

地切入市场。之后，又有公司出了另一款保健酒产品——椰岛海王酒，广告语是“舒服不止一点点”，显然这里也是借力打力，和上述两则广告在语言上形成了互文。

互文的手法在竞争品牌之间屡见不鲜。2016年3月7日，宝马迎来了100周岁生日（注册于1916年3月），它的老对手奔驰（创建于1871年）在Twitter和Facebook上给宝马送上了祝福。奔驰说：“感谢100年的竞争！没有宝马的那30年，是有点儿无聊！”拿宝马来调侃一番，说明自己的历史比宝马还要长30年。宝马迅速回敬道：“I was not when you were born， You were old when I was born（君生我未生，我生君已老）”，并说了句：“谢谢！”同时配了一幅看上去像戴着一副老花镜的“双肺前脸”图，在下面画了个胡子，给人一副老态龙钟的感觉。

百事可乐和可口可乐的互怼更是常见常新。百事可乐在万圣节做了一个广告讽刺可口可乐，让百事可乐罐子穿上一个可口可乐的披风，附上文案“祝你有一个恐怖的万圣节”，暗喻可口可乐是妖魔鬼怪。没想到可口可乐很快以其人之道还治其人之身，原图没变，只是改变了文案，“每个平凡人都渴望当英雄”，暗指百事可乐是平凡的，而可口可乐则象征着英雄。

此外，广告的内互文性还体现在同一品牌在不同时期广告运动上的互文表现。例如，美国的“牛奶胡子”运动。这个运动最早是在1994年发起的，原因是那个时候美国的牛奶销售量大幅滑坡，为了遏制这个势头，美国国家牛奶公司联合广告公司，发起了被称为“牛奶的活力”的大规模的平面广告运动。这个活动先后起用了80多位名人，包括世界范围内的影视体育明星。因为明星众多，而且都广受欢迎，所以后来人们甚至以是否代言过这个产品来判断一个明星的影响力，导致很多明星愿意免薪酬来参与代言活动。在这个运动中，真正有标志性意义的是两样东西，一是名人们喝完牛奶在上唇上留下的一抹牛奶痕迹，另一个是广告语“牛奶胡子”。

因为广告的影响力实在巨大，若干年后，尽管时过境迁，但是这个广告活动的魅力仍然持续。所以在后来美国国家牛奶公司进行新一轮的广告宣传中，再次移植了先前广告中具有标识性的内容，并且保留了被大众所熟知的“牛奶胡子”。

5.1.5 广告互文的启示与创作注意

1）旧元素，新组合

前文谈到广告创意的方法，本质上是旧元素的新组合，这一概念的提出者广告大师詹姆斯·韦伯·扬说：“广告上的创意，是把做广告的商品与消费者特殊的知识，以及人生与世界各种事物的一般知识，重新组合而产生的。”所以，与其说，广告要有独创性，不如说广告要有互文性，因为广告创意的“创”并非凭空想象和捏造，而是一种对广告的商品消费者及其生活形态的充分认知、理解前提下的有目的的诉求，必须选择消费者所熟悉和喜爱的内容与形式，从平凡中挖掘深刻，在平淡中构筑神奇。

比如说，“Better late than the late.（迟到总比丧命好）”这是一句向司机宣传谨慎驾驶、安全行车的广告口号，源自英语成语“Better late than never”，意思是“晚来总比不来好”。这则广告就是从旧有的元素中合理发掘出新的内涵，使旧元素焕发出新的生命力。

再比如Vandermint酒广告[①]：

“Vandermint isn't good because it's imported; it's imported because it is good.（好酒不在进口，进口必是好酒）”

① 边立红，喻红华. 互文性给广告翻译带来的启示［J］. 重庆交通大学学报（社科版），2009（9）：124.

文案令人感觉似曾相识。它其实巧妙借用了我们文学文本里的“山不在高，有仙则名；水不在深，有龙则灵”，所以看上去既觉得亲切，又感觉很时尚。

那么怎么锤炼我们互文的本领呢，这一方面依赖知识的积累和融会贯通，另一方面依赖我们对生活的热爱，对热点的敏锐把握，以及对消费者心理的反复揣摩与洞察。

2）互文是越界的更高级形式

越界和互文不同，越界是过程，是动作，但没有之后的结果，越界之后才会发生“互文”，就像嫁接之后要共生，这样才可以产生一个全新的生命体。[①] 央视的一个禁烟公益广告——名画篇，将很多幅名画组合成一个故事。这个广告给我们的启示是，互文性强调吸收、改编、戏拟和模仿，但是互文写作从来不是完全模仿，而是在改编基础上的共生文本。

再比如RIO的一则经典广告。2024年清明节后，在万众打工人叫苦连天的调休日中，RIO微醺与林黛玉跨越时代联名，打造广告片“我在人间黛醉上班”，并推出系列广告海报。RIO抓住了林黛玉本身的性格与说话方式皆带有“阴阳”的特点，这与微醺的状态有点相似。在广告中，林黛玉用“黛玉式阴阳怪气”的独特伶俐式话语，犀利吐槽职场中画饼、摸鱼、背锅的种种糟心琐事，极具反差和吸引力，如“本想下班约个会，巧了，客户也想约个会”“横竖就这点工资，倒人人都能使唤我了”“谁把我摸鱼了，你摸了，我摸什么”“有别的软柿子愿意背锅，也不至于寻我”等。在全网齐发疯的时代，微醺，正如当代年轻人的精神状态，在正常与发疯之间保持着巧妙的平衡。RIO洞察当代年轻人心理，以全民皆知的人物深度结合职场场景，进行场景化饮用的心智输出。这里，林黛玉与RIO的联名不仅仅

① 小丰，子路．文学与广告的互文实验［J］．中国广告，2007（3）：148．

是越界，更是通过对大家熟知的林黛玉的经典话语进行借用改编，使其化身打工人嘴替，形成职场新的“阴阳”话语体系，从而引发讨论，形成热度。

3）要注意互文的文化语境

法国迪奥公司曾推出一款香水，在欧美命名为Poison（毒药），在中国被冠名为“百爱神”。在西方人心中，“毒药”是一个新奇而又刺激的名称。[①] 自带毒药的女人，他们会想到特洛伊战争中的海伦，想到莎士比亚笔下的朱丽叶，西方人因为喜欢这个名字而让这款香水获得了大卖。但是中国人说女人是迷惑人的毒药，简直就是在说红颜祸水的意思，香水的营销人员显然很了解中国女性的文化心理，把它改名叫“百爱神”，就很受中国女性喜欢了。

另外一个案例是三菱汽车。在美国，它的广告语是Not all cars created equal，对应的语境是美国《独立宣言》中的“All men are created equal”。广告语采用否定句，恰恰道出了该车优于其他车的性能。但是在中国，广告语改成了“古有千里马，今有三菱车”，深谙古时候的千里马在中国人心目中“一日千里”的文化形象，对中国消费者很有感染力。

最后，我们再看两则失败的案例。2003年，一汽丰田为了推广新车，在《汽车之友》杂志上刊登了霸道的广告。画面上，霸道威武地行驶在路上，而两只石狮蹲坐路旁，一只挺身伸出右爪向“霸道”车作行礼状，另一只则低头作揖。配图的文案是“霸道，你不得不尊敬。”广告刊出后，很快就有大量网友表达了愤怒之情。网友们认为，石狮是中国的图腾，在我国有着极其重要的象征意义，代表权利和尊严，而丰田广告让石狮向霸道车敬礼、作揖，反映了对中国的极度不尊重。

---

① 贺川生. 商标英语［M］. 长沙：湖南大学出版社，1997.

2004年立邦漆的广告中，在一个中国古典式的凉亭上，亭子的两根立柱上各盘踞着一条龙，色彩黯淡的左立柱上，龙紧紧地攀附着柱子，但色彩光鲜的右立柱上，盘龙却滑落下来，创意不言而喻。但从文化心理上而言，创意人员特意拿作为中华民族象征的龙来作为创意的对象，会让人觉得别有用心，这是中国消费者所不能接受的。

这两则广告都在很快的时间内就被撤下，同时品牌方、广告公司、媒体方都发布致歉声明，事情才得以平息。所以，在进行广告创意的时候，尤其在跨文化传播中，一定不能忽略当地的民俗传统和文化心理，谨记不能因为文化上的冲突造成营销上的误解，否则得不偿失。

5.2 夸张：言过其实，又不偏离现实

文学家高尔基指出："夸张是创作的基本原则。"在如今快节奏的生活中，艺术的创作需要在准确传达信息的同时，具有强烈的冲击力。这就要求在设计的时候，创意者要摆脱陈旧的思维模式，探求创造新的表现手法以适应受众需求，而夸张就是其中重要的表现手法之一。

什么是夸张呢，夸张是指运用丰富的想象力，在客观现实的基础上有目的地放大或缩小事物的形象特征，以增强表达效果，也叫夸饰或铺张。[①] 夸张能引起读者丰富的想象和强烈共鸣。

夸张的作用决定了它广泛地应用在艺术领域的各个方面，如文学、建筑、绘画、广告等。在文学方面，文学作品中的夸张可以从美学的角度凸显审美功能，适当运用夸张手法，有利于渲染气氛，刺激

① 薛金星．语文基础知识手册［M］．北京：北京出版集团公司，北京教育出版社，2012.

联想；在建筑方面，浮夸的建筑风格特色鲜明，表达建筑的内在精神，设计个性化，给人以独特的感受；在绘画领域，夸张与变形是很多画家惯用的手法，他们通过各种夸张来组织画面语言，使艺术充满了不可思议的魔力与想象空间。而广告的创作中，夸张与幽默作为常见的两种表现手法，越来越多地出现在各种广告创意中。科学合理地运用夸张与幽默，可以增加广告作品的感染力，使消费者更容易接受广告传播的信息。

夸张存在于很多领域，在广告中也有很多表现形式，值得我们关注。

5.2.1 文学领域的夸张

伟大的浪漫主义诗人李白特别擅长运用夸张的手法。他的诗歌中对夸张的运用可谓丰富之至、精妙至极。《望庐山瀑布》中“飞流直下三千尺，疑是银河落九天”,《赠汪伦》中“桃花潭水深千尺，不及汪伦送我情”,《夜宿山寺》中的“不敢高声语，恐惊天上人”，都运用了夸张。《将进酒》中千古名句“黄河之水天上来，奔流到海不复回”，夸张地写出黄河之水是从天上而来，展现出了黄河之水的波涛汹涌和独特气势。《秋浦歌》中“白发三千丈，缘愁似个长。”把一个人的白发夸张到三千丈长，表现自己愁苦之多之深，这样离奇的夸张，我们读来却并不感到诡异，反而深深共情到诗人内心的苦闷与忧愁。

席慕蓉在其著名诗歌《如果》中写道：“如果你愿意，我把每一粒种子都掘起，把每一条河流都切断，让荒芜干涸延伸到无穷远，今生今世永不再将你想起，除了在有些个，因落泪而湿润的夜里。”诗人通过一系列“如果”的设定，表达了对爱情的深切渴望与无奈，以及对人生选择的深沉思考。在诗中，席慕蓉用细腻的笔触描绘了一个在爱情中迷失与挣扎的灵魂，对爱情的执着，对与爱人分离的踌躇犹豫，所有一切的情感化作泪，在静寂中慢慢流下。全诗通过夸张的笔法展现出作者内心的浓烈情感，让人在阅读中感受到一种超越现实的情感共鸣。

余秀华可以说是当代最具争议的诗人之一，但她用自己的才华与勇敢战胜了那些所谓的争议，她靠自己的新诗歌在诗坛之中占据了一席之地。夸张是她的诗歌中常用的一种表达手法。她在《田野》这首诗中写道："一根稻子就能够打开关于田野所有的想象，它的沉默和高傲，忧伤和孤独，它们的隐藏里，有怀孕的老鼠，刚出壳的麻雀和野鸡，这都是田野富饶的部分。"这样的夸张和诗意的意象，在诗词当中，显得格外清新蓬勃有生命力，对诗意乡村的描绘也让读者感到诗人内心宽阔的美好。

5.2.2 建筑领域的夸张

黑格尔说，"音乐是流动的建筑，建筑是凝固的音乐"。伟大的建筑作品通过有异于普通建筑的材料、体量、光影、造型等创造氛围，通过高低、起伏、疏密等变化，自带节奏感，展示它的起承转合，体现出音乐的律动。好的建筑作品都是通往音乐天空的艺术珍馐。

迪士尼世界海豚和天鹅饭店位于美国佛罗里达，由本土著名建筑师迈克尔·格雷夫斯设计，采用大量具象元素作为建筑的主要装饰题材，勾勒出带有梦幻色彩的童话世界，这是趋向于后现代主义通俗化建筑的一次尝试。有趣的是，海豚的设计源于格雷夫斯心底的一个奇幻想法：一次突然的自然灾害，地下火山爆发抑或地震灾害孕育出一个小岛，小岛从海底上升的过程中，海豚也被带到岸上，所以酒店的屋顶是一个高63英尺的海豚。酒店两侧的橡胶树叶代表了岸边的树叶，而位于前幕墙中央的"黑盒子"则代表了山脉的心脏。海豚和天鹅都是由钢铁、木头和纤维玻璃制成的，除了有支撑作用的结构梁，其余部分都采用中空设计。

悉尼歌剧院是澳大利亚地标式建筑。它的设计师是约恩·伍重。它的外形像三个三角形翘首于河边，屋顶是白色的，形状犹如贝壳，因而有“翘首遐观的恬静修女”之美称。伍重晚年时说，他当年的创意其实来源于橙子，正是那些剥去了一半皮的橙子启发了他。而这一创意来源也由此刻成小型的模型放在悉尼歌剧院前，供游人们观赏这一平凡事物引起的伟大构想。①

接下来的三个建筑出自同一个建筑师之手，即美国著名建筑大师弗兰克·盖里，盖里曾获过普利兹克建筑学奖。鱼舞餐厅，位于日本神户市的一个港口边，是盖里在日本的唯一作品。鱼舞餐厅的设计灵感来源于对“鱼”形象的具象化。盖里在设计中巧妙地运用了鱼的形态和特征，使得建筑外观看起来像一条巨大的鱼，这种设计不仅吸引了游客的目光，也成为神户的一个标志性建筑。在设计过程中，盖里不仅注重建筑的外观，还强调建筑与自然的和谐共生。他通过使用大量的自然材料和元素，使得建筑在视觉上更加贴近自然，营造出一种与自然环境融为一体的感觉。这种设计理念不仅体现在外观上，还贯穿于整个建筑的使用功能中，使得建筑不仅是一个观赏对象，更是一个与自然互动的空间。

国家尼德兰大厦位于捷克首都布拉格市，入口处的两座塔楼是整个建筑的主要看点，一座塔楼采用不规则圆柱形式，其形象与主体建筑相同，另一座塔楼呈中间收束不规则圆柱，但采用钢结构玻璃幕墙形式，被称为“跳舞的房子”。②

---

① 佚名. 悉尼歌剧院设计者，丹麦建筑大师：约翰·伍重（Jorn Utzon）[EB/OL]. [2018-07-14]. https://baijiahao.baidu.com/s? id=1605977430942418943&wfr=spider&for=pc.

② 卓君书馆. “建筑图书”现代建筑——办公建筑（四）[EB/OL]. [2019-07-11]. http://www.360doc.com/content/12/0121/07/1825897_848083346.shtml.

古根海姆博物馆，位于西班牙的毕尔巴鄂，是盖里晚年的作品。从外表看，与其说它是个建筑物，不如说是件抽象派的艺术品。博物馆的主要外墙材料为西班牙石灰石和钛金属板。其中较为方正的建筑造型采用了石灰石，而比较自由的塑性造型则采用了钛金属板贴面。古根海姆博物馆的设计受到了所在城市的尺度与肌理的影响，让人联想到弗廊特河畔那些历史建筑，从而体现出建筑师对当地历史、经济及文化传统的关注和回应。博物馆因其独特的设计风格备受青睐，在其建成之后的一年内，参观人数就达400万人次，直接门票收入占全市旅游收入的4%，而带动的相关收入则占到20%以上。毕尔巴鄂也由此一夜间成为欧洲家喻户晓之城、一个新的旅游热点。①

建筑设计属于都市空间中重要的创意范畴。建筑领域的夸张可有两个维度。其一，是对凡庸的大胆逃离。试想如果身边的建筑别无二致，都是一览无余的方盒子，那么建筑物便会没有灵魂，身处建筑空间的你我也会在日复一日的单调环境中，内心的审美感知逐渐麻木，生活失去灵动的色彩。而充满创意的建筑，能打破这种沉闷，它们或有着独特的曲线造型，像灵动的舞者在城市中翩翩起舞；或有着奇异的材质组合，成为人们眼中的视觉焦点，激发内心的惊喜与期待。其二，好的建筑应该是审美性与实用性、历史性、社会性、人文性及可持续性的和谐统一。好的建筑简单而不失趣味，复杂而不过于冗长，以独到的设计风格体现对人的关怀，以节能环保的设计理念实现代际间的良性延续。只造型夸张而徒有其表的建筑或许能在外观上极尽奇特之能事，却只会成为城市发展中的败笔，成为人们茶余饭后的负面谈资。

---

① 陈望衡. 环境美学［M］. 武汉：武汉大学出版，2007.

5.2.3 绘画领域的夸张

夸张是绘画领域很重要的一种表现手法。不管是壁画、漫画，还是油画、装饰画等都有着自己独特的夸张应用。夸张的形式包括很多种，如线条的夸张、色彩的夸张、结构的夸张等。

例如梵高的代表作《星空》，属于色彩的夸张。在这幅以蓝色和黄色为主色调的画中，蓝色的天空，参天的柏树，密集的房子构成了画的主体。它抽象而又夸张的表现手法，让观看者在观赏画的内在意义的同时感受到视觉的冲击，这也正是梵高艺术作品的普遍风格（如图5-1所示）。

图5-1 文森特·梵·高 《The Starry Night》(1889)

图片来源 网易号. 他孤独一生，却疗愈无数人[EB/OL]. [2024-07-29]. https://www.163.com/dy/article/J8A1QCBS0553XUSL.html.

一个能够完美体现夸张手法的代表作品，是挪威表现主义画家蒙克的《呐喊》。画面上的主体是一个捂着面颊在尖叫的人，背景十分抽象，没有明显的轮廓，画家用厚度不同的线条描绘出了火红的天空、深蓝的峡湾以及棕色的路。所有的线条都好似汇集到画面中心那个高声呼救的人身上，仿佛这个人正源源不断地散发着恐惧和痛苦，让人看了深感不安。

在《呐喊》中，蒙克所用的颜色虽然与自然颜色的真实性是一致的，表现方式上却极度夸张，展现出了他自己的感受。画作里的线条扭曲，与桥的粗壮挺直形成鲜明对比，蒙克将画面中沉闷、焦虑并且孤独的情感，表现到了一种极致。这幅画有四个版本，我们通常看的是第二个版本，也就是1893年的蛋彩画。当时蒙克画出了这幅画后，由于太受欢迎，很多人甚至把这个形象印在衣服上，连电视剧情节都在模仿它。后来蒙克就接连画出了另外几个版本，如今都被私人收藏了。

5.2.4 夸张广告的表现形式

回归至广告领域，广告是一种劝服性的信息传播活动，它要说服人们接受产品、观念或服务，但在快节奏、信息渠道又极为拥堵的媒介环境下，广告的说服无疑是艰难的。受众的时间与耐心被压缩，广告要想俘获受众的关注，必须有一眼的吸引力和新意，而夸张手法可以为广告的艺术美注入强烈的感情色彩，使产品的特征更加鲜明、动人。因此夸张手法在广告领域也往往有突出的表现。

广告作品中往往运用合理夸张，也就是借助想象，对所宣传对象的品质或者特性的某个方面进行明显且合理的夸大，以加深或者扩大消费者对这些特征的认识。通过夸张的手法，广告能更鲜明地强调或揭示事物的本质、加强作品的艺术效果。总结夸张广告的表现形式，我们可以概括为四种方式：形态的夸张、情景的夸张、功能的夸张、时空的夸张。[①]

① 薛敏芝，胡雅. 数字环境下的广告实战研究：理论、案例与分析［M］. 上海：上海交通大学出版社，2016.

1）形态的夸张

形态的夸张是将原本正常的人物和事物的形状、体量、数量、表情等进行特殊效果的处理，产生超常的视觉效果，增强视觉冲击力。例如：伦敦哈罗德百货“The Big Bag Theory”巨型手包时尚大片，通过手包和人的结构对比，人需要踩着梯子或交叠上升的凳子才能摸到包包的上缘，硕大的手提包由于形态的极致夸张看上去非常有视觉冲击力。

形态的夸张还指对广告中的视觉形象通过变形、扭曲等方法，塑造出受众完全陌生的或不熟悉的形象，以此吸引受众的注意，达到强化和突出广告的诉求点的效果。比如一个驱痘药膏的广告中将痘痘拟人化为凸出皮肤表面的、一个有着五官的小怪物，而人手指上的白色药膏则幻化为令怪物闻风丧胆的超人的形象，画面展现痘痘小怪物在面对超人时的惊恐表情，产品的特性也由此展露无遗。

2）情景的夸张

情景的夸张是指设定一个违背常理的故事或场景，将现实中不可能发生的一幕通过趣味性、震撼性的表现方式呈现出来，塑造戏剧性情景。

例如Steimatzky书店广告，广告的主题是，“一本好书，是你最好的陪伴。”在广告的情境当中，因为阅读，《堂吉诃德》《魔戒》《福尔摩斯》等的主角会睡在身旁陪伴你。

再比如，肯德基的广告。如果你以为食物的广告只注重产品美味这一特点的呈现，那肯德基的广告一定能让你产生改观。肯德基广告中有两个常用套路，一是利用逃不过的原始欲望，比如聘请身材姣好的模特来拍摄广告，二是利用人们骨子里的冒险精神，把炸鸡当作宝藏一样来攻略。利用脑洞，让大家脱离原来食品广告的固有观念。这样的拍摄风格无疑是浮夸的，但是也达到了广告制作者预期的效果。

此外，浮夸一点的贵族风也是肯德基常用的套路之一，把肯德基鸡腿放置于异常精美的礼盒中，以表现肯德基在人们心目中的地位像礼物一样的珍重，这种自带趣味性的夸张也能够吸引用户的关注。[①]

关于情境的夸张，泰国cheers啤酒有一个视频广告——To every little good thing in life。广告通过三个简单的生活细节，展现人们强烈的情绪：突然意识到今天是周五，明天就是周末了，太惊喜了；在找停车位的时候竟然有一辆车刚好开走腾出了位子，太激动了；和女朋友吃饭，把唯一的螃蟹让给女朋友吃，但当用叉子铲起粉丝，竟然发现下面还藏着一个螃蟹腿，简直大喜过望！广告中的三则小故事，都是生活中经常会发生的小事情，但通过将这些“little good thing（小确幸）”带给人的幸福感受夸张化，再配以富有感染力的广告语和激昂的音乐，很能带动观众的情绪，产生共鸣。夸张手法在这则广告中的巧妙运用，让我们用另一种眼光看待生活中的小事：幸福，其实很简单。

3）功能的夸张

功能的夸张是指在广告中对于产品功能采用夸张的手法进行表现。

例如，老板大吸力油烟机，把吸起的油烟比作龙卷风，夸张又形象地表达了“大吸力”的特点。德国知名厨具品牌福滕堡的广告，一刀下去案板都切成两半了，极尽夸张地表达了刀具锋利的特点。

苹果系列产品广受国人青睐，苹果的成功靠的不仅仅是技术导向，即通过某项技术的领先从而称霸移动互联网，更是顾客导向，是基于对人性的了解，把握人的欲望和对需求的细节，从而一路把人性营销做到了极致。苹果X之后的手机有了面部解锁功能，更加人性

---

① 戎御策画．肯德基拍了一支浮夸广告，有无处不在的炸鸡与套路［EB/OL］．［2017-11-23］．https://baijiahao.baidu.com/s?id=1584857808906189430&wfr=spider&for=pc.

化。那么怎么来表现面部解锁的强大功能呢？苹果的一则视频广告以“用面部解锁万物”的夸张手法进行了广告表现，女孩儿不仅能解锁自己的苹果手机，同时能解锁所有锁着的柜子、卷闸门、水族箱、锁链等，非常魔幻，看完令人印象深刻。

4）时空的夸张

时间和空间决定了人类生存的常规方式，将时空进行夸大或缩小的处理，可以突破时间的正常发展和空间的客观状态，达到强化广告主题的目的。

例如联邦快递的创意中，消防车也需要用联邦快递车运过来，体现了联邦快递的速度。天涯若比邻篇，以世界地图组成上下的楼层，不同大洲的人通过手把手传送，体现了联邦快递不仅快速，而且安全的诉求点。

5.2.5 正确运用夸张

我们应该如何正确运用夸张？需要注意以下几点：

1）建立于真实之上

夸张不是对生活原态的描摹，不是生活的逼真与复制，但广告表现夸张时，应该首先基于逻辑意义上的真实，在合理的想象范围内，合乎情理又出乎意料。

一则肯德基的漫画式广告中，画面上红色为底，以白色线条简约地描绘出一个孩子的半身形象，图片上方展示的是小男孩张着的一只硕大的嘴巴，仔细看嘴巴的空间刚好是一个汉堡的形状，下面的两只手画成抓握汉堡的样子，中间的空心是KFC的logo以及一句简短的广告语“So good（如此好吃）”。另一则糖果的广告，是一个小女孩的面部特写，令人称奇的是，小女孩儿的五官都极度夸张地皱巴巴地集结在一起，结合下面的酸味糖果，一下子就令人联想到糖果的酸带给人的极致感受和五官变化。以上两则广告创意，汉堡的大与糖果的酸，看到图片我们都能意会，也能接受其背后的夸张与幽默。

但是，广告要建立在产品和服务基本真实的基础之上，有的夸张令消费者真假莫辨。泰国一个美白面霜的广告，采用猫咪的前后对比图来体现美白效果。广告片中前面用的是暹罗猫，它的渐层毛色纹理漂亮、清晰，但不是周身白色，广告为了引出产品，说：“美丽的猫怎么能拥有灰斑？”后面展示使用产品后的效果，则改用了纯白色的田园猫，干净无瑕，确实很鲜明地表达了产品美白的效果。但这种夸张广告，对不理性的消费者而言会误导他们，对于心存犹疑的消费者，前后猫的品种的置换，则给观众以欺骗感，容易招致消费者的反感。

2）要适度，或极度

夸张广告处理不当会被看作虚假广告。那么如何避免成为虚假广告呢？可以从两方面着手：[①]

一方面可以适度夸张，即以质量为依托进行适度夸张，使广告创意符合生活的逻辑。

例如乐事薯片用不同事物（干奶酪、蒜、辣椒等）的坚脆崩裂的动态画面来比喻自己薯片的酥脆可口的特征，就运用了适度夸张。虽然未必真的那么脆，但受众在观看的过程中会根据生活逻辑联想到自己曾经食用食物的相关感受，从而对乐事薯片产生积极的联想。运用适度夸张的广告，通常会显得和谐、自然，易于受众接受。

另一方面可以极度夸张。极度夸张是违反生活逻辑但符合艺术逻辑的夸张，是近乎怪诞的夸张，受众不会从理性和生活逻辑的角度去考虑和要求它。极度夸张的广告往往可以给广告带来异乎寻常的效

① 丁柏铨．论广告语中的夸张［J］．语言文字应用，1995（1）：46.

果，使之出奇、出新、生趣。

“今年20，明年18。”（白丽美容香皂）

“不要对刚刚从我们这里出来的姑娘使眼色，她很可能是你的奶奶。”（美容院）

别克商务车的一则广告中，汽车停在一个令人心旷神怡的自然环境中，从画面右方跑来一群小鹿，奔跑跳跃着，一只、一只，又一只……，都跳进了别克商务车里，随即出现广告语，“有空间就有可能”。在一则雪佛兰的平面广告中，有着异曲同工的创意，打开车门，探出来的不是人的身体，而是一条粗壮的大象的腿。

这类广告，消费者不会从常理、常规的角度去检验它，明确地知道是在采用夸张的手法，而是从艺术的逻辑去欣赏它，进而记住品牌的极致诉求。

3）注意民族风俗和习惯

在运用夸张的表现时，要注意尊重民族文化，符合风俗习惯。广告不能脱离文化环境而孤立地存在，它总是要针对特定的地区、特定的人群。若不能很好地把握民族文化背景，忽视受众的风俗习惯，夸张的表现就有可能成为受众声讨的对象。这方面我们在之前的丰田霸道车和立邦漆盘龙滑落的创意案例中有过介绍。

4）夸张的不正当使用

夸张既不适度也不极度，而是介于两者之间，最容易使产品“失真”。因为创作者如果既不愿意违反生活逻辑，又不符合艺术逻辑，会产生似真似假、亦真亦假的效果，那么受众必然从情理和生活逻辑上去检验它，从而造成受众误解。因此，夸张的使用要以受众能否明确地分辨创作者是否使用了夸张手法为准绳，能分辨出来的可以说是运用了夸张手法，不能分辨出来、打夸张擦边球的，则很可能要归入虚假广告。例如，小S代言的佳洁士美白牙膏，就因为宣称一日就能白牙，但实际并没有相应功效，消费者又无从分辨而轻信，最终构成了虚假广告并被处以罚款。

电影大师希区柯克的《西北偏北》中有一句台词，“在广告界没有说谎这回事，只有不得已的夸张。”然而，广告中可以随意运用夸张吗？答案显然是否定的。基于事实的适度的浮夸有利于吸引消费者的注意力，可以达到额外的吸睛效果；而失真的夸张是一种虚假的内容，会欺骗和误导消费者。

所以，艺术领域中，无论浮夸也好，夸张也好，目的都不应该是虚假，而是为了更深刻地认识事物，从本质上揭示事物的特征。广告的创意活动要以真实性为原则，“夸张”可以“言过其实”但绝不能“偏离现实”。

5.3 隐喻：我们赖以生存的认知方式

隐喻作为词义学术语，意为建立在两个意义所反映的现实现象之间的某种相似的基础上的引申方式，是在彼类事物的暗示之下感知、体验、想象、理解、谈论此类事物的心理行为、语言行为和文化行为。

5.3.1 我们赖以生存的隐喻

有一本书叫作《我们赖以生存的隐喻》(Metaphors We Live By)，是隐喻研究和认知语义学的里程碑之作。书里指出，我们的语言实际上是隐喻性的，在语言背后，我们的思维方式也是隐喻性的。我们整个隐喻性的概念系统决定了我们如何感知这个世界，如何在世界上生存，以及如何与他人相联系。

语言是我们研究隐喻的主要途径。我们列举书中的两个例子①：

Argument is war.（争辩就是战争）

Time is money.（时间就是金钱）

在英语中，我们把争辩看作战争，我们使用策略（strategy）组织语言，攻击（attack）他人的论点，并指出他人的论点是站不住脚的（indefensible，无法防御的），最后我们可以在争辩中取胜（win）。同样地，我们可以节省（save）时间，也可以浪费（waste）时间，而之前我们用这些词来讨论金钱。那这两个案例给我们什么启示呢?

隐喻的实质是要以一种事物来理解和经历另一种事物，通常的表达方式为“概念域A（始源域）是概念域B（目标域）”，这里A是始源域，B是目标域。人们在感知和认识事物时总是以具体、熟悉的事物来理解抽象、陌生的事物。就像我们刚刚举的两个例子，争辩就是战争，时间就是金钱。在这两句中，显然战争和金钱，相较争辩与时间，是更具象、更容易理解的事物。

再比如：“生活是旅行”，在这一隐喻概念中，旅行是人们熟悉的事物，在旅行中，可能会遭遇各种各样的困难、障碍。旅行者或者越过障碍继续前行，达至终点，又或者半途而废，无功而返。生活何尝不是如此呢？所以，我们看，隐喻存在的一个基础，是本体与喻体的相关性联想。

隐喻的作用是什么呢，引用《我们赖以生存的隐喻》中的一句话，“The essence of metaphor is understanding and experiencing one kind of thing in terms of another”，陈嘉映老师在他的《简明语言哲学》中将其译为“隐喻使未成形的借已成形的成形。”②

由此，我们知道了，隐喻不仅仅是语言中的一种修辞工具，也是

① 莱考夫，约翰逊．我们赖以生存的隐喻［M］．何文忠，译，杭州：浙江大学出版社，2015.

② 陈嘉映．简明语言哲学［M］．北京：中国人民大学出版社，2013.

一种人类用以构建甚至创造现实的概念工具。作为人类认知世界的一种思维方式，隐喻不仅出现在语言等符号中，目前在各个领域都有广泛的应用。事实上，如果聚焦我们习以为常的语言和生活，会发现处处都是有趣的隐喻。

5.3.2 不同领域的隐喻

1）文学中的隐喻

首先，诗歌中的隐喻。

杨柳青青江水平，闻郎江上唱歌声。东边日出西边雨，道是无晴却有晴。

——《竹枝词二首·其一》

这是刘禹锡的一首诗，表面上看，写的是春日美景，实则是一首描写青年男女爱情的诗歌。“杨柳青青江水平”写的是少女眼前所见的景物，通过春江杨柳，引起人的情思。“闻郎江上唱歌声”写的是少女在听到情郎的歌声时起伏难平的心境。“东边日出西边雨，道是无晴却有晴”，东边阳光灿烂，西边阴雨绵绵。这里，有两个巧妙的隐喻，“有晴”“无晴”是“有情”“无情”的双关隐喻。这首诗，用多变的春日天气来达成双关，以“晴”寓“情”，具有含蓄的美，对于表现女子含羞不露的内在感情，显得贴切自然。

洞房昨夜停红烛，待晓堂前拜舅姑。妆罢低声问夫婿，画眉深浅入时无。

——朱庆馀《近试上张籍水部》

这首诗出自唐代诗人朱庆馀，诗写得很有意思，整首诗就是一个完整的隐喻。从内容上看，前两句描写的是典型的新婚洞房环境以及新娘一丝不苟地梳妆打扮，后两句写新娘不知自己的打扮能否讨得公婆的欢心，担心地问丈夫她所画的眉毛是否合宜。整首诗貌似表现的是新娘子要见公婆前的紧张不安的心情，但仔细看标题《近试上张籍水部》，才知道诗人言于此而意在彼，这原来是诗人在应进士科举前所作的呈现给张籍的行卷诗。诗人以新妇自比，以新郎比张籍，以公婆比主考官，借以征求张籍的意见，尤其是将自己能否踏上仕途与新妇紧张不安的心绪作比，寓意精妙，令人赞叹。

在文学艺术当中，隐喻作为一种隐晦婉转的表达方式，相比于直接的明喻，隐喻更偏向于带给读者或者观众思考，以读者的思考来让其发掘作者想表达的情感与观点，使艺术作品更加具有戏剧化的色彩。

2）建筑中的隐喻

在建筑设计领域中，隐喻更是作为一种设计手法，被广泛应用并以不同的形式出现在历史上的各个时期。古希腊时期的古典柱式、罗马的凯旋门、中世纪时期的哥特教堂、中国明清两代的坛庙建筑，便是从宏观到微观、从抽象到具象地隐喻了人权、君权、神权等的精神产物，在历史上成为不可磨灭的人类精神寄托。

建筑的隐喻性是通过建筑向人传递情感，从而产生某种共鸣，多为装饰性手法，利用物理空间，抽象或具象地进行表达。在建筑中常使用的隐喻方法是将某种观念落实到实体形态上，再通过材质、空间、光线等元素引起观者对这种观念原本熟知状态的记忆，从而达成隐喻的目的。比如，故宫的种种布局都是以等级制度为准则的，太和殿大殿的高度和整体对称的格局无不显现出帝王的尊贵。

3）绘画中的隐喻

画家创作的过程中，作品材料的选择、构图、人物形象的设计、色彩和线条的运用、整个画面氛围的把握，处处体现着隐喻。

法国保罗·高更的作品《我们从哪里来我们是谁我们往哪里去》就运用了大量的隐喻，造就了一个似真非真的延续时空。从构图上看，作品以长条形的幅样描绘了众多人物，从右向左看，大致是人出生到死亡的发展阶段，代表了人类一生的命运，画出人生三部曲。从人物形象看，右边三个女人和孩子是人生的起点，代表我们从哪里来。中间描绘的是青年时期，代表我们是什么，左边有个躲在阴暗里的老妇人，暗示着人的终点，代表着我们往哪里去，隐喻着高更心目中的“来世”。画的后面有一个站立的雕像，暗示着高更的理想和信仰。在技法上，这幅画作采用单纯的色彩平涂，暗示着高更拒绝文明社会的虚假，追求简单、原始的生活。在这幅画里的其他形象也都是一样，隐喻着高更在社会和宗教上的理想和追求，具有很强的神秘色彩（如图5-2所示）。[①]

图5-2　保罗·高更《我们从哪里来我们是谁我们往哪里去》（1897年）

图片来源　李莞潸. 保罗·高更：少为人知的另一面［EB/OL］.［2022-06-24］. https://m.yrdart.com/jiaoliu/1769.html.

图5-3是德国画家Caspar David Friedrich（卡斯帕·大卫·弗里德里希）在1814年一次爱国艺术品展览上展出的作品。他描绘了拿破仑军队里的一名失去了坐骑的军官，正往北境的幽深森林深处走去。他孤身一人前行，在雪地上留下一串脚印，然而不断飘落的雪花，正慢慢覆盖住他留下的踪迹。与巨大的北境森林相比，这名军官

① 罗念. 隐喻在绘画作品中的运用及其效果［J］. 西部皮革，2019，41（7）：79.

显得那么渺小，那么微不足道。这名法国的军官将会被北境森林吞噬，永远不能找到出来的路了。这幅画由此隐喻着拿破仑最终会被盟军打败，从德国退兵。

图5-3 德国画家Caspar David Friedrich《森林中的猎人》(1814)

图片来源 山地之仔. 大卫·弗里德里希的“精神风景”和透纳的风景画[EB/OL]. [2019-04-24]. http://www.360doc.com/content/19/0424/00/2253722_831027326.shtml.

4）书法中的隐喻

许多隐喻的产生源于实践与身体经验，书法创作是意象迹化的过程。书法不仅仅是汉字书写的墨迹输出，更是一种内在的外化表达，所以，书法的一个最直观的隐喻体现在传递书者性情。众所周知，书法不是熟练工种，也不是批量生产的规范一致的书写，每个人的书法都有其个性化特征，所以书法体现的是不同人的心性。

纵观我国书法大家，雄浑大度的颜体字是与颜真卿刚直忠义的性格相统一的；张旭、怀素的草书龙飞凤舞、气势非凡，是与他们的性情旷达、放荡不羁相对应的。书写天下第一行书《兰亭集序》的王羲之，其字天人合一，潇洒、自然，妙趣横生。毛泽东的书法作品《沁园春·长沙》洋溢着激情、气势、浪漫，这样的感情表达，当然要用狂草，大开大合，波澜起伏，令人回味无穷。

5）经济领域中的隐喻

隐喻的功能不局限于传统意义上的修辞，而是具有深层次的认知表征。隐喻作为人类感知世界的一种普遍工具，有利于我们厘清客观世界和主观世界的相互关系，更好地认识和改变世界。经济学和隐喻语言具有紧密的内在关联性，甚至可以毫不夸张地说，隐喻是“经济学家赖以生存的工具”。实际上，翻开任何一本经济学的教科书，都能发现诸如“无形的手”“搭便车”“经济杠杆”“人力资本”“需求弹性”等经典经济学隐喻。

而在日常经济活动中，各种隐喻更是深深“隐藏”于大众的经济活动和表达中。例如，经济可以“上行”，也可以“下行”；经济可以“硬着陆”，也可以“软着陆”；经济增长可以“乏力”，也可以“强劲”等。[①] 这些成对出现的经济隐喻恰恰是经济学家在运用隐喻说明或解释千头万绪的经济现象，搭建一座从“原始域”，即各种熟知的生活现象，到经济现象这一“目标域”的认知桥梁。

6）心理治疗中的隐喻

隐喻被普遍地应用于心理治疗中。在来访者刚开始尝试心理治疗时，因为陌生，很自然地会存在着心理防御与阻抗，使得无法用言语直接描述深层情感。这时，心理治疗师采用隐喻的方式，比起直接地

① 万世长．经济学中隐喻的认知阐释研究［J］．佛山科学技术学院学报（社会科学版），2017，35（1）：58.

探寻、对质及解释，要更方便表达，同时更容易穿越防御，克服阻抗，深入到来访者的内心深处，使他们表达出自己潜意识的情感和欲望。

比如，当面对的是强迫症患者，当患者在反复回忆和检查自己的思想和行为时，治疗师可以给他讲述如下的隐喻故事：现在的高铁列车，正常情况下，可以达到300千米/小时。可是，驾驶员不放心，怕出现故障，结果，他每开出一公里，就停下来，检修一遍。你觉得，这样做，效果如何？强迫症患者会若有所思地说："嗯，我也是这样的。"这个隐喻，可以帮助病人觉察和反省他对自己的过度理想化和过分压抑。

当面对的是恋爱关系的咨询，比如失恋后的女孩，认为自己这辈子唯一的爱人离她而去，伤心欲绝，认为自己再也不会遇到真爱了。这时候治疗师可以给她讲述这样的隐喻故事：一个女孩，在路上走着走着，走到了一棵树旁边。她好喜欢这棵树啊，于是她停下来，在树底下乘凉，休息。她认为，这辈子，在这个世界上，只有这一棵树。但当她在树底待了一阵子，想继续往前走，她向远处望去，发现前面不远处，还有一棵树……这个故事会启发失恋的人，爱人如同路边的树，当你停下来，这就是最后一棵；当继续往前走，你会发现前面不远处，还有一棵。[①]

所以，我们看，隐喻可以帮助人们以已知喻未知，以熟悉喻陌生，以简单喻复杂，以具体喻抽象，以通俗喻科学，从而形成抽象思维。应用于心理治疗的技术手段，可以帮助来访者自我觉察，把既往的经验（潜意识）与当前的现实理想整合起来。

---

① 曼荼罗心理．隐喻疗法［EB/OL］.［2022-07-05］. https://mp.weixin.qq.com/s?__biz=MjM5NDQ4ODgzNQ== &mid=2651279479&idx=3&sn=e2dcbafad1f68842b2e19b8f1bb1ea5a&chksm=bd75071b8a028e0de97da4bc4cdc776dbad738b751cc3e3efe8006daff440e616a02122905f6&scene=27.

5.3.3 广告中的隐喻

隐喻在广告中有独到的认知优势。首先，相比直白陈述的广告，隐喻广告能够激发更多的精细加工，让受众对广告信息产生多层次的解读。其次，消费者需要花费更多的认知资源处理隐喻广告信息，个体浏览广告的时间会在不经意间延长。如此一来，消费者对隐喻广告关注程度的提高引发了更积极的参与意愿，继而正向影响消费者的再认记忆。最后，广告中的隐喻促使消费者主动寻找本体和喻体之间的相似性，并在这一过程中产生了顿悟的愉快感官体验。我们看几个广告案例。

一则交通安全宣传广告，特写是系着安全带的一个胸前近景形象，图片上男子穿着的T恤上印着“1991-”的字样，有意思的是，后面的时间元素刚好被安全带遮蔽掉了。很显然，衣服上的年份分别隐喻了出生日期及死亡日期，死亡日期用安全带巧妙地遮盖住，从而显示出系安全带的必要性，图片简单却设计巧妙。

一则宜家的广告展示了住宅大楼的外景形象，在一众灰色的景象中，唯有中间一户的家庭呈现了生动鲜活的彩色面貌。这里将图片中相似的房子隐喻成人们日常千篇一律的生活，消费者从这则广告中直接能获取的只有“Unbox your life”三个单词以及一张清晰的图片。但通过色彩的对比，消费者便可以立即理解此则广告的含义，即使用宜家的产品可以让你从庸常的生活中跳脱出来，成为鲜活生动、独一无二的自己。

两则金融时报的宣传广告，主题是全球一体化经济。一则宣传广告展示的是海面上的建筑楼宇，这里是将国际市场比作深海，暗喻国际市场表面和谐，内里却深不可测、波涛汹涌。另一则是大鱼吃小鱼的连环嵌套画面，将市场中的竞争规则比作自然界中“大鱼吃小鱼”

的自然法则，暗喻全球一体化市场中残酷的金融竞争。

《权力的游戏》最终季于2019年开播，奥利奥与该公司合作，制作了一支奥利奥版的《权力的游戏》片头。奥利奥通过其特有的黑色巧克力饼干、白色奶油夹心与《权力的游戏》中的维斯特洛大陆中的经典场景相呼应，用隐喻的手法成功在观众心中将两者绑在了一起。这个广告将奥利奥作为目标域，将观众对《权力的游戏》的思想情感作为始源域进行映射的隐喻，利用观众对剧目特有的情怀和对剧中人物的感情，促使观众在大脑中迅速建立起思想情感和奥利奥的某种关联，以达到公司推销产品的目的。

有些细节非常典型，比如片尾把奥利奥与《权力的游戏》中的四大家族关联起来（由四片并置的奥利奥饼干喻指），最后的包装上则是坐在铁王座上的奥利奥，给人以强烈的视觉隐喻。此外，伴随整个广告的歌曲，也是《权力的游戏》的片头曲，听觉与视觉上的双重隐喻，不但与合作品牌高度相关，而且广告内容简单明了，让消费者看了广告以后会产生强烈的情感投射，进而刺激购物欲望。这就是隐喻广告的成功之处。

6

美好生活的价值引领者

文化是人类社会特有的生存方式，而其核心则是价值观。或者说文化是一个三重结构，其最外层是物质的体现，中间部分是制度、风俗，而其最深层、最核心的部分则是价值观。在营销沟通和文案创意研究的最后，我们来深入探讨广告中的价值观及其背后的意义所在。

6.1 什么是价值观

6.1.1 价值观的概念来源

价值原本是一个经济学上的名词，同时也是一个广义的伦理学和哲学概念。这一概念经过德国哲学家尼采、美国实用主义者詹姆斯和杜威，以及德国社会学家马克思·韦伯等人的广泛使用后，逐渐为人文科学及哲学界所接受。马克思·韦伯还专门提出了“价值取向”这一概念。在他看来，心理渴望、理念和信仰（他称为价值取向）在社会发展中占重要位置，甚至处于物质利益和阶级政治关系之上，构成社会的主要动力机制，群体的价值取向构成了社会行为的深层基础。[①]

实际上，价值观在文化领域早就存在。文化是人类社会的生存方式，或者用美国文化学者克鲁克洪的话说，“是历史上所创造的生存式样系统，既包括显型式样又包括隐型式样。”[②] 人是不可能离开文化而生存的。抽象一点说，“文化是作为理性生物的人的发展”。具体一点说，“文化是每一个具体历史阶段都获得特殊存在方式的历史现象”。[③] 文化有两个典型的基本特征，其一，文化的核心是一种价值

---

① 刘笑盈．国际新闻学：本体、方法和功能［M］．北京：中国广播电视出版社，2010.
② 克鲁克洪：文化与个人［M］．杭州：浙江人民出版社，1986.
③ 凯勒．文化的本质与历程［M］．陈文江，等译．杭州：浙江人民出版社，1989.

观念；其二，文化是一个开放的交换系统，传播是文化的基本存在方式。我国文化学者庞朴曾经指出，“文化，从广泛的意义上说，可以包括人的一切生活方式和为满足这些方式所创造的事事物物，以及基于这些方式所形成的心理和行为。它包含着物的部分、心物结合的部分和心的部分。”① “物的部分”即文化的物质形式，是指文化在现实生活中所依托的具体物质形式载体。所谓“心物结合的部分”实际上是指文化的符号体系，例如语言、文字、色彩、象征物，其实还应该包括制度、风俗等。至于“心的部分”，我们理解主要是指文化的价值观，这也是文化最为重要的部分，是核心的部分。

6.1.2 价值观的含义

价值观，是一个经常被我们挂在嘴边的概念。那么，什么是价值观呢？我们先来看看梁漱溟先生的一段话：“盖人类文化占最大部分的，诚不外那些为人生而有的工具手段、方法技术、组织制度等。但这些虽占分量，却只居从属地位。居中心而为主的，是其一种人生态度，使其所有之价值判断……此即是说，主要还在其人生何所取舍，何所好恶，何是何非，何去何从。这里定了，其他一切莫不随之。”②

梁先生认为，价值是判断什么是对的好的，什么是错的坏的，什么有用，什么无用，什么具有积极的创新意义，什么具有消极有害的作用的标准。这些根本性的东西确认了，其余一切就随之而定了。换句话说，价值观是人生的“总开关”，是决定人的是非好恶、得失取舍、行动趋避的依据和关键。价值之有无和大小，是人类判断一切思想行为好坏对错的根本依据。从这个意义上而言，价值观决定人的自

① 庞朴. 稂莠集—中国文化与哲学论集［M］. 上海：上海人民出版社，1988.
② 梁漱溟. 中国文化要义［M］. 上海：上海人民出版社，2011.

我认识，它直接影响和决定一个人的理想、信念、生活目标和追求方向的性质。[①]

用学术一点的话，我们可以说，价值是社会客体对社会主体的意义，是人们活动的目的和关注追求的社会目标。价值又是社会主体对社会客体的评价，反映了人们对社会现象的主观情绪、感受和看法。价值观是人们生活方式、行为模式与交往选择的准则，又是人们是非、善恶、美丑、爱憎的判断标准，在人们的社会生活中起着重要作用。所以，在营销沟通和文案创意中，价值观起着非常大的作用。我们可以说，创造和遵循什么样的价值观，就是创造和享受什么样的生活。

人类相比动物的优胜之处，就在于人类能够通过自己之所需去认定和选择价值，选择自己的前进方向和发展道路。人类发展的历史已经一次次证明：从长远角度讲，真正的强大不是武力、不是利剑，而是思想和精神；真正的持久不是有形的利益，而是无形的价值。[②] 人类之所以能历经灾难而生生不息，饱经沧桑而日益壮大，就在于我们有正面价值的鼓励引导。

正因为价值对人类发展的重要作用，价值和价值原则深藏于每个人的血液和骨髓之中，直接引导和规范着人们的行为。我们每个人随时随地，在各领域都能接触、感知和运用价值。

6.2 不同领域中的价值观

在各个不同的领域，价值观有不同的呈现方式。在这里，我们用

---

① 蔡毅．文学创作活动中价值观的指引和主宰作用［J］．中华文化论坛，2016（5）：22.

② 蔡毅．文学创作活动中价值观的指引和主宰作用［J］．中华文化论坛，2016（5）：21.

文学和建筑领域的案例进行说明。

6.2.1 文学中的价值观

我们说，文学及文学创作的本质是对价值的追寻。卡西尔在《人论》中指出，“人只有在创造文化的活动中才成为真正意义上的人。”人生的意义在于创造价值，在于彰显生命的创造本质。文学创作是创造价值的一种重要方式，创造价值是文学追求的永恒使命。写作者之所以呕心沥血，绞尽脑汁地去创作，无非是用文字去记录自己最想倾吐的思想感情，用书写去抨击自己痛恨的现象，展示自己内心的理想抱负。这一切对写作者本人就是最重要的价值，对于读者和社会，也是可用和有益的价值。那文学创作应该展现什么样的价值呢?

诗人李瑛曾写道，“灵魂是一只鸟，它热爱自由。”他在母亲、妻子、女儿等亲人相继离去后，认为文学向人们“讲述生命的重量和美丽的毁灭/讲述美学经验和道德选择/就能倾诉你不渝的爱情和痛苦/就能吻你所爱的这个世界和夜半难忍的哭泣/只要还有那张嘴/就可以听见你继续歌唱”。[①]

余华说，“作家的使命不是发泄，不是控诉或揭露，他应该向人们展示高尚。在他们的理解中，‘高尚’的命题不是那种单纯的美好，而是对一切事物理解后的超然，对善与恶一视同仁，用同情的目光看待世界。”[②]

舒婷说，“我愿意尽可能地用诗来表现我对‘人’的一种关切。”[③]

可以看到，每位作家追求和阐述的价值都不一样，说明文学可追

---

① 蔡毅. 文学创作活动中价值观的指引和主宰作用［J］. 中华文化论坛，2016（5）：27.
② 余华. 活着·前言［M］. 武汉：长江文艺出版社，1993.
③ 田刚. “朦胧诗潮”与新时期文学［J］. 当代文坛，2010（1）：28.

求实现的价值是多种多样并趋于无限的，但他们共同向往的都是倾诉心声，净化心灵，用艺术的方式对世界、人生进行解释，寻找生存的根据和意义，使情感得到丰富和提升，使精神得到滋养和美化，进而以文学的力量推动国家、社会和个人向上向善的进步，帮助更多的人享用和珍惜世界之美。

6.2.2 建筑中的价值观

建筑是一个时代社会经济、科技、文化的综合反映，在不同时代中，决定一栋建筑物，甚至是一座城市最终建成什么样子，除了技术、工艺、材料和财富等因素之外，起最主要作用的，是建设决策者和建筑师的意识，而影响人意识的，则是他的价值观。不同历史时期建筑的不同样式，反映出特定的建筑价值观。

例如，中国古代皇权至上的思想和森严的等级制度在建筑当中就有突出的体现。北京明清时期的宫殿和王府都是有中轴线，也就是有“龙脉”的，以“龙脉”为中心向四周扩建，“龙脉”都是十分宽广笔直，一条路通到底。沿着“龙脉”修建的都是正殿，正殿的旁边才会是一些偏殿和厢房之类的建设。这点我们从故宫的图片就能看出来。

另外，那个时候，老北京的四合院也是同样的设计风格，四合院里北面是高的，南面是低的，有东厢房、西厢房，而主人一定住在北面、正房。可以说，古代中国从城市到院落，一直到单体建筑，都是身份的象征，都是权力的象征，都是价值观的象征。

所以，我们说，建筑是文化，是符号，是人性的外延，是价值观的反映。

关于文化价值观，中国的传统建筑中也蕴藏着丰富的内涵。中国古代建筑的类型很多，主要有宫殿、坛庙、寺观、佛塔、民居、园林等。这些建筑是中国历史悠久的传统文化和民族特色的最精彩、最直观的传承载体和表现形式。中国古典建筑突出地表现了大气、富于生气、富丽、重山林风水等特征。

比如，传统建筑一般都大门、大窗、大进深、大屋檐，给人以舒展的感觉。大屋檐下形成的半封闭的空间，既遮阳避雨，起庇护作用，又视野开阔，直通大自然。高高翘起的屋檐的四角，减轻了建筑物的沉重感，显得灵动。建筑物外缘琉璃材料的使用，不仅延长了建筑物的寿命，而且颜色鲜艳，在阳光下耀眼夺目，在各种环境中富丽堂皇。其较高的成本，也象征着财富和地位。此外，中国传统建筑不仅重自然的山林风水，也重人工的山林风水，让人工与自然相协调，通过院内与院外的衔接，造成“天上人间”之境，使人产生“此中有真意，欲辨已忘言”的心旷神怡之感。而所有这些特征的背后，都是中国传统文化中“天人合一”思想，即人与自然和谐统一的价值观的集中体现。

当然，任何事物都是一体两面的，建筑作为价值观的映射，也有正误之分。改革开放以来，我国也诞生过诸多的奇奇怪怪的建筑，如“福禄寿”（河北天子大酒店）、“秋裤”（苏州造型的东方之门）、“大铜钱”（沈阳方圆大厦）、“酒瓶楼”（五粮液集团办公大楼）、“马桶盖”（浙江湖州喜来登酒店）、“大茶壶”（无锡文化地标）等，从网友这些生动的别称里，就能直观地联想到建筑本身的样子。这些建筑给我们的启示是，建筑的设计应该是反形式主义的，只看外表形式而不考虑功能性、周边环境适应性，空有噱头，这种价值观本身就是值得商榷的。我们需要的建筑是能体现中国时代感的、传承东方人文意蕴的、能够满足人们对诗意栖居向往的建筑。建筑师本身不应该仅仅是艺匠，而应该是生活潮流的倡导者，是社会进步的引领者。如此一来，对建筑文化功能的探索，就显得尤为重要。

6.3 广告价值观的特征

价值观无处不在，广告中当然也有价值观的体现，我们可以从广告价值观的时代性、广告价值观的民族性和广告价值观的普世性，三个方面去观照。

6.3.1 广告价值观的时代性

黑格尔说："就个人来说，每个人都是他那时代的产儿。"[①] 价值观念也是如此，被它的时代所限定。时代性为民族的价值观设定了主旋律，价值观也在一定程度上承担了反映时代主题内容和回答时代重大问题的任务。

在我国早期的封建社会中，重义轻利的儒家价值观在全社会占主导地位。[②] 鸦片战争后，西方列强入侵，中国传统文化遭到前所未有的冲击，中西方文明发生碰撞。在经历了戊戌变法政治启蒙运动之后，一些西方的观念渗透到中国的制度层面，戊戌变法通过传播西方思想和推动教育改革，开启了中国近代思想启蒙的先河。新文化运动和五四运动的启蒙之后，人们的思想得到空前的解放，民主和科学的理念逐渐深入人心，中国封建保守的传统价值观丧失了主动权，开始了向现代化模式的探索与迈进。新中国成立之后，我国的价值观起初以社会主义、集体主义、平均主义为原则，努力进行国民经济的恢复与国家的建设。及至改革开放，开始了对现代价值观的探索，价值观也由此开始呈现多元化的趋势：从对个体商业活动的严格限制开始向现代工业的商品经济、改革创新、锐意进取的价值观转变；从平均主

---

① 黑格尔. 法哲学原理［M］. 范扬，张企泰，译. 北京：商务印书馆，1982.

② 李翔海. 儒家"义利之辨"的基本内涵及其当代意义［J］. 学术月刊，2018（8）：16-22.

义的“大锅饭”开始向效率、利益、竞争等价值观念转变；从以政治为中心开始向以经济为中心转变；从提倡做好人开始向做“能人”“强人”的观念转变……在改革开放之后，随着全球化时代的到来，中西方文化交流频繁，相互不断渗透、影响。[①] 加之近年来，随着我国经济实力的不断提升，文化力量悄然开枝散叶，文化自觉、自信和自强正在成为我国坚实雄厚的“中国软实力”，国人开始重视传统文化的内在价值，我国的价值观呈现出更加多元化、个性化的特征。

1）古代广告与儒家思想：同仁堂

“炮制虽繁必不敢省人工，品味虽贵必不敢减物力。”这是同仁堂传承近四百年的古训。同仁堂的名字，源于《易经》，意思是和同于人，宽广无私，有无论亲疏远近一视同仁之意。用一句话概括同仁堂的企业文化理念，那就是“同修仁德，济世养生”。在300多年的风雨历程中，历代同仁堂人始终恪守“炮制虽繁必不敢省人工，品味虽贵必不敢减物力”的古训，制药过程兢兢小心、精益求精。同仁堂始终认为“诚实守信”是对一个企业最基本的职业道德要求，树立了“修合无人见，存心有天知”的自律意识，认为讲信誉是商业行为最根本的准则。这是儒家思想渗透古代广告的典型体现。

2）近代中国与西方文化的冲击与碰撞：月份牌

20世纪二三十年代是我国本土工商业的黄金发展阶段。外商为了在中国倾销洋货，把在本国刚刚诞生不久的广告移植到中国的通商口岸城市。中西方文化的碰撞之下，很多民族产业的广告开始逐渐与西方市场接轨，国货广告中反映出来的西方元素与中国元素的结合极具跨文化传播特征，体现了当时社会中西方文化交融的状况。广告中也反映了西方文化对口岸城市中中国女性的影响：开始宣扬男女平等、自由交往、乐享生活。

① 郝菲菲. 论中国价值观的历史变迁［J］. 知与行，2019（1）：57.

月份牌是20世纪二三十年代，我国民国时期最有时代特色的广告样式。月份牌中的女性穿搭非常具有现代气息，着装大胆前卫，流露出现代女性特有的独立、自信、阳光，文案也别具韵味：

“有美皆备，无丽不臻”（美丽牌香烟）

“吹气如兰”（大前门香烟）

这样的年画广告让当时的中国消费者耳目一新，在推销产品之余，也将女性着装流行风尚推广到千家万户，引得名媛淑女竞相效仿。这一时期，随着时代的变迁、文化的融合，在经济发达的城市，社会思潮已经悄然发生变化，美女年画广告充当了价值观转化的急先锋，广告在潜移默化中向当时的消费者宣传女性的解放思想：提倡放足、男女自由交往、做新时代知识女性、穿中西结合的服饰等。

3）现代中国与价值理念的变迁：广告语

广告是时代的镜像，从不同时代广告的形态和话语中，我们能看到那个时代的印记与文化特征。我们以改革开放后主流广告语的变迁为例，进行价值理念的对比性观照与分析。

20世纪70年代末—20世纪90年代初的广告语：

“精美耐用，全球推崇”（1979）/“国内首创，驰名中外”（80年代）；

“喝了娃哈哈，吃饭就是香”（1991）/“康师傅方便面，好吃看得见”（1992）/“拥有健康，当然亮泽”（潘婷，1992）。

可以看到，这两组是有明显区别的，上面一组，是集体认同和大众跟从的语言模式，这是由于我国改革开放前长期实行计划经济，商品又相对贫乏，计划经济的惯性使广告强调产品的整齐划一，忽视需求的个性差异，所以质量与价格成为产品的重要区别属性，这个时候的产品只要“质优价廉”就可以取胜市场。随着生产力的解放，大量商品涌现，许多商品由卖方市场转向买方市场，多种商品出现供过于求的情况，这时要使产品从同类商品中“挣脱”出来，必须发掘产品独有的“卖点”。[①]

20世纪90年代中期—21世纪初的广告语：

“维维豆奶，欢乐开怀”（维维豆奶，1996）/“我的眼里只有你”（娃哈哈，1997）；

“穿什么，就是什么”（森马，2003）/“不走寻常路”（美特斯邦威）/“勇敢做自己（dare to be）”（361度）/“永不止步”（安踏，2006）。

20世纪90年代末，消费者已经从关注商品的功能用途、满足基本的生理需求转移到关注商品的情感因素、社会因素、文化因素等给自己带来的心理满足，即更加注重寻求商品的附加值。广告语言已经不是直接诉诸产品，而是采用间接方式，通过宣传某种理念或某种情感感召消费者，使消费者在引发共鸣的同时接受产品。[②]到21世纪初，广告语进一步凸显了情绪价值和心理价值，彰显个性化与个人化的特征。

2010年以来的广告语：

“传统的中国茶，神奇的东方树叶”（东方树叶，2011）

“3秒还原一杯无损风味的冷萃咖啡”（三顿半咖啡，2015）

“小蓝杯，谁不爱”（瑞幸，2017）

“跑下去，天自己会亮”（New balance，2017）

“拥抱每一种生活”（快手，2020）

“一桶半一袋半大份量方便面”（今麦郎，2022）

“一口绿莎莎，回到那一夏”（绿色心情雪糕，2023）

---

① 赵寰，查灿长．消费时代语境下的广告语言策略［J］．中国广告，2011（1）：128.

② 赵寰，查灿长．消费时代语境下的广告语言策略［J］．中国广告，2011（1）：129.

“我要天地重抖擞，天下无路不可走”（蕉下，2023）

和前面时期相比，这个时期的广告语又有了新的特征。移动互联网时代，消费者被充分技术赋权，用户走上前台成为主角，互联网也让更多不同的人群被看见，社会的价值更多元。Z世代更笃定自信，他们对社会有着自己独到的价值主张和认识。

广告是时代的镜像，广告语言是对不同时期人们文化心理和希求价值的集中反映。

6.3.2 广告价值观的民族性

不同国家和民族的价值观是有差异的，而广告作为一种兼具经济信息与文化信息的传播活动，已成为一种中西方文化的外在表现形式。我们以美国、日本、泰国作为代表进行探讨。

1）美国广告中的价值观

美国是当今世界上广告业最为发达的国家。作为传统媒体时期的世界广告中心，美国的麦迪逊大道是传媒巨头的大本营，世界广告界的著名理论大都是发源于那里，如USP理论、品牌理论、定位理论、整合营销传播理论等。我们今日耳熟能详的广告大师，如拉斯克尔、克劳德·霍普金斯、大卫·奥格威、威廉·伯恩巴克、李奥·贝纳等无不在美国建功立业。现代时期绝大多数创作中的技术革新都出自美国。他们的广告锐利、直率，无不体现美国的价值观：个人主义、锐意进取、进步与创新、自由与竞争。

“Just do it（只管去做）”，这是大家再熟悉不过的一句广告语。那么，耐克公司借此广告语传递了一种什么样的精神呢？它高度赞扬了一种自我主义精神，尤其是反映了年轻人渴望自由、张扬个性、敢想敢做、勇敢率性的精神风貌。“只管去做”，简单的一句话，背后反映了美国人崇尚个人主义的行事风格。耐克的很多广告都是开门见山，直奔主题，其中自由与竞争、奋进与开拓、进步与创新的精神很激励人心，有很强的震撼力。

2018年，在品牌三十周年之际，耐克推出励志短片《疯狂梦想》，并请来一系列激励人心的身体残缺的传奇运动员一同参演，广告延续了耐克的品牌信仰，一如既往地宣传不屈不挠的体育精神，文案热血又励志：

“如果别人说你的梦想很疯，如果他们笑你做不到，很好。

这样就好了，因为那些没信仰的人根本不懂。

说别人的“梦想很疯”不是一种羞辱，而是一种赞许。

不要想着跑成全校最快的或是全世界最快的，要跑成史上最快的那个。

不要只想着变成橄榄球巨星OBJ，要让OBJ变成你。

不要只满足于当舞会皇后或是橄榄球手，两样你都行。

甩掉120磅的体重再变成“铁人”，还把脑瘤也击败。

不要觉得自己非得装模作样，才能活得有模有样。

如果你出身就是难民，不要让这身份阻止你为国家足球队效力，哪怕你才16岁。

不要只甘心做这世上最伟大的篮球运动员，你的伟大岂止于篮球。

信念还是要有，哪怕要为它变得一无所有。

当人们提到世上最伟大的球队时，让他们别忘记提你的队。

如果你只有一只手，也不要甘当观众，打成职业给所有人看。

即使你是个在混乱街区成长起来的女孩，也不要只甘心成为一个网球运动员。

要做就做最伟大的运动员，对！这才像话！

所以别去想你的梦想是不是疯，要想他们够不够疯。

疯不疯，做着瞧！”

短片中这些富有传奇色彩的运动员和他们的故事，时刻诠释着耐克的品牌理念——“Just do it”。整部短片都在体现一种挑战自我、永不言败的体育精神，体现了品牌的核心价值观。

2）日本广告中的价值观

日本广告是日本式的精确性、克制并带有亚洲狂热精神的混合物。日本广告中占主导的是形象，其中多数是有特定意义的表意文字。广告中也不乏象征性构思，广告信息的任何成分都是完整意义的一部分，是某种哲学或绘画。可以说，在日本广告中，透过树叶沙沙声，可以体会到广告的深藏含义。精巧、精微的细节成就了日本广告的多彩与浓度，这与这个民族本身的价值观与价值文化是分不开的。①

日本航空有一则由三个视频组成的系列广告，分别呈现了日本的“精、细、准”三大文化。第一则呈现的是精准度，画面展示了一位寿司大厨制作寿司的过程，肉片、米、调料等的结合，在旋转轮盘上每新做完一块寿司就放至计量秤上，发现数字都是标准的27，丝毫未差。这时文案打出，“精准度融入我们的文化中。五次荣获最准时的航空公司。日本航空，别人飞行，我们翱翔。”第二则呈现的是细致性。在座位与座位之间有小隔板可以把个人空间遮挡起来，继而近景展示了一位乘客在独处的空间里叠缩微版小纸鹤，并把一行行排列的小纸鹤做成了拼插艺术品，足见其拥有不被打扰的专注空间。随后的文案是，“不让任何事使您分心。绝对平稳&高隐私性。日本航空，别人飞行，我们翱翔。”第三则呈现的是连结性，展示了一位漂亮女士做插花的过程，当最后作品完成，倒映在墙上的影子让受众惊讶地发现，竟然是一幅世界地图。文案打出，“把世界带到您的身边。日

① 韩纪扬. 广告的地域个性［J］. 中国广告，2018（6）：104.

本航空，别人飞行，我们翱翔。”

由此，日航的广告把“日本之艺”中追求细致、准确的价值观与自己企业的航行精准度、服务细致性、世界连结性精妙结合，让人们在感叹日本文化的同时，认可了日本航空的品牌价值和品牌理念。

3）泰国广告中的价值观

泰国广告作为世界广告业中独具特色的选手，越来越受世界各地人们的追捧。甚至有媒体认为泰国正悄悄成为广告市场的“全球领袖”，广告创意水平位居世界前列，而其秘密武器就是“讲述催人泪下的故事”。事实上，泰国广告煽情时能让人潸然落泪，搞笑处能让人捧腹大笑，夸张时又能让人惊掉下巴。我国台湾《天下杂志》曾如此评价，“看泰国广告，就像喝一碗酸辣虾汤，让你一边蹙眉咋舌，一边大呼过瘾。”

泰国广告为什么能拍得这么好？除了跟广告本身的创意性、故事性、夸张而不失有趣的表演有关外，也和泰国本身的宗教背景浓厚且文化多元、通达乐观、热爱歌舞的东南亚国家文化传统是分不开的。泰国素以“千佛之国”著称，全国人口的95%都是佛教信徒。受到宗教影响，泰国人注重及时行乐，相信一切众生皆有佛性，所以人人平等。广告的创意构想与生活密切相连，大多采取的是平民视角，宣扬平民美学，每个广告都观照了普通人的生存真相，选取的大多是关于社会底层人民的生活和情感故事，通过广告中生动形象的艺术形式的转换，很容易引发观众的共鸣。

有一则广告剧情是这样的：一家书店的老板每天开门营业时，总会发现门前躺着一个脏兮兮的流浪汉。由于担心他妨碍自己做生意，书店老板对他又是泼水又是打骂，想将他赶走，可第二天流浪汉还是会来。终于有一天，流浪汉没有出现。书店老板大为不解，他想到店门前安装有监控摄像头，于是调来视频查看究竟，结果发现，这个流浪汉在书店门前过夜时，会打扫门前的垃圾，赶走欲往门上小便的醉汉……后来，两个窃贼想撬开书店的门偷东西，流浪汉上前制止，被这两个恼羞成怒的家伙用刀捅死了。看到这里，书店老板泪流满面。这时画面上打出字幕："There's much more truth that you are blind to（有些事实，是你的眼睛看不到的）"。接着画面一转，出现了几款监控摄像头。观众恍然大悟，原来这是一款监控摄像头的广告。

这个视频上线后引发了巨大的反响。叙事情节的反转，令故事极富吸引力，悲情的呈现也让我们深深思索人与人之间的相处与意义。而广告语"有些事实，是你的眼睛看不到的"，既说出了我们生活中需要关照的不为人知的一面，又关联了产品的卖点。泰国广告以自己的创意证明了，成功的广告需要对社会付出关怀，"如果你对生活在这个国家的人一点都不关心，是不可能成功地卖出东西的。"①

6.3.3 广告价值观的普世性

广告不仅是民族性的，也可以是普世性的。广告是人类沟通情感的重要工具，相当一部分广告创意的魅力来自消费者对广告传达出来的对人类美好情感的肯定，对广告传达的友谊、爱情、关怀、尊敬等人类感情的认同。无论商业广告片，还是公益宣传片，只要有真挚的情感和缜密的细节打动人心，就会对受众产生内化于心的力量与指引。

央视一支公益广告的宣传片感人至深。这支宣传片以时间的线性顺序展开妈妈对孩子的爱，文案的字幕随着画面渐次出现。

片头的背景是学校外面的马路，马路旁的墙面上写着带有时代特征的"学习雷锋好榜样"。妈妈手里拿着一根糖葫芦，在学校外等着

---

① 张文智．泰国广告凭什么火遍全球？［EB/OL］．［2021-11-04］．https://mp.weixin.qq.com/s/Va6fjrCzUjs54dznxHFeuw.

放学的儿子。儿子出现，立刻跑到妈妈身边。妈妈递给儿子糖葫芦，帮他拿上了书包。两个人一起向前跑去。字幕出现：“爱，是什么？爱是让你快乐。”

妈妈在前面慢慢走着，儿子快步追上妈妈，围着妈妈转圈圈。妈妈向前跑去，儿子再跟上的时候，已经长高了一些，跟着妈妈跑了一段路，然后两个人一起弯腰喘着气。字幕出现：“爱，是陪你走一辈子。”

妈妈直身慢慢前行，儿子再跟上来，已经是比妈妈还高的小伙子了。儿子越走越快，妈妈已经跟不上儿子的脚步了。字幕出现：“爱，是无悔青春的流逝。”

儿子长大即将远行，妈妈给儿子围上围巾，轻拽围巾一角，有点不舍。字幕出现：“你的高飞，就是我的安慰。”

儿子已是归乡的游子，还在那个背景下，蓦然回首在寻找着什么，却什么也没找到。

一位身穿厚衣，白发苍苍的老人步履已蹒跚，缓慢地挪着步子，一群小学生在身边快速跑过。老人停下身子，慢慢回过身，望着当年接儿子的方向。字幕出现：“爱，是痴痴等待。”

一个孩子的长大，就是妈妈从引领前行到目送他的背影渐行渐远的过程，谁言寸草心，报得三春晖，最后的广告语“别爱得太迟，多回家看看”，让我们都心头一紧。

普世的情感无疑是没有国界的，好的广告片不仅仅是日常生活的凝缩与反映，更应该成为传递美好与促动社会进步的力量。

6.3.4 新时期我国广告中的价值观

美国通俗文学研究者赛托马斯·英奇在其编著的《美国通俗文化简史》中指出，“广告也许是一种影响最广泛的通俗文学形式，但奇怪的是，很少有人从这个角度考察它。”而事实上，广告反映了一国人民的情况。据说，一些外国政治家通过观察美国的广告来衡量和了解美国人的欣赏趣味和价值观念。[①]

作为时代的镜像，广告的确有这样的功能。广告的文化和时代属性决定了广告片中所宣扬的价值观必然是当代最生动的价值理念。我们以以下几则广告为例，来看看广告中所呈现的我国当代社会的价值观。

1）999感冒灵：种春天

李奥·贝纳曾说过：“好广告不只在传达讯息，它能以信心和希望，穿透大众心灵。”虽然媒介环境在变、消费者在变，但情感从来都是营销赛道的主命题。因为感性化的内容最能触碰人的内心，最大限度地与消费者产生共鸣、进行沟通。

2022年，999感冒灵以一支“种春天”的广告片致敬了所有温暖可爱的人，驱散生活的灰暗与寒意，在深化故事主题的同时，也引爆了消费者情绪。这支短片用四个真实事件改编的故事折射出四种不同的人生境遇，让人产生强烈的代入感：客服小姐姐因为挂掉了男性打来的无聊骚扰电话而被投诉差点失业；打印店的老板因为一成不变的工作逐渐变得麻木冷漠；患有社交恐惧症的女孩因为害怕与人交流被指责没礼貌；一位父亲因为在一次意外中失去儿子从此一蹶不振。庆幸的是，他们并没有被生活的困难打倒，而是通过自己的暖心举动，让寒冷而逼仄的春天又有了新的希望。深受委屈的客服，经过反复尝试努力后，成功帮助盲人用户买到了999感冒灵；厌倦了生活的打印店老板，主动免收了贫困学生的打印费；社恐女孩克服内心恐惧，拯救了被困在卫生间的邻居；失去孩子的父亲，替儿子赴约并带去更多快乐。这个短片成了大多数人的现实写照：明明自己过得不尽如人

① 马中红．广告文案创意新论［M］．上海：上海三联书店，2006.

意，还全力以赴帮助其他人度过困难与危机。正是这种善良之心，不断鼓舞着更多迷茫的人们主动寻找生活里的暖流，创造出属于自己的幸福时刻。正如文案所说，“别忘了，你也是春天的一部分。”“每份善意都是一颗种子，我们种下了一个春天。”“世间温暖，皆因有你。”

2）竹叶青：只此青绿

2022年春茶当季，高端绿茶品牌竹叶青，与《只此青绿》合作，推出了一款“只此青绿竹叶青联名春茶”。两大IP合作以青绿的舞蹈元素为底色，呈现舞绘版本的故宫名画《千里江山图》，通过中国传统舞蹈的“清、雅、形”与春茶的“鲜、香、色”融合，带来一场沉浸式的中国美学体验。[①] 文案很有韵致：

峨眉高山峻，明前采嫩茶。茶芽伫碧海，春意蕴春芽。竹叶青高端绿茶，只此青绿。

在该则广告片中，茶与舞相互交融的美学意象充分彰显了中国文化的隽永韵致与意境之美。就本则广告信息的传达而言，开篇的峨眉高山，展现出茶品产地极佳，明前采芽，突出茶品用料的精致；茶芽如海体现了茶品制作的精心，最后春意蕴茶则是主题的升华，即“在春天品茶，如同在春日游览绿水青山的芳华”。

竹叶青“只此青绿”的创新和立意就是蕴含在青山绿水间的诗和画，从视觉意象与延伸想象上下足了功夫，将千古名画中的山河壮美、民族舞蹈与高端春茶品味生活的美好进行完美结合，两大IP的强强联合再次引发大众对中国传统文化的深度共鸣，也让更多人期待在这个春天喝上一杯竹叶青。

---

① 张小虎. 春日营销案例Top10，治愈疫情偷走的春天［EB/OL］.［2022-04-07］. https://www.163.com/dy/article/H4CADMHE0514CAOK.html.

3）蕉下：惊蛰令[①]

2023年3月6日，轻量化户外生活方式品牌蕉下的一支广告短片在社交媒体刷屏。这支大气磅礴、酣畅淋漓的片子不仅引起了广告圈的注意，在社会层面上也引发了不小的震撼，更是得到了人民网、《环球时报》、《中国新闻周刊》等官媒的肯定。

这是一支充满中国气质的视频。在主题的选择上，蕉下将目光投在了中国的节气文化。节气文化最能体现中国人自古以来对自然的认知与智慧。而惊蛰更是一个有力量的节点，不仅是万物苏醒、出门踏春的好时节，还是历经冬日的蛰伏积淀，重整旗鼓，大干一场的开始。蕉下选择惊蛰节气，背后是对中国传统文化智慧的传承和发扬，对人与自然的关系的深刻理解。区别于其他故事性或者文案类的广告片，这支视频是一支欢快的“踏歌”。“踏歌”文化源自我国唐宋时期民间的一种自娱自乐的形式。而蕉下“惊蛰踏歌”正是借用这种欢快的舞蹈形式，传递一家三口并肩行走漫步跃动于自然之间的快乐。整支视频在细节中布满了中国风韵。开篇雷声滚滚，一声秦腔穿透树林。随之唢呐奏鸣，春雷炸响，唤出《惊蛰令》来。歌手谭维维兼具潮流与民族质感的国风唱腔，更是焕发出响彻云霄的魄力和情绪感染力，让听者身心澎湃，畅快不已，余音久久不能散去。同时，歌曲中间还穿插着一段戏曲，与描绘国风美景的韵律歌词相互应和，别有一番诗意和潇洒。一家三口踏歌而行，镜头切换间，串联了如打铁花、盐湖等不同特色的文化场景，配合着脚下一声声似鼓槌敲打大地般的“嘭嘭”重音，呈现了一种踏遍繁华山河的豪放。

值得一提的是，蕉下为《惊蛰令》定制了限量款的惊蛰鞋，在“踏歌”出发前，镜头给到了鞋尾带有甲骨文元素的“惊蛰”图样。

① 中国发展改革．蕉下《惊蛰令》，中国品牌的文化输出［EB/OL］．［2023-03-08］．https://baijiahao.baidu.com/s? id=1759762326349894428&wfr=spider&for=pc.

视频里一家三口穿着惊蛰鞋，在平地、丘陵、草原、溪涧、街道等全地形，踏出对户外的热爱、对生活的向往，呈现热烈自信的蕉下气质。整个视频欢快而震撼，雅俗共赏，极具感染力，鼓舞人们抖擞精神，奔赴户外，踏歌而行。视频在铺垫中将观众的情绪堆叠到高处时，告诉观众这是一双“轻量化全地形户外鞋”，无形中加深观众对该产品的认知。

《惊蛰令》虽然是一首欢快踏歌，里面却诉说着中国人的一份行走哲学。苏轼在《定风波》中有言：“莫听穿林打叶声，何妨吟啸且徐行。竹杖芒鞋轻胜马，谁怕？一蓑烟雨任平生。”说的就是中国人骨子里的豁达、洒脱、变通，是那种“即使前方充满未知和困难，也可以乐观地走下去”的精神和价值观的一个侧影。而蕉下想表达的也就是这样一种民族文化智慧。视频里，面对不同境况的路，一家三口始终微笑舞蹈前行。

“平坦坦的路，咱横啊横着走。硬板板的路，咱扭啊扭着走。水汪汪的路，咱跳啊跳着走。刺喇喇的路，咱踩着猫步走。冷冰冰的路，咱闹啊闹着走。脆沙沙的路，咱亲啊亲着走。泥酱酱的路，咱抱啊抱着走。邪乎乎的路，咱掉个头再走……”

三人对待不同的路有不同的走法，每种都怡然自得，也畅快欢乐，遇到不能走的路，就掉头绕着走。通过抽象手法展现出“天下无路不可走”的豁达与浪漫，蕉下找到了与消费者深层共鸣的品牌意志。蕉下以对中国人文化基底特质的洞察，获得了中国人的集体文化认同和精神归属。在当下集体主义精神觉醒的时代，蕉下用一个宏大的叙事和艺术化的表达手段，唤醒了国人的原生力量，从而达到最基础与广泛的情绪共鸣。这种自上而下，由内而外的情绪共鸣，不仅促进了传统文化传播，增强了传统文化自信，更实现了一种文化共创和文化引领。

除了为用户带来精神上的支撑，这次推出的全地形户外鞋，也是蕉下从产品层面带给消费者的自在行走的底气。蕉下格局宏大，定位清晰，通过此次营销不仅打出了差异性和自己的风格特色，还将中国文化的营销提升到一个新的高度，在其他新消费品牌还处于理念空白的时候，先一步以文化精神衍生品牌精神，塑造品牌文化凝聚力，走出了一条属于中国品牌的创新之路。

4）微众银行：不服

2022年微众银行推出一支微电影广告短片《不服》，引发各界的高度关注。这支微电影由真实故事改编，讲述的是一个不服输、不服气的中国品牌崛起的故事。大致情节是，某风电科技公司的负责人严格在下班路上接到了一个客户投诉电话，公司在甘肃酒泉的风力发电项目在正式启动前夕出现故障，严格连夜带领团队奔赴现场。经过团队连夜测试、排查，乃至拿国外的产品进行对比测试都没能解决问题，最后严格憋着一口气亲自上阵，发现问题并非出在产品上，而后通过对一个个细节进行二次检查，最终找到了原因所在，并成功化解了危机。

影片名为《不服》，在故事中有多处展现了这种“不服”的精神：对于客户偏爱国外产品的不服、对国外技术垄断的不服、以不服气的态度做中国品牌、以不服输的精神解决问题。文案也很点题：

“不放过每一个微小的细节，不错过每一次成功的可能，因为不服，我们埋头苦干不分彼此。因为不服，我们经历蜕变走向成长。每个企业成长背后，都有一个不服。每个中国智造背后，都是一份坚持。”

配合影片传播的平面海报文案也延续了对中国企业家精神的弘扬：

“既然敢死磕技术的‘卡脖子’，就不怕面对市场的‘卡脖子’。”

“自主创新不能受制于人，核心技术必须牢牢掌握在我们自己手里。”

“中国企业更懂中国，这是我们的优势，更是我们的责任所在。”

一直以来，微众银行以“让金融普惠大众”为使命，致力于陪伴全国各地的小微企业共同成长，收获了小微企业真心实意的好评与点赞。但是，很多人还是没有建立起对微众银行足够立体的品牌认知。如何让B端企业家用户对微众形成品牌认同，这并不是一件简单的事。

微众银行站在企业主角度去真正地了解企业家这一群体，深刻理解了企业家精神，持续寻找着与用户的共识点。微众银行敏锐地捕捉到，在企业艰难转型的今天，一批“中国式不服”企业正在从中国制造走向中国智造，它们不顾偏见与质疑，在用不同的方式坚持着“中国智造”的信念，攻克行业核心技术壁垒，打破国外垄断。这些企业不仅是行业头部巨型、大型企业，还有大量分布在各行各业的中小微企业。近年来，在这样一群敢闯敢拼、独立自主、开拓创新的中国企业家引领下，各地掀起了创新、创业的滚滚热潮，一批批专精特新“小巨人”“隐形冠军”不断涌现。在微众银行拍摄的微电影《不服》中，一家专注风电核心器件领域的企业就是这些优秀中小企业的代表。它匠心筑梦，凭借其技术与实力，上演了一场中国风电行业的“不服”故事。

微众银行通过这支微电影，再现了企业背后的奋斗故事，让人们看到了小微企业的闪光点，用更具人文温度的方式与企业、与消费者建立了良性的共鸣。

5）方太：地球情书

“见信安好：

一直想写封情书给你，却没有动笔。因为我知道，无数爱你的人，都曾写下对你的深情厚意。

他的情书，一写就是一辈子。一棵树，就是一个字，一笔一画，青春无悔。

他的情书，写得勇敢无畏，即使守护你的誓言，看起来有点自不量力。

她的情书，植物研墨，双手做笔，只为你写下一个“爱”字。

他的情书，在人与人之间传递，也带着更多人一起，向你表露心迹。

我没有他们的轰轰烈烈，却骄傲于爱你的点点滴滴。

节省一滴水一度电，滤净一杯水一缕烟。

让你的脚步多一份轻盈，让你的呼吸多一次清甜。

因为我想让你看见，

对你的爱，在他们的湖海山川，也在我的柴米油盐。

26年来，方太致力于“空气、水、食物”等基础领域的科技创新，让每一缕烟皆是自然，让每一滴水净如山泉。

让我们把对地球的爱，写进一日三餐。”

2022年，方太与代言人陈坤携手升级方太环保理念，用手写“情书”的方式告白地球，倡导将随手环保的意识融入一日三餐，在柴米油盐中用点滴行动书写对地球的爱。

短片基于4则真实环保故事改编，通过一封“地球情书”，以小见大，讲述了“三北防护林建设”“保护黄河湿地鸟类栖息地行动”“蓝靛天然植物印染工艺”“二手书循环活动”背后的“绿色”环保故事。有人用一辈子，造一片林；有人用勇气，捍卫黄河岸边的鸟语花香；有人用植物研墨，在布料上画出和地球一样的蓝；有人开二手循环书店，带动更多人一起表达对地球的爱意。这4个故事从1980到2020，时间跨越了40年，深刻反映了一代又一代中国人在环保事业上所做的努力。

方太不仅给地球写情书，还做了几张海报，文案很唯美：

“想把情书写在大地，一棵树就是一个字，一写就是一辈子，只为吹向你的风都带着清甜。”

“守着你寸步不离昼夜不息，只为用鸟语花香，唤醒你的每一个春天。”

“植物研墨，双手做笔，把对你的爱，染进一布一幔，用和你一样的靛蓝、云白和花红。”

“多一次循环，少一点浪费，用物尽其用的生活，回报地球的馈赠。”

同时，在白色情人节之际，方太联合一众品牌发起了一场深情的告白。用三餐四季的陪伴书写“告白地球的100句情话”，并邀约大众留言、共同撰写《地球情书》，开启一场面向大众的精准化沟通。每一句告白，都可以变成神奇的种子，构成对地球的美好想象。

#告白地球的100句情话#

“保护生物多样性，为地球共谱一曲欢乐颂。——中国绿发会”

“为低碳积分，每一笔消费都是和地球交好。——中国银联”

“快递箱不仅装你喜欢，也能‘纸’造美好。——顺丰集团”

根据Forrester发布的《2022年亚太区市场趋势预测》报告，如今价值导向型的消费者正在进一步提升企业对企业责任及可持续性的认识。未来，可持续性将会被提上企业的战略日程。“环保”是近年来常见的高频词汇，从“节能减排”到“低碳发展”，再到如今的“双碳”时代，企业倡导绿色环保经营已成为行业趋势。此次方太将环保的发心、爱护地球的观念，从“可供选择的概念”发展成为“身体力行地践行”，将对地球的爱蕴于日常之间，比如节省一滴水、一度电，少排放一缕烟，不仅展现了中国企业应当肩负的环保意识和社会责任，也契合了方太一直以来“因爱伟大”的品牌理念。

杰克逊·李尔斯在《丰裕的寓言》一书中说：“总有一天，历史学家和考古学家将要发现，我们时代的广告是日常生活最丰富、最忠实的反映，它们对一切活动领域的反映超过了过去的一切时代。”[①] 从以上案例的分析中，我们可以清晰地看到当下国人所崇尚的价值所在，当代中国的消费者依然会为人与人之间的点滴温暖而感动，会为独属于中国的传统文化而心悦诚服，会因“天下无路不可走”的共识与浪漫而畅快欢乐，会在敢闯敢拼的“不服”中蜕变成长，也会在给地球的深情告白中践行大爱。而价值观念的形成，广告在其中发挥了重要引领作用，诚如我国近代著名报学家戈公振在其《中国报学史》中对广告的评价：“广告为商业发展之史乘，亦即文化进步之记录。人类生活，因科学之发明日趋于繁密美满，而广告即有促进人生与指导人生之功能。故广告不仅为工商界推销出品之一种手段，实负有宣传文化与教育群众之使命也。”[②]

① 李尔斯. 丰裕的寓言：美国广告文化史［M］. 任海龙，译. 上海：上海人民出版社，2005.

② 戈公振. 中国报学史［M］. 济南：山东画报出版社，2019.

主要参考文献

［1］ 科特勒，凯勒．营销原理［M］．何佳讯，于洪彦，牛永革，等译．上海：格致出版社：上海人民出版社，2016.

［2］ 科特勒，凯勒．营销管理［M］．王永贵，等译．14版．北京：中国人民大学出版社，2016.

［3］ 凯勒．战略品牌管理［M］．卢泰宏，吴水龙，译．3版．北京：中国人民大学出版社，2009.

［4］ 舒尔茨，凯奇．全球整合营销传播［M］．黄鹂，何西军，译．北京：机械工业出版社，2011.

［5］ 艾克萨森．史蒂夫·乔布斯传［M］．管延圻，等译．北京：中信出版社，2011.

［6］ 苏立文．文案发烧［M］．赵萌萌，译．北京：中国人民大学出版社，2010.

［7］ 奥格威．一个广告人的自白［M］．北京：中信出版社，2015.

［8］ 英国D&AD协会．创意之道：全球32位顶尖广告文案的写作之道［M］．台北：滚石文化股份有限公司，1997.

［9］ 休格曼．文案训练手册［M］．杨紫苏，张晓丽，译．北京：中信出版社，2015.

[10] 狄龙. 怎样创作广告［M］. 刘毅志，译. 北京：中国友谊出版公司，1991.
[11] 海金司. 广告写作艺术［M］. 刘毅志，译. 北京：中国友谊出版公司，1995.
[12] 黑格尔. 法哲学原理［M］. 范扬，张企泰，译. 北京：商务印书馆，1982.
[13] 李尔斯. 丰裕的寓言：美国广告文化史［M］. 任海龙，译. 上海：上海人民出版社，2005.
[14] 鲍德里亚. 物体系［M］. 林志明，译. 上海：上海人民出版社，2019.
[15] 特威切尔. 震撼世界的20例广告：最具创意和冲击力的广告策划是如何改变了我们生活中的一切［M］. 傅新营，蔚然，译. 上海：上海人民美术出版社，2002.
[16] 鲍德里亚. 消费社会［M］. 刘成富，全志钢，译. 南京：南京大学出版社，2014
[17] 里斯，特劳特. 定位［M］. 邓德隆，火华强，译. 北京：机械工业出版社，2021.
[18] 莱考夫，约翰逊. 我们赖以生存的隐喻［M］. 何文忠，译，杭州：浙江大学出版社，2015.
[19] 克鲁克洪：文化与个人［M］. 杭州：浙江人民出版社，1986.
[20] 凯勒. 文化的本质与历程［M］. 陈文江，等译. 杭州：浙江人民出版社，1989.
[21] 林斯特龙. 品牌洗脑：世界著名品牌只做不说的营销秘密［M］. 赵萌萌，译. 北京：中信出版社，2013.
[22] 阿克. 创建强势品牌［M］. 李兆丰，译. 机械工业出版社，2012.
[23] 阿克. 品牌领导［M］. 耿帅，译. 机械工业出版社，2013.
[24] 王瑾. 品牌新中国：广告、媒介与商业文化［M］. 何朝阳，韦琳，译. 北京：北京大学出版社，2012.
[25] 仁科贞文. 广告心理［M］. 李兆田，任艺，译. 北京：中国友谊出版公

司，2010.

[26] 沈虹. 广告文案创意教程［M］. 北京：北京大学出版社，2008.

[27] 玄纳特. 广告奏效的奥秘［M］. 肖健，译. 北京：民主与建设出版社，2001.

[28] 丰信东. 小丰现代汉语广告语法辞典［M］. 北京：东方出版社，2020.

[29] 何辉. 从分析作品开始学做广告［M］. 2版. 北京：中国传媒大学出版社，2007.

[30] 马中红. 广告文案创意新论［M］. 上海：上海三联书店，2006。

[31] 关健明. 爆款文案把文案变成“印钞机”［M］. 北京：北京联合出版公司，2017.

[32] 东东枪. 文案的基本修养［M］. 北京：中信出版集团，2018.

[33] 张淑燕，温彩云. 实用广告文案写作教程［M］. 长春：长春出版社，2006.

[34] 吴声. 场景革命：重构人与商业的连接［M］. 北京：机械工业出版社，2022.

[35] 空手. 传神文案［M］. 北京：机械工业出版社，2021.

[36] 王小波. 万寿寺［M］. 北京：北京十月文艺出版社，2017.

[37] 小马宋. 那些让文案绝望的文案［M］. 北京：北京联合出版公司，2015.

[38] 王一川. 语言乌托邦［M］. 昆明：云南人民出版社，1994.

[39] 贺川生. 商标英语［M］. 长沙：湖南大学出版社，1997.

[40] 薛金星. 语文基础知识手册［M］. 北京：北京出版集团公司：北京教育出版社，2012.

[41] 陈望衡. 环境美学［M］. 武汉：武汉大学出版，2007.

[42] 薛敏芝，胡雅. 数字环境下的广告实战研究：理论、案例与分析［M］. 上海：上海交通大学出版社，2016.

[43] 陈嘉映. 简明语言哲学［M］. 北京：中国人民大学出版社，2013.

[44] 刘笑盈. 国际新闻学：本体、方法和功能［M］. 北京：中国广播电视出版社，2010.

[45] 戈公振. 中国报学史［M］. 济南：山东画报出版社，2019.
[46] 梁漱溟. 中国文化要义［M］. 上海：上海人民出版社，2011.
[47] 余华. 活着［M］. 武汉：长江文艺出版社，1993.
[48] 朱立元. 现代西方美学史［M］. 上海：上海文艺出版社，1993.
[49] 庞朴. 稂莠集—中国文化与哲学论集［M］. 上海：上海人民出版社，1988.
[50] 曾朝晖. 左岸咖啡馆策划纪实［J］. 企业研究，2002（9）：72-73.
[51] 赵元蔚. 鲍德里亚论广告［J］. 艺术生活-福州大学学报（艺术版）. 2010（1）：80.
[52] 李建中，李远. 论“陌生化”和“象征化”的异同［J］. 中国文学研究，2017（4）：63.
[53] 袁义. 试析广告语言中的陌生化［J］. 山西大同大学学报（社会科学版），2008（2）：54-55.
[54] 程锡麟. 互文性理论概述［J］. 外国文学，1996（1）：72.
[55] 李文斌. 试论广告语言的互文性特点［J］. 安徽农业大学学报（社会科学版），2008（5）：101-103.
[56] 边立红，喻红华. 互文性给广告翻译带来的启示［J］. 重庆交通大学学报（社科版），2009（9）：124.
[57] 小丰，子路. 文学与广告的互文实验［J］. 中国广告，2007（3）：148.
[58] 丁柏铨. 论广告语中的夸张［J］. 语言文字应用，1995（1）：46.
[59] 罗念. 隐喻在绘画作品中的运用及其效果［J］. 西部皮革，2019，41（7）：79.
[60] 万世长. 经济学中隐喻的认知阐释研究［J］. 佛山科学技术学院学报（社会科学版），2017，35（1）：58.
[61] 蔡毅. 文学创作活动中价值观的指引和主宰作用［J］. 中华文化论坛，2016（5）：21-22，27.
[62] 田刚. “朦胧诗潮”与新时期文学［J］. 当代文坛，2010（1）：28.
[63] 李翔海. 儒家“义利之辨”的基本内涵及其当代意义［J］. 学术月刊，

2018（8）：16-22.

[64] 郝菲菲. 论中国价值观的历史变迁［J］. 知与行，2019（1）：57.

[65] 赵寰，查灿长. 消费时代语境下的广告语言策略［J］. 中国广告，2011（1）：128-129.

[66] 韩纪扬. 广告的地域个性［J］. 中国广告，2018（6）：104.

[67] 空手. 文案的体系丨文案人员应该扮演什么样的角色、承担什么样的职能？［EB/OL］.［2024-07-07］. https://www.mad-men.com/articldetails/41409.

[68] 李叫兽. 真不巧，这次“消费升级”不太一样［EB/OL］.［2016-08-24］. https://zhuanlan.zhihu.com/p/22153739.

[69] 空手. 文案入门指南丨月薪三千的文案和月薪三万的文案差在哪?［EB/OL］.［2018-06-27］. https://www.sohu.com/a/238137469_618348.

[70] 空手. 这可能是写好文案的终极秘诀［EB/OL］.［2023-04-14］. https://www.bilibili.com/video/BV1aM411K7Pc/? vd_source=6685714ee5da998f4b5dafe7a2d47700.

[71] 数英DIGITALING.芝华士威士忌的平面广告里，藏着对人性的真洞察［EB/OL］.［2024-02-24］. https://k.sina.com.cn/article_1734726933_6765d51501900yn83.html.

[72] 关健明. 什么叫作走心的文案，怎么写走心的文案?［EB/OL］.［2018-02-13］. https://www.digitaling.com/articles/13982.html.

[73] 空手. 做出刷屏级创意的6大哲学（上）［EB/OL］.［2018-06-08］. https://baijiahao.baidu.com/s? id=1602680845911136413&wfr=spider&for=pc.

[74] 空手. 品牌名称：如何起一个好的品牌名?［EB/OL］.［2022-05-25］. https://www.cmovip.com/mobile/detail/21014.html.

[75] 欧赛斯认知营销的整体逻辑［EB/OL］.［2020-05-27］. https://www.osens.cn/viewinfo/819.html.

[76] 中国发展改革. 蕉下《惊蛰令》，中国品牌的文化输出［EB/OL］.

[2023-03-08]. https://baijiahao.baidu.com/s? id=1759762326349894428&wfr=spider&for=pc.

[77] EKMAN P. Basic emotions [C]//Dalgleish, T. & T. Power. The Handbook of Cognition and Emotion. New York: John Wiley & Sons, 1999.

[78] EISEND M. Gender roles [J]. Journal of Advertising, 2019, 48 (1): 72-80.

[79] ORTH U R, HOLANCOVA D. Men's and women's responses to sex role portrayals in advertisements [J]. International Journal of Research in Marketing, 2004, 21 (1): 77-88.

[80] GERALD P. A dictionary of narratology [Z]. Lincoin: University of Nebraska Press, 1987: 46.

索引